Colección Cervantes

NUEVO CURSO DE CONVERSACIÓN
Y REDACCIÓN

NUEVO CURSO DE CONVERSACIÓN Y REDACCIÓN

(Niveles Elemental y Medio)

- Cada lectura presenta una situación típica de un acto del lenguaje.
- Ejercicios de conversación estimulados por las lecturas.
- Variados ejercicios léxicos que enriquecen y afianzan el vocabulario.
- Repaso de cuestiones morfológicas y sintácticas analizadas y consolidadas a partir del texto.
- Ejercicios de escritura y reescritura que capacitan para el dominio de la redacción.
- Un texto que prepara gradualmente al estudiante a describir, narrar, expresar y argumentar sus ideas.
- Solucionario.

L. Busquets y L. Bonzi

EDITORIAL Verbum

© Loreto Busquets y Lidia Bonzi, 1996
© Editorial Verbum, S. L., 1996
Eguilaz 6, 2° Drcha. 28010 Madrid
Apartado Postal 10.084, 28080 Madrid
Teléfono (91) 446 88 41 / Telefax: (91) 594 45 59
I.S.B.N.: 84-7962-84-6
Depósito Legal: M-27.716-1996
Diseño de cubierta: Pérez Fabo
Fotocomposición: SLOCUM
Printed in Spain / Impreso en España por
Talleres Gráficos Peñalara (Fuenlabrada)

Introducción

En estos últimos años, la experiencia en el ámbito de la enseñanza de las lenguas extranjeras ha venido demostrando que los mejores resultados se obtienen combinando los métodos funcional y estructural y dosificando convenientemente las formas de aproximación y consolidación de uno y otro sistema. En este principio se inspira el presente *Nuevo Curso de Conversación y Redacción. Niveles elemental y medio.*

El libro ha sido específicamente concebido para estudiantes extranjeros que han visto ya, aunque sea de forma rápida o sumaria, las estructuras morfológicas y sintácticas fundamentales de la lengua española. Corresponde, pues, a un nivel elemental y medio-bajo, si bien puede utilizarse con provecho en los cursos medio-superiores, es decir, hasta que el alumno esté en condiciones de lanzarse a la libre conversación sobre cualquier tema.

Nuevo Curso de Conversación y Redacción, por tanto, no es propiamente un método que conduzca al estudio sistemático y aun menos teórico de la morfología y sintaxis española, sino un texto de complemento, o mejor, un libro que, habidos los rudimentos del idioma, puede sustituir a un método propiamente dicho en su propósito de capacitar al estudiante para resolver las necesidades básicas de comunicación en lengua española.

La estructura general del texto responde al criterio funcional de los denominados actos del lenguaje, agrupados por áreas. Cada lectura (casi siempre en forma de diálogo) presenta una situación relativamente tipo o típica del acto que se considera: en ella aparecen los medios lingüísticos que se requieren para satisfacer las exigencias de comunicación de que se trata, partiendo de la lengua base, relativamente estandarizada y moderadamente coloquial del español actual.

Las lecturas se ofrecen como punto de partida que estimula la imaginación y la discusión y se presta a la creación de situaciones análogas. El cuestionario sobre el contenido de la misma, así como el ejercicio léxico de sustitución de voces, aseguran la comprensión cabal del diálogo o relato. Sigue un amplio ejercicio, denominado «ampliemos el tema con situaciones similares», que permite transponer los medios expresivos adquiridos a otras situaciones que entran de lleno en el mismo acto del lenguaje. En un segundo momento, la lectura es ampliamente aprovechada en el ámbito estructural. Las cuestiones morfológicas y sintácticas presentes en ella se desgajan momentáneamente del texto para analizarlas y estudiarlas en su fisonomía particular y consolidarlas como hábito del lenguaje mediante el ejercicio mecánico del *drill.* Se concede un espacio relevante al léxico, que se trabaja mediante la ya mencionada sustitución de palabras en su contexto y otros ejercicios que apuntan a enriquecer y precisar el vocabulario, acudiendo al sistema de formación de palabras y optando entre voces que el estudiante extranjero confunde con frecuencia.

Los ejercicios de escritura que siguen a los varios ejercicios orales hasta ahora mencionados deben considerarse como recopilación de cuanto el alumno ha aprendido y como medio para expresar correctamente sus ideas. Para ello, aparte de aquellos ejercicios que tienen por objeto desentrañar del texto formas y estructuras que van a servirle para desenvolverse en el área del lenguaje que se estudia, se insiste en la libre reescritura del texto de partida y en la ordenación lógica del contenido del mismo como labor preliminar a la creación de un escrito personal, primero con la ayuda del material lingüístico que aquél ofrece y luego mediante los propios medios expresivos. Así pues, este primer *Nuevo Curso de Conversación y Redacción* prepara gradualmente al alumno a describir, narrar, expresar sus ideas y convicciones y argumentarlas, y le capacita para afrontar en un segundo momento la redacción libre, a la cual está dedicado el Nivel superior de este mismo libro.

Por su naturaleza, el ejercicio de la conversación y de la redacción necesita de un docente que detecte y corrija los errores e imprecisiones cometidos por el alumno y los someta a su consideración y análisis. El libro, pues, de entrada, excluye la posibilidad de un autodidactismo estricto. Sin embargo, muchos de los ejercicios presentes en el libro son susceptibles de autocorrección. Para ello el alumno puede confrontar su respuesta con el texto de partida *(controle con el texto)*, o bien puede consultar el SOLUCIONARIO situado al final del volumen. Para que tenga una idea aproximada del tipo de respuesta que debe dar en las contestaciones libres (del ejercicio *Ampliemos el tema con situaciones similares* y ejercicios 1 y 2 de *Ejercicios de escritura: hacia la redacción*), en las cinco primeras Unidades se le ofrecen también las respuestas posibles de la *primera situación* de *Ampliemos el tema con situaciones similares* así como las de los dos primeros de *Ejercicios de escritura: hacia la redacción*.

Debe tenerse en cuenta que muchas de las soluciones propuestas admiten *otras* soluciones. Dicha posibilidad se indica con un asterisco (*).

Por último, se recuerda que ha sido adoptada la nomenclatura morfológico-verbal unificada por el Ministerio de Educación y Ciencia (1981).

ADVERTENCIAS PARA EL CORRECTO MANEJO DEL LIBRO

1. Es aconsejable, aunque no indispensable, seguir a grandes líneas el orden en que las lecturas se hallan dispuestas, pues en la dificultad de los ejercicios existe cierta gradualidad.

2. Si el profesor decide seguir un orden distinto, es oportuno que consulte previamente el índice, donde queda explicitado a qué acto del lenguaje pertenece la lectura elegida y las cuestiones morfosintácticas que en ella aparecen.

3. Cada lectura prevé: escucha/lectura, comprensión, *libre* memorización y recreación de situación o dramatización.

4. El ejercicio «ampliemos el tema» consta de situaciones en las que el diálogo discurre por cauces parcialmente establecidos por una de las dos partes del mismo, y de situaciones libres. Para evitar el riesgo de una indeseada paralización en clase y para que el ejercicio sea efectivamente fructífero, es aconsejable que los alumnos lo preparen de antemano, tratando de utilizar las fórmulas y expresio-

nes que han aprendido en la lectura correspondiente, sin necesariamente limitarse a ellas.

5. En el ámbito del «ampliemos el tema», es importante que la conversación se desenvuelva sin traba alguna por parte del profesor, aun cuando rebase el objetivo primordial del enunciado. Debe procurarse que la charla se verifique en una atmósfera lo más «real» y animada posible, que los alumnos piensen ininterrumpidamente en español, que no se ocupen excesivamente de la corrección gramatical y que sobre todo no recurran a la traducción. El profesor deberá limitarse a ser animador y árbitro de la situación, interrumpiendo lo menos posible el desarrollo de la charla y limitándose a tomar nota de los errores que observe a lo largo de la misma para comentarlos en un segundo momento.

6. El ejercicio de sustitución de palabras, frases o partículas que en la lectura se hallan en cursiva prevé la posibilidad de que éstas sean reemplazadas por las mismas voces pero con una estructura distinta, por uno o más vocablos, y aun por una frase explicativa entera, con tal de que sea posible encajarlos en el contexto. Así, *al llegar* puede sustituirse por *cuando llegamos, llegando,* etc., y *cardo* por *troglodita, insociable, persona poco sociable, persona que no gusta del trato social, persona que no le gusta estar con los demás,* y así sucesivamente.

7. En todos los ejercicios de léxico se omite el artículo con el objeto de que sea el estudiante quien opte por el artículo determinado o indeterminado, o por la omisión de los mismos, según se requiera.

8. Los ejercicios de escritura y la redacción final deberán realizarse siempre *después* de los ejercicios orales, durante los cuales el alumno ha enriquecido su léxico temático y ha asimilado las estructuras que le serán necesarias para resolver las necesidades del acto de lenguaje de que se trate.

9. En esta fase, es oportuno que el alumno se esfuerce en transcribir lo más correctamente posible desde el punto de vista morfológico y sintáctico conceptos e ideas que ha expresado oralmente con la despreocupación y soltura que se aconsejan.

10. En las breves redacciones preliminares y en la redacción final —esta última a menudo de carácter narrativo y aun argumentativo—, el alumno deberá desprenderse totalmente del contenido del texto que se le ofrece y expresar hechos e ideas propias con los medios lingüísticos de que dispone, prestando particular atención en el orden expositivo, en la trabazón lógica y en la claridad y corrección sintáctica de su escrito.

Se precisa que el presente volumen es una nueva edición, sensiblemente corregida y aumentada del precedente libro *Curso de conversación y redacción. Nivel medio,* editado por Sociedad General Española de Librería, Madrid.

LAS AUTORAS

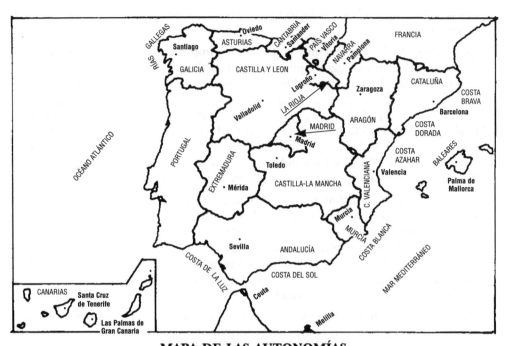

MAPA DE LAS AUTONOMÍAS

PLANO DEL CENTRO DE MADRID

Índice

LECTURA	ACTOS DE LENGUAJE	CONTENIDO MORFOLÓGICO	CONTENIDO SINTÁCTICO
1. ¿Quién ha visto al asesino? p. 13	Describir personas	− preposición *a* − formación sustantivos femeninos − verbos irregulares − *cómo/como, qué/que* − pronombres personales-complemento − horas − preposiciones	− estilo indirecto en indicativo − *cantaba/canté* − *llevar* + tiempo − *qué* + adjetivo/sustantivo − tiempos de indicativo
2. Por esos mundos de Dios p. 26	Describir animales y cosas	− acentuación − verbos irregulares − formación diminutivos − *algo, todo, nada* − comparativos − pronombres personales-complemento − preposiciones	− *cantando* = cuando hube cantado − interrogativa indirecta con *si* − *tanto/tan... que* − *sin* + infinitivo = ¿cómo? − pensé que *cantaría*
3. En busca de tranquilidad... p. 39	Describir lugares	− verbos irregulares − *que, cual-es, quien-es* − formación adjetivos *in-, des-* − *alguien, nadie, algún...* − pronombres personales-complemento − preposiciones	− *al cantar* = cuando canté − voz pasiva *(canta/es cantado)* − *el, la... + de* − *cantando* = si se canta − *cuando* + indicativo
4. Una visita inesperada p. 51	Comunicar con conocidos	− acentuación − pronombres personales-complemento − formación de diminutivos − verbos irregulares − comparativos − *mira, oye...* − preposiciones	− futuro de probabilidad *(cantaré)* − *qué* + adjetivo/sustantivo − *acabar de* + infinitivo − *hace* + tiempo − ¡cuánto canto! = ¡canto tanto!
5. ¿Dígame? ¿Quién habla? p. 64	Comunicar por teléfono y carta	− pronombres personales-complemento − verbos irregulares − *qué, cuál-es, quién-es* − formación de plurales − *¡canta!/¡no cantes!* − preposiciones	− interrogativa indirecta con *si/cuánto* − *si quiere...* − verbos de *ruego / lamento* + subjuntivo − *llevar* + tiempo + *sin* + infinitivo − *cuando* + subjuntivo

LECTURA	ACTOS DE LENGUAJE	CONTENIDO MORFOLÓGICO	CONTENIDO SINTÁCTICO
6. Invitaciones p. 76	Invitar	− acentuación − *mira, oye...* − formación adverbios *-mente* − artículos determinados − números − verbos irregulares − preposiciones	− *volver a* + infinitivo − *así que* = por consiguiente − *a no ser* = si no es − *unos-as/a eso de* = alrededor de − ¿cuándo *cantaré?* / cuando *cante*
7. ¡Felicidades! p. 89	Felicitar presentar-se	− acentuación − formación femeninos − *tanto/tan* − *¡cántame!/¡no me cantes!* − pronombres personales-complemento indirecto − formación adverbios *-mente* − preposiciones	− *cantaría* − voz pasiva *(se canta / es cantado)* − pensé que *cantaría* − *si cantará...* − cantaba / he cantado /canté
8. Pidiendo informaciones p. 102	Pedir/dar informaciones	− artículos indeterminados − verbos irregulares − *alguien, nadie, algún...* − pronombres personales-complemento − preposiciones	− subordinadas eventuales en el futuro + subjuntivo − interrogativa indirecta con *si* − *más vale* = es mejor − *para que* + subjuntivo − *si canto...*
9. Hablando de trabajo p. 115	Narrar en estilo directo	− *el, lo... + que/de* − formación superlativos *-ísimo* − preposición *a* − formación de plurales − verbos irregulares − preposiciones	− verbos afirmativos + indicativo / verbos negativos + subjuntivo − *al cabo de/dentro de* − *como/porque* − *tienen cantado* = han cantado − creo que canta > *creía que cantaba*
10. Planeando las vacaciones p. 129	Expresar gusto / disgusto Expresar voluntad/deseo	− acentuación − pronombres personales-complemento con verbos pronominales − formación voces *in-, ir-, des-* − verbos irregulares − *qué, quién-es, cuál-es* − pronombres personales-complemento − preposiciones	− verbos de *deseo* + infinitivo/*que* + subjuntivo − *ya no* = ha dejado de − oraciones eventuales en el futuro + subjuntivo − *en cuanto* = nada más − conjugación verbos

LECTURA	ACTOS DE LENGUAJE	CONTENIDO MORFOLÓGICO	CONTENIDO SINTÁCTICO
11. De compras p. 142	Expresar preferencias Expresar lamento/sorpresa	— *¡canta!/¡no cantes!* — *he cantado* — *el, la... más/menos* + *de* — verbos irregulares — formación sustantivos *-d-or* — preposiciones	— *si canto* = en caso de que cante — *es* + adjetivo + *que* + subjuntivo — *nada de* + adjetivo — *como quiera* = haga usted lo que quiera — *he cantado/canté*
12. A favor y en contra p. 155	Estar/no estar de acuerdo	— pronombres personales-complemento — verbos irregulares — *¡no cantes!* — *el, lo...* + *que/de* — *mejor, peor...* — preposiciones	— *hace* + tiempo + *que* — *uno* = una persona — *ir a* + infinitivo — *de modo que* + subjuntivo = para que/a fin de que + subjuntivo — oraciones contemporáneas + indicativo/eventuales en el futuro + subjuntivo
13. ¿Por dónde habrá entrado? p. 168	Hacer suposiciones y conjeturas	— acentuación — *estoy cantando* — *alguien, nadie, algún...* — futuro *(cantaré)* — comparativos — verbos irregulares — preposiciones	— interrogativa indirecta — verbos afirmativos + indicativo/verbos negativos + subjuntivo — futuro de probabilidad *(cantaré/habré cantado)* — *es/parece* + adjetivo + *que* + subjuntivo — digo que tengo/*dije* que *tenía*
14. Perdone, tiene usted razón... p. 181	Quejarse/disculparse	— verbos irregulares — pronombres personales-complemento — pronombres personales-complemento con verbos pronominales — *¡canta!/¡no cantes!* — *este, aquel...* — preposiciones	— *como* causal — imperativo indirecto + subjuntivo — oraciones eventuales en el futuro + subjuntivo — *como si* + subjuntivo — *si canto / cantara / hubiera cantado*
15. ¡Qué cara dura! p. 193	Quejarse / discutir / amenazar	— acentuación — *mío, tuyo...* — imperativo coloquial *(cantar)* — *alguien, nadie, algún...* — participios irregulares — preposición *a* — preposiciones	— *ir a* + infinitivo — *uno* = una persona — *lo mejor* = la cosa mejor — *cantando* = ¿cómo? — conjugación verbos

LECTURA	ACTOS DE LENGUAJE	CONTENIDO MORFOLÓGICO	CONTENIDO SINTÁCTICO
16. Malas noticias p. 205	Narrar desgracias / contratiempos Desear algo a alguien/augurar	– acentuación – verbos irregulares – formación adjetivos -oso, -d-or – formación plurales – verbos pronominales – pronombres personales-complemento indirecto – preposiciones	– *hace* + tiempo + *que* – *¡cuánto!* + verbo/sustantivo – *ya* + verbo – *que/ojalá* + subjuntivo (deseo- augurio) – *acabar/seguir/ir* + gerundio
17. Yo que usted... p. 218	Sugerir / aconsejar / recomendar / advertir	– formación plurales – *que, cual-es, quien-es...* – *todo-a-os-as, nada...* – pronombres personales-complemento – *¡canta!/¡no cantes!* – preposiciones	– futuro de probabilidad *(cantaré/habré cantado)* – *puede que* + subjuntivo = probablemente – *cantaría* – *que* + subjuntivo (deseo-augurio) – verbos de *sugerencia* + indicativo/subjuntivo
18. En «Control de pasaportes» p. 230	Rogar / pedir / suplicar / solicitar	– acentuación – pronombres personales-complemento – *más que/de* – *¡canta!* – *el, lo... + que* – *cantaré/cantaría* – preposiciones	– *acabar de* + infinitivo – verbos de orden + infinitivo/*que* + subjuntivo – *qué* + adjetivo/sustantivo – *lo* + adjetivo – cuando *cante/haya cantado*
19. En el museo p. 243	Prohibir	– acentuación – *buen/bueno* – participios irregulares – *estoy cantando* – *qué, cuál-es* – mi, tu.../mío, tuyo... – preposiciones	– *como* = ya que – *nada más* + infinitivo/*en cuanto* + indicativo/subjuntivo – *seguir* + gerundio – *cantando* = cuando hube cantado – *cantaba/canté*
20. ¿Algún recado para mí? p. 256	Narrar en estilo indirecto	– acentuación – *algo, todo, nada* – pronombres personales-complemento – verbos irregulares – *¡canta!/¡no cantes!* – *cuánto-a-os-as* – preposiciones	– *nada (de)/algo (de)* + adjetivo – *iba a cantar* = cantaría – *hasta que no* + subjuntivo – *con lo* + adjetivo + *que* – imperativo indirecto + subjuntivo – digo que canto/he cantado > *dije* que *canté/había cantado* – digo que cantaré > *dije* que *cantaría* – *cantaré/habré cantado* (probabilidad)

Soluciones a las actividades, 271.

1 ¿Quién ha visto al asesino?

Policía: Usted *dice* que vio al asesino de la señora García, ¿es así?

José Ruiz: Sí, señor.

Policía: ¿Conocía usted a la señora García?

José Ruiz: Sí, señor, la conozco, *bueno*, la conocía... Vivía en el tercer piso de
5   nuestra casa y yo vivo en el primero. *Llevaba dos años* en la casa. Vivía
              sola.

Policía: ¿Cómo era?

José Ruiz: No era ni alta ni baja, de estatura media. Era bastante joven, no
              guapísima, pero muy *mona*. Yo *supongo* que era *soltera*. Era rubia, de
10   piel muy blanca, con unos ojos azules pequeños, pero...

Policía: Basta. Ya hemos visto el *cadáver*. Quiero decir cómo era de carác-
              ter...

José Ruiz: Yo la conocía poco. Era muy amable. Una persona muy seria. Pare-
              cía una mujer *buena*. *De pocas palabras*, pero muy *cariñosa* con los
15   niños. Con mis *nenes* era también...

Policía: ¿Iba mucha gente a su casa?

José Ruiz: No, no creo. Daba la impresión de ser una persona *un poco* solitaria,
              reservada... Ya le he dicho que hablaba *poco*. *De vez en cuando* iba a
              visitarla un señor ya bastante *viejo*, de *pelo* blanco, un poco calvo aquí
20   delante... Era muy alto y *delgado*, muy elegante. Iba muy bien ves-
              tido. Llevaba gafas.

Policía: ¿Habló alguna vez con él? ¿Cómo era?

José Ruiz: De carácter era *el contrario* de la señora, muy extro... ¿cómo se dice
              eso?, que hablaba mucho con la gente, *risueño*, alegre...

25 Policía: Extrovertido, quiere usted decir.

José Ruiz: *Exacto*, extrovertido, pero muy educado.

Policía: ¿Cuándo vio usted al asesino?

José Ruiz: Yo volvía a casa a las dos y media de la madrugada, porque...

Policía: Diga sólo cuándo le vio y cómo era.

30 José Ruiz: Lo encontré la misma noche que *mataron* a la señora García. Entré
              en la portería y vi a *un hombre*. Era bajito, ni gordo ni delgado. No
              pude ver bien sus ojos, pero era moreno, de eso *estoy seguro*. Llevaba
              un sombrero que le *cubría* los ojos y una bufanda que le cubría la
              boca. Llevaba guantes.

35 Policía: Mire usted estas fotos. ¿Puede reconocer al asesino?

José Ruiz: No, ése no, tiene la cara demasiado redonda y la nariz demasiado
              grande.

– No, ése tampoco; demasiado *mayor*.

– Ése... ése no sé...

40 Policía: ¿Le parece que es el asesino?

José Ruiz: No sé, pero se parece mucho a él, *desde luego*.

–Mire ése, ¡qué gracia!

Policía: ¿Por qué lo encuentra *gracioso*? ¿Por qué se ríe?

José Ruiz: Nada: *me recuerda* mucho a mi suegro con esta cara de mal genio.

45   ¡Qué feo y antipático es!

Policía: *No divague: conteste* sólo a mis preguntas. ¿Es el asesino de la señora, sí o no?

José Ruiz: No, el asesino tenía una cara más simpática, esa es la verdad.

–¡Qué gracia! ¿Ha visto qué orejas tiene ése? ¡Parece un elefante!

50 Policía: Ya le he dicho que no me interesan sus comentarios...

José Ruiz: Sí, claro. ¡*Debe ser* muy divertido *ese trabajo* suyo, viendo siempre a tanta gente tan *extraña*, tan curiosa...! ¡Mire éste qué cara de *listo* y de sinvergüenza! ¡Qué simpático!

Policía: Basta por hoy. *En caso de necesidad*, le llamamos otro día...

55 José Ruiz: ¡Aquí estoy, a su disposición! ¡Qué divertido este trabajo, vaya!

Ejercicios orales*

1. Conteste brevemente con sus propias palabras:

1. ¿Qué afirma José Ruiz acerca de la señora García?
2. ¿Cómo era físicamente la víctima?
3. ¿Cómo era su carácter?
4. ¿Cómo era el señor que iba a verla?
5. ¿Cuándo vio al supuesto asesino y qué pudo ver de él?
6. ¿Qué tienen de particular las fotos que ve José Ruiz?
7. ¿Por qué José Ruiz encuentra interesante el trabajo del policía?

2. Ampliemos el tema con situaciones similares:

A) La señora Gómez está casada, tiene cinco hijos pequeños y vive en un chalet muy grande con un bonito jardín. Trabaja todas las mañanas y necesita una colaboradora doméstica. Por eso, va a una oficina de colocación.

Complete las partes que faltan del diálogo:

* En adelante, los números entre paréntesis se refieren a las líneas del texto.

Señora: Buenas tardes, necesito una asistenta.
Empleada: Vamos a ver, ¿de qué [1].........?
Señora: No demasiado mayor y que tenga un poco de experiencia.
Empleada: Tengo varias fotos; ésta, por ejemplo [2]......... .
Señora: No, ¡es vieja! ¡Mis niños son terribles! Necesito una persona
              [3] ....
Empleada: Esta otra, ¿qué le parece?
Señora: Sí, físicamente es [4]......... ; me gustan [5]......... , pero de carácter,
              ¿cómo es?
Empleada: Mire, es [6]......... .
Señora: ¿Es persona seria?
Empleada: Le aseguro que es [7].........
Señora: ¿Y con los niños?
Empleada: Le gustan mucho. Es [8]......... y además [9]......... .
Señora: Pero, ¿con la casa?
Empleada: Es buena [10].........
Señora: Usted que las conoce, ¿cuál me aconseja?
Empleada: Esta jovencita es muy [11]......... ; en cambio, esta otra es más
              [12]......... . Yo prefiero esta rubia porque es [13]..........

B) Se está rodando una película del Oeste en España. Para ello se necesitan
dos actores. Se han presentado varios candidatos y el director discute con
algunos de sus colaboradores.

Complete las partes que faltan del diálogo:

Colaborador: Este chico de pelo .... es muy .... porque tiene ....
Director: Sí, pero necesito una persona .... ; éste con .... , ¿cómo es?
Colaborador: Ya lo ve usted: tiene .... ; es muy .... y además tiene un
              carácter verdaderamente ...., porque es amigo de todos.
Director: ¿Y en el trabajo?
Colaborador: Sé que es un verdadero .... ; de ánimo es .... Se com-
              porta siempre de una manera .... y es persona ....
Director: Sí, tiene una cara muy .... y parece ser ....
Colaborador: Este otro es un poquito más .... No es de aquí porque es
              .... ; pero es un hombre .... , ya que ha viajado y estu-
              diado mucho.
Director: No lo dudo. Es que físicamente me parece demasiado ....
              y poco .... Necesito un chico más .... , porque tiene
              que hacer el papel de aventurero.
Colaborador: Entonces, ésta es la persona adecuada. Es bastante......... ;
              tiene .... ; en el trabajo demuestra .... y con los compa-
              ñeros es ....
Director: Sí, éste me parece el mejor. También su aspecto demuestra
              ser .... Viste con .... y denota ....

C) Susana y Luisa han conocido a dos chicos estupendos de los que están ena-
moradas. Hablan de ellos.

Complete las partes que faltan del diálogo:

Susana: Sabes, Luisa, Manuel es verdaderamente mi ideal. Parece más
.... de sus veinticinco años y además ....

Luisa: De acuerdo, pero no es mi tipo. Pedro es completamente dife-
rente: es .... Su padre es un hombre importante y tienen
.... A mí me gusta la gente ....

Susana: Manuel es más .... , pero su carácter es .... Conmigo
siempre es .... y, cuando estamos en compañía, es el más
.... del grupo.

Luisa: También Pedro en compañía es .... , pero en el trabajo es un
hombre muy .... Todos en la oficina le quieren porque no es
.... , sino .... Ha viajado mucho y por eso tiene amigos
extranjeros: ingleses, ...

Susana: Bueno, Manuel, aparte de ser físicamente .... , es también ....

D) Haga la descripción física de:

   – varios compañeros de clase;
   – un actor o actriz famosos;
   – un/a camarero/a de la cafetería.

E) Haga la descripción psicológico-moral de:

   – los miembros de su familia;
   – un campeón de fútbol;
   – un tendero.

F) Haga la descripción física y psicológico-moral de:

   – una persona que no es de su gusto;
   – una persona fea o antipática;
   – un político que no sea de su agrado.

3. Sustituya las palabras, frases o partículas en cursiva por otras equivalentes que usted conozca y que puedan reemplazarlas en el texto.

4. Complete las frases de los grupos siguientes con una de las voces indicadas en cada uno de ellos:

A) *muy* (9) / *mucho* (16)

   1. Tengo .... frío.
   2. Hemos corrido ....
   3. Es .... simpático.
   4. El edificio es .... moderno.
   5. Los niños comen .... caramelos.
   6. Los problemas son .... difíciles.

B) *bueno* (14) / *bien* (20)

1. Aquella película es muy ....
2. El tenor canta ....
3. –¿Cómo estáis ahora? – .... , gracias.
4. Hace un tiempo bastante ....
5. Estas pastillas son .... para la voz.
6. Hace .... su trabajo.

C) *también* (15) / *tampoco* (38)

1. –Yo soy estudiante de idiomas, ¿y tú? – Yo ....
2. No hemos comprado pan y .... leche.
3. Miguel tiene un perro y Marta .... tiene uno.
4. –Nosotros no vimos el programa de televisión de anoche, ¿y vosotros?
   –Nosotros ....
5. Yo .... tengo sueño: me quedo levantado un rato más.
6. Aquel empleado es trabajador y .... honesto.

D) *parecerse* (41) / *parecer* (13)

1. Esta casa .... un castillo.
2. El niño .... mucho a su madre.
3. .... (él) tonto y no lo es.
4. .... (ella) más joven de lo que es.
5. Estas dos novelas .... bastante.
6. Tu perro .... un león.

5. Complete con el adjetivo que signifique lo que se indica entre paréntesis, y controle luego con el texto:

1. A su edad, yo era más .... (no alto, 8).
2. La secretaria es .... (no feo, 9).
3. Estos calcetines son demasiado .... (no grande, 10).
4. Los abuelos suelen ser .... (que es afectuoso, 14) con los nietos.
5. Aquel pintor tiene fama de persona .... (que comunica poco con los demás, 17).
6. Tienes que comer más porque estás .... (no gordo, 20).
7. La presentadora de televisión es .... (que sonríe, 24).
8. Esta melodía es verdaderamente .... (no triste, 24).
9. El payaso no es nada .... (que produce risa, 43).
10. La fiesta fue bastante .... (no aburrido, 51).
11. En el bosque encontramos una planta .... (que despierta curiosidad por su rareza, 52).
12. El futbolista ha resultado ser muy .... (que es astuto e inteligente, 52).

6. • ¿Por qué lo encuentra *gracioso*? (43) (gracioso < gracia).
   • ¡Qué *simpático*! (53) (simpático < simpatía).

   Forme el adjetivo relativo a la palabra entre paréntesis:

   1. El presidente es hombre .... (honestidad) y .... (lealtad).
   2. No trabaja ni estudia: es .... (pereza).
   3. Siempre hace regalos a sus amigos: es .... (generosidad).
   4. Es .... (estupidez) salir sin paraguas cuando llueve.
   5. Dice siempre lo que piensa: es .... (sinceridad).
   6. La chica que cuida a los niños es .... (sencillez) e .... (ingenuidad).
   7. Usted parece .... (cortesía), pero, en realidad, es .... (hipocresía).
   8. Mira a todo el mundo con desprecio: es .... (arrogancia) y .... (desdén).

7. Diga la forma contraria de la palabra entre paréntesis, y controle luego con el texto:

   1. La nueva asistenta es bastante .... (vieja, 8), de pelo .... (moreno, 9) y con unos .... (grandes, 10) ojos .... (negros, 10).
   2. La nueva profesora es una mujer .... (mala, 14), de .... (muchas, 14) palabras y .... (arisca y áspera, 14) con sus alumnos.
   3. Es una persona .... (sociable, 17), ... (extrovertida, 18) y que le gusta hablar .... (mucho, 17).
   4. Este señor parece .... (joven, 19) porque tiene el pelo .... (moreno, 19), pero en realidad tiene ya sesenta años.
   5. Le dieron el papel de primer actor joven porque era .... (bajo, 20) y .... (gordo 20), ... (melancólico, 24) con sus compañeros y siempre muy .... (triste, 24).
   6. Me gusta mucho la Plaza .... (cuadrada, 36) de Valencia, aun si me parece un poco .... (pequeña, 37).
   7. Miguel tiene siempre una cara .... (cordial y afable, 44), además de ser .... (guapo, 45) y .... (simpático, 45).
   8. Mi trabajo es muy .... (aburrido, 51) porque tengo la posibilidad de conocer a gente .... (normal y corriente, 52) y .... (discreta, 52).
   9. Ese chico no me gusta nada porque tiene una cara de .... (tonto, 52) y da la impresión de ser verdaderamente .... (una buena persona, 53).

8. Observe:

   En la frase *llevaba dos años en la casa* (5) el verbo LLEVAR tiene valor idiomático. Existen otros usos idiomáticos del mismo verbo:

LLEVAR	LLEVARSE
LLEVAR BIEN/MAL	LLEVARSE BIEN/MAL
LLEVAR A CABO	LLEVAR LA CONTRARIA

Complete con la forma adecuada:

1. No es fácil .... a la vez la casa y la empresa.
2. Entre los dos hermanos hay mucha diferencia de edad: .... quince años.
3. Hemos podido .... esta investigación con la ayuda de una financiación estatal.
4. Todos los miembros de la familia se quieren mucho y ....
5. Este año .... mucho el color marrón.
6. Nunca está de acuerdo con nadie: le gusta mucho ....
7. El contable es muy eficiente: .... muy .... la contabilidad.
8. Los socios de la firma discuten y se pelean cada dos por tres: ....
9. Hoy día .... mucho ir de vacaciones a países exóticos.
10. Mi abuelo .... barba y bigote.
11. Parece mucho más joven de lo que es: .... sus setenta años.
12. .... con mucha resignación su enfermedad.

9. Observe:

En el esquema siguiente se establecen relaciones de parentesco entre las personas designadas; el signo ⓪ significa que la pareja está casada y las flechas indican la descendencia.

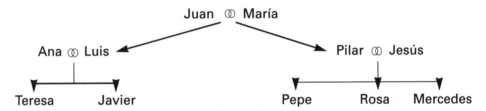

Complete con el sustantivo de parentesco adecuado:

1. María y Juan son .... y ....
2. Juan es el .... de María.
3. María es la .... de Juan.
4. Luis y Pilar son los .... de Juan y María.
5. Luis y Pilar son ....
6. María es la .... de Luis y Pilar. Juan es el ....
7. María es la .... de Javier,Teresa, Pepe, Rosa y Mercedes.
8. Juan es el .... de Ana y de Jesús.
9. Ana es la .... de Juan y María, y Jesús es el .....
10. Ana es la .... de Pilar y Jesús.
11. Ana y Luis son los .... de Pepe, Rosa y Mercedes.
12. Teresa y Javier son los .... de Pepe, Rosa y Mercedes.
13. Teresa, Javier, Pepe, Rosa y Mercedes son los .... de Juan y María.
14. Teresa y Javier son los .... de Pilar y Jesús.

10. Observe:

A) • Usted dice que vio *al* asesino (1).
   • Ya hemos visto *el* cadáver (11).

Complete con la preposición *a* cuando se requiera:

1. ¿Te he presentado alguna vez .... Paco?
2. Conocemos .... una persona influyente que puede ayudarte.
3. Queremos mucho .... nuestra pequeña casa.
4. Saludaron .... todos los invitados.
5. Advierte .... el portero que no se enciende la luz de la escalera.
6. Vi .... un señor desconocido en la reunión.

B) • –Usted dice que vio al asesino de la *señora* García, ¿es así? –*Sí, señor* (1-2).

Forme el femenino de la palabra entre paréntesis:

1. .... (camarero) limpia las habitaciones.
2. El león ha herido a .... (domador).
3. .... (estudiante) aprende idiomas para ser .... (intérprete).
4. Conocimos .... (francés) que era .... (escultor).
5. .... (periodista) está haciendo una entrevista a .... (ministro).
6. La cerveza española es ligera; .... (alemán) es más fuerte.

C) • Sí, señor, la *conozco,* bueno, la *conocía...* (4).

Conjugue el verbo entre paréntesis en el tiempo de indicativo adecuado:

1. .... (yo, obedecer) sus órdenes, mi coronel.
2. Le .... (nosotros, compadecer) por todas sus desgracias.
3. Te .... (yo, agradecer) mucho el favor que me has hecho.
4. Ayer .... (él, amanecer) de mal humor.
5. En el accidente de carretera .... (fallecer) muchas personas.
6. El doctor sostiene que .... (yo, carecer) de vitaminas.

D) • Quiero decir *cómo* era de carácter... (11-12).
    • ¡*Qué* gracia! (42).

Acentúe la palabra en cursiva cuando se requiera:

1. No recuerdo *como* se llama.
2. Vemos *que* estáis muy contentos.
3. *Cuando* se levanta, enciende la radio.
4. No se sabe a *que* hora sale el tren.
5. No saben *cuando* empiezan las clases.
6. Quién sabe *donde* se ha metido el gato.

E) • Yo *la* conocía poco (13).
    • Ya *le* he dicho que hablaba poco (18).
    • *Lo* encontré la misma noche [...] (30).

Transforme sustituyendo la parte en cursiva por el pronombre personal-complemento:

1. Escribimos una carta *a Ana.*
2. Di la mano *al señor que me presentaste.*
3. Vi *a tus primos* por la calle.
4. La enfermera cambió los pañales *al nene.*
5. Admitieron *a las muchachas* en el concurso de belleza.
6. Dimos las gracias *a los presentes.*

F) • Yo volvía a casa *a las dos y media de la madrugada* (28).

Diga la hora indicada entre paréntesis, completándola con la parte del día correspondiente.

1. El campesino se levanta a las .... (5:45).
2. Escuchamos el telediario de las .... (19:30).
3. Dejaron abierta la tienda de .... (8:50) a .... (13:15).
4. Se acuesta siempre a las .... (0:30).
5. Los excursionistas regresaron a las .... (1:45).
6. El periódico dice que el eclipse de luna será entre las .... (21:25) y las .... (21:55).

11. Complete con la preposición adecuada y controle luego con el texto:

1. Mis primos viven .... el campo (5).
2. –¿Cómo es .... aspecto? –Es .... aspecto juvenil (11).
3. El verano que viene vamos .... Australia (16).
4. He hablado .... el director para el nuevo empleo (22).
5. ¿A qué hora habéis vuelto .... la oficina? (28).
6. Los terroristas entraron .... la Embajada a las siete (31).
7. ¿Estás seguro .... lo que afirmas? (32).
8. Tiene letra .... médico (52).
9. .... hoy no quiero trabajar más (54).
10. .... caso .... enfermedad, llame usted al médico (54).

12. Observe:

A) • Usted *dice* que *vio* al asesino (1).

     • Yo *supongo* que *era* soltera (9).

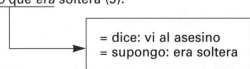

= dice: vi al asesino
= supongo: era soltera

Según ello, una las dos frases transformándolas:

1. Ella dice: me llamo María Pérez.
2. Sostiene: ayer a las ocho estaba en casa.
3. Afirmaron: nosotros no conocemos al acusado.
4. Estoy seguro: la puerta estaba cerrada.
5. Pensó: es demasiado tarde para echarse atrás.
6. El juez sospechó: han traído pruebas falsas.
7. Dijeron: estamos muy ofendidos.
8. Asegurasteis: aquella mañana no salimos del despacho.

B) • *Vivía* en el tercer piso (4).

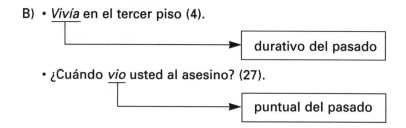

durativo del pasado

• ¿Cuándo *vio* usted al asesino? (27).

puntual del pasado

Según ello, conjugue el verbo entre paréntesis:

1. Anoche .... (yo, acostarse) a las once.
2. En 1985, todavía .... (él, ser) estudiante.
3. Nos .... (ellos, ver), pero no nos .... (ellos, saludar).
4. Cuando .... (ella, ser) joven, ... (ella, saber) esquiar muy bien.
5. La señorita .... (conocer) perfectamente el alemán y .... (ella, entrar) como intérprete en el Mercado Común.
6. ¿A qué hora .... (tú, despertarse) hoy?
7. .... (él, tener) úlcera de estómago y le .... (ellos, operar).
8. Mis padres .... (tener) un chalet y lo .... (vender).

C) • *Llevaba dos años* en la casa (5).

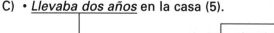

= hacía dos años que estaba

Según ello, transforme:

1. Hacía cinco años que estaba en Bélgica.
2. Hacía un mes que estaba en el hospital.
3. Hacía mucho tiempo que estaban encerrados en el ascensor.
4. Hacía una hora que estaba allá en la esquina.
5. El helado hacía pocas horas que estaba en el congelador.
6. El agua hacía media hora que estaba en el fuego.
7. Los prisioneros hacía un año que estaban en el campo de concentración.
8. Hacía dos horas que estaba metido en su despacho.

D) • ¡*Qué* gracia! (42).

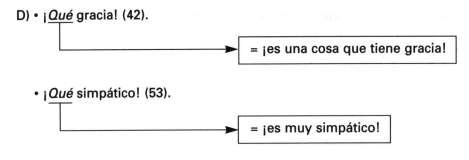

= ¡es una cosa que tiene gracia!

• ¡*Qué* simpático! (53).

= ¡es muy simpático!

Según ello, transforme:

1. ¡Es muy oscura esta habitación!
2. ¡Ha sido una gran desgracia haber fallecido tan joven!
3. ¡Es una gran casualidad encontrarnos aquí!
4. ¡Fue una reunión aburrida!
5. ¡Es muy confortable este sillón!
6. ¡Es antiguo ese piano!
7. ¡Tiene mucha simpatía este muchacho!
8. ¡Fue una experiencia horrorosa!
9. ¡Tengo un gran cansancio!

13. Conjugue el verbo entre paréntesis en el tiempo de indicativo adecuado y
    controle luego con el texto (1-22):

   – Usted .... (decir) que .... (usted, ver) al asesino de la señora García,
     ¿.......... (ser) así?
   – Sí, señor.
   – ¿.......... (usted, conocer) usted a la señora García?
   – Sí, señor, la .... (yo, conocer), bueno, la .... (yo, conocer). .... (ella,
     vivir) en el tercer piso de nuestra casa y yo .... (vivir) en el primero. ....
     (ella, llevar) dos años en la casa. .... (ella, vivir) sola.
   – ¿Cómo .... (ella, ser)?
   – No .... (ella, ser) ni alta ni baja, de estatura media. .... (ella, ser) bas-
     tante joven, no guapísima, pero muy mona. Yo .... (suponer) que ....
     (ella, ser) soltera. .... (ella, ser) rubia, de piel muy blanca [...].
   – .... (bastar). Ya .... (nosotros, ver) el cadáver. .... (yo, querer) decir
     cómo .... (ella, ser) de carácter....
   – Yo la .... (conocer) poco. .... (ella, ser) muy amable [...].
   – ¿.......... (ir) mucha gente a su casa?
   – No, no .... (yo, creer). .... (ella, dar) la impresión de ser una persona
     un poco solitaria, reservada... Ya le .... (yo, decir) que .... (ella, hablar)
     poco. De vez en cuando .... (ir) a visitarla un señor [...]. .... (él, ir) muy
     bien vestido. .... (él, llevar) gafas.
   – ¿.......... (usted, hablar) alguna vez con él? ¿Cómo .... (ser)?

Ejercicios de escritura: hacia la redacción

1. Conteste en unas pocas frases:

   1. ¿Cómo era la víctima?
      ....

   2. ¿Cómo era el supuesto asesino?
      ....

   3. ¿Por qué José Ruiz no reconoce al asesino en las fotos?
      ....

2. Conteste expresando sus opiniones:

   1. ¿Qué tipo de personalidad revela José Ruiz?
      ....

   2. ¿Cómo ve usted al policía?
      ....

   3. ¿Qué piensa usted de la profesión de policía?
      ....

3. Complete con las partes que faltan y controle luego con el texto (3-12):

   – ¿Conocía .... García?
   – Sí, señor, la conozco, bueno, ... Vivía en el tercer piso de nuestra casa y yo vivo .... Llevaba .... en la casa. Vivía sola.
   – ¿Cómo era?
   – No era ni alta .... , de estatura .... Era bastante joven, ... , pero muy .... Yo supongo que era soltera. Era rubia, ... muy blanca, con unos ojos azules .... , pero ...
   – .... Ya hemos visto .... Quiero decir .... carácter...

4. Observe el uso de la coma:

   • Era bastante joven, no guapísima, pero muy mona... Era rubia, de piel muy blanca, con unos ojos azules pequeños, pero... (8-10).

   –elementos de una serie
   –delante de: *pero, pues, según, sino...*

Según ello, ponga las comas, y controle luego con el texto (18-34):

- De vez en cuando iba a visitarla un señor ya bastante viejo de pelo blanco un poco calvo aquí delan... Era muy alto y delgado muy elegante. Iba muy bien vestido. Llevaba gafas.
- ¿Habló alguna vez con él?
- De carácter era el contrario de la señora muy extro... ¿cómo se dice esto? que hablaba mucho con la gente risueño alegre...
- Extrovertido quiere decir usted.
- Exacto extrovertido pero muy educado.
- ¿Cuándo vio usted al asesino?
- Yo volvía a casa a las dos y media de la madrugada porque...
- Diga sólo cuándo le vio y cómo era.
- Lo encontré la misma noche que mataron a la señora García. Entré en la portería y vi a un hombre. Era bajito ni gordo ni delgado. No pude ver bien sus ojos pero era moreno de eso estoy seguro. Llevaba un sombrero que le cubría los ojos y una bufanda que le cubría la boca.

5. Según la información acerca del delito que le proporciona el texto, invente un breve relato sobre:

   • cómo se ha verificado el asesinato;
   • las causas que han llevado al asesinato.

6. Escriba una redacción sobre uno de los siguientes temas:

   • La persona-tipo de mi país.
   • Autorretrato.
   • «Joven apuesto desea encontrar su alma gemela. Envíense descripciones detalladas del aspecto físico, psicológico, profesión, etc.»
   • Caracteres y signos del zodiaco.

2 Por esos mundos de Dios

En la estación de Torrijos, nos esperaba ya el *coche de línea*, viejo y *destartalado*, pintado de azul. Los asientos eran de plástico, muchos de ellos rotos. *Olía muy mal.*

Llegados a la plazuela del pueblo, unos hombres nos indicaron *una posada* que estaba en una callecita estrecha y maloliente: era la única *del pueblo*.

Nos recibió *la dueña*. Nos preguntó si queríamos comer algo. Nos sentamos *en seguida* a una mesa de madera que bailaba todo el tiempo, y en unas sillas de respaldo alto y *fondo* de paja. El ama vino con un mantel más negro que blanco y puso la mesa. Los vasos eran opacos, los platos grasientos y los cubiertos con incrustaciones no precisamente de oro. Nos miramos *algo* preocupados, pero teníamos *tanta hambre* que comimos el primer plato, la sopa, sin decirnos una palabra. La verdad es que era *sosa* y demasiado líquida: las legumbres nadaban en el caldo. *Por suerte*, la carne que vino después era sabrosa, *no muy hecha*, y bastante tierna. Lástima que las patatas que nos trajeron de *guarnición* estaban demasiado cocidas y los guisantes duros como balas.

Estábamos tan incómodos en aquel comedor, que sólo esperábamos el momento de subir al *cuarto* y descansar. Junto al hogar estaba echado un perro viejo y bastante *asqueroso*, con el pelo largo que le *tapaba* los ojos y una orejas que le llegaban al suelo. No tenía *rabo*: parecía que se lo habían cortado. Entre las mesas correteaban cinco o seis gatos hambrientos. Uno negro, *precioso*, de pelo *reluciente*, pero muy salvaje, dio un salto a nuestra mesa y *por poco se nos come* la carne.

Por fin llegamos al cuarto. Olía a cerrado. Había un lavabo con dos grifos. De uno de ellos salió el agua tan *ardiente*, que me quemé una mano; del otro no salía ni una gota de agua.

Hacía un frío *espantoso* y nos metimos en cama. Eran altísimas, y *como te* movías, crujían, *así que* no hubo un momento de silencio en toda la noche. En mi colchón había tantos bultos y tan duros que me parecía dormir en *el lecho* de un río. Las mantas de la cama eran gruesas y pesadas, pero no calentaban nada, de modo que *pasamos* la noche temblando de frío.

Sobre las tres de la madrugada, me levanté *fastidiado* de no poder dormir y salí a la calle a tomar un poco el aire. La noche era serena y despejada, sin una nube en el cielo. Brillaba la luna.

Mi amigo se levantó *temprano* con los huesos rotos. Yo sólo pensaba en tomarme un café caliente y hacer un desayuno *decente*. ¡Vana ilusión! El café estaba *tibio* y tan

75 fuerte que era casi amargo. Pedí pan tostado con mantequilla, pero el ama me dijo que no tenía. Nos trajo algunos suizos y croissants. Pensé que al menos los bollos serían 80 frescos y fragantes. Eran secos: *por* *lo menos* eran de dos o tres días antes. Salimos de la posada desesperados. Nos miramos entre desanimados y divertidos: ¿serían todas 85 las posadas de Castilla como la primera de nuestro itinerario?

Ejercicios orales

1. Conteste brevemente con sus propias palabras:

1. ¿Cómo era el medio de transporte que cogieron los dos amigos?
2. ¿Cómo era la posada?
3. ¿Cómo era la cena que les sirvieron?
4. ¿Qué animales había en la posada? ¿Cómo eran?
5. ¿Cómo era el dormitorio? ¿Cómo pasaron la noche?
6. ¿Cómo fue el desayuno?

2. Ampliemos el tema con situaciones similares:

A) El año pasado fuimos a Suiza. Estuvimos divinamente porque nos alojamos en una pensión que no era lujosa, pero era muy bonita y confortable. Antes de quedarnos en ella, la visitamos detenidamente.

Complete las partes que faltan del diálogo:

Marido: ¿Qué te parece [1].......... ?
Mujer: La entrada es [2].......... y tiene [3].......... . Hay que ver el resto [4].......... . Si todo lo demás es [5].......... .
Marido: Parece todo muy [6].......... que es lo principal.
Mujer: Sí, además es acogedora porque [7].......... .
Marido: Veamos el comedor porque [8].......... .
Mujer: Mira qué [9].......... : no hay cosa que más me moleste que las mesas estén [10].......... y no se pueda hablar tranquilo.
Marido: Sí, es [11].......... . Fíjate también en las mesas puestas: [12].......... . Los platos [13].......... y [14].......... , parece que acaban de salir del lavavajillas.
 Veamos el dormitorio. Señor, ¿nos permite?
Propietario: [15]..........
Mujer: Es [16].......... , pero [17].......... . La ventana [18].......... , así que [19]..........
Marido: [20].......... no haya ducha o [21].......... .
Mujer: Bueno, hay el lavabo que [22].......... .

Marido: Sí, pero lo del cuarto de baño común 23.......... , quién sabe
            cómo será: es posible que 24.......... .
Mujer: Veámoslo. Depende de cómo 25.......... y de cuánta 26.......... .
Marido: Mira: efectivamente es 27.......... y está 28.......... .
Mujer: ¿Has visto el jardín? Es 29.......... .
Marido: ¡Oh, sí, qué 30.......... ! Aquí estoy seguro de que 31..........

B) Ayer Carmen perdió su gato, que quería muchísimo. Ha puesto ya un anuncio en el periódico, pero va igualmente a la Sociedad protectora de animales y plantas para ver si alguien lo ha llevado allí.

   Complete las partes que faltan del diálogo:

   Carmen: Ayer ....
   Empleado: ¿Cómo .... ?
   Carmen: Era .... , un gato fuera de lo común. Tenía .... Era ....
               con todo el mundo y ....
   Empleado: Ayer nos trajeron por lo menos diez. Uno de ellos era ....
   Carmen: No, ... de color .... y los ojos ....
   Empleado: Será mejor que entre y los mire usted misma. Mire éste de
               ....
   Carmen: No, el mío .... : éste parece que no ha comido en una sema-
               na. Además tiene un aspecto poco agradable porque ....
   Empleado: Ese .... ¿no será el suyo por casualidad?
   Carmen: ¡Qué .... y .... tan chiquitín! El mío era .... , pero era
               .... Éste es .... , desde luego.
   Empleado: ¿Por qué no se queda con él?
   Carmen: No, otro gato no es posible. Mi Alejandro es insustituible. En
               todo caso un perro ....
   Empleado: ¿Qué le parece éste tan .... ?
   Carmen: No, no me gusta: es .... y .... A mí me gustan los perros
               grandes y vivarachos. Éste es .... Me llevo este otro que es
               .... y tiene .... Si Alejandro un día vuelve a casa ....
   Empleado: No creo que ....

C) Ana va a visitar a su amiga Luisa, que es muy desordenada y tiene la casa
   toda revuelta.

   Complete las partes que faltan del diálogo:

   Ana: Pero, ¿qué ha .... ? Todo está ....
   Luisa: Sí. Mi cuarto .... : hay .... en el suelo, los trajes sucios porque
            .... y los zapatos .... puesto que ....
   Ana: ¿Y la cama? ¡Parece .... !
   Luisa: Pensaba quitar las sábanas para .... y .... las mantas a la tin-
            torería. .... calor y no ....

Ana: Los cristales están .... que ni siquiera .... fuera.

Luisa: Es que sigue lloviendo y ....

Ana: ¿Cómo puedes estudiar sobre .... ? Hay una revolución entre hojas .... , ceniceros .... , cajas...

Luisa: ¡Uf! ¡.......... que mi madre!

D) Dos compañeros de trabajo están en un restaurante.

Complete las partes que faltan del diálogo.

Camarero: ¿ .... ?

Luis: A mí .... , como .... , una ensalada variada.

Pedro: Yo quiero ....

Luis: Esos vasos no me parecen .... y .... está lleno de man-chas: ....

Pedro: A mí no .... , lo importante es ....

Luis: ¿Cómo es tu .... ? Mi ensalada es .... : los tomates son .... , los huevos .... , la cebolla .... y además falta .... porque está completamente ....

Pedro: En cambio, mi .... es .... : la chuleta .... , las patatas .... y las alcachofas ....

Luis: El vino no me gusta porque .... y el agua ....

Camarero: ¿ .... de postre?

Pedro: Para mí, aquellas manzanas que ....

Luis: ¿ .... aquella tarta?

Camarero: Es .... de la casa: tiene frutas y nata.

Luis: ¡Seguro que .... ! No, yo no ....

Pedro: .... café.

E) Haga la descripción detallada de todo lo que ve en un mercado: puesto de fruta, verduras, carne, pescado...

F) Haga la descripción de los animales domésticos que tiene (gato, perro) o le gustaría tener, explicando el por qué le gustan.

G) Haga la descripción de las cosas que ve a su alrededor en este momento.

3. Sustituya las palabras, frases o partículas en cursiva por otras equivalentes que usted conozca y que puedan reemplazarlas en el texto.

4. Complete las frases de los grupos siguientes con una de las voces indicadas en cada uno de ellos:

A) *venir* (16) / *ir*

1. ¿Quieres .... conmigo al cine?
2. ¿ .... (vosotros) a mi fiesta de cumpleaños?: os esperamos.
3. ¡ .... (tú) corriendo a avisarle!
4. Llaman: ¿ .... (yo) a abrir la puerta?
5. Mañana no hay clase: no .... (vosotros), pues, a la universidad.
6. –¿Puedo .... mañana a su consultorio, doctor? –Sí, ... usted mañana.

B) *poner* (17) / *meter*

1. ¡ .... (usted) los platos sucios en el lavavajillas!
2. Han .... el ordenador sobre aquella mesita.
3. El niño .... los dedos en el enchufe de la electricidad.
4. No .... (tú) las mantas en el balcón porque se ensucian.
5. Me .... (ellos) una pila nueva en el reloj.
6. ¿ .... (yo) un disco de música moderna?

C) *después* (27) / *pues*

1. .... de comer tomamos siempre café.
2. Es un solar edificable: aquí, ... , construiremos la casa.
3. Antes estudia, y .... juega un poco.
4. El coche ya no me sirve: llévalo, ... , al garaje.
5. –¿Vamos ahora mismo? –No, ...
6. Las espinacas están llenas de tierra: lávelas, ... , varias veces.

D) *suelo* (40) / *tierra*

1. .... de este campo es muy fértil.
2. A los niños les gusta tirar las cosas a ....
3. Hemos comprado una nueva fregona para lavar ....
4. Cuando el avión tomo .... , la gente se tranquilizó.
5. Dormimos en .... por falta de camas.
6. No pongas el bolso en ....

E) *traer* (78) / *llevar*

1. El farmacéutico me .... las medicinas a casa.
2. Le .... (ellos) a urgencias en ambulancia.
3. Cuando vayamos a verte, te .... (nosotros) las fotos.
4. Mañana .... (ustedes) aquí su diccionario.
5. El cartero .... una carta certificada para ti.
6. Cuando la veamos, le .... (nosotros) tus recuerdos.

5. Complete con el adjetivo que signifique lo que se indica entre paréntesis, y controle luego con el texto:

1. Es un río .... (que huele mal, 9).
2. El queso de leche de cabra es .... (que tiene sabor, 28).
3. Los escarabajos son animales .... (que produce asco, 37).
4. Habría que ayudar a esos pobres .... (que tiene hambre, 42-43).
5. Tenían los cubiertos de plata .... (que reluce, 44).
6. Se quemó con el aceite .... (que arde, 50).
7. Esa mimosa es demasiado .... (que exhala fragancia, 80).
8. Cuando le suspendieron, quedó completamente .... (sin ánimo, 83-84).
9. ¡Esta sí que es una comedia .... ! (que divierte, 84).

6. Diga la forma contraria de la palabra entre paréntesis, y controle luego con el texto:

1. He tirado mis guantes .... (nuevo, 2).
2. Era un pasillo oscuro y .... (ancho, 9).
3. Los cristales de nuestro cuarto de baño son .... (transparente, 18).
4. El médico le ha aconsejado que coma .... (salado, 25).
5. El chocolate nos ha salido .... (sólido, 25).
6. Este asado me parece demasiado .... (crudo, 28).
7. Antes llevaba el pelo .... (corto, 38).
8. Las sábanas son de algodón muy .... (fino, 60).
9. Estas maletas son .... (ligero, 61).
10. Hoy el cielo está .... (nublado, 67-68).
11. Esta sopa está demasiado .... (frío, 72).
12. El jarabe para la tos es .... (dulce, 75).

7. Observe:

• [Las camas] eran altísimas y como te movías, *crujían* (55).

Los verbos siguientes indican distintas formas de hacer ruido:

CHIRRIAR	CRUJIR
CHASCAR	CREPITAR
SILBAR	MURMURAR

Complete con el verbo adecuado:

1. El catador .... varias veces la lengua al probar el sabor del vino.
2. En otoño, caminando por el bosque, las hojas secas .... bajo nuestros pies.
3. El proyectil pasó tan cerca de nosotros que lo oímos ....
4. En la casa todo era silencio: sólo se oían las ramas secas .... en la chimenea.

5. Era muy agradable pasear al lado del río y oír .... sus aguas.
6. Al menor movimiento que hacía, su largo traje de seda ....
7. Se oía .... el látigo del domador en la jaula de los leones.
8. Cuando uno se sienta en este viejo sofá los muelles ....
9. Hay que engrasar esta vieja cancela porque todas las veces que la abrimos ....
10. Cuando el viento sopla con fuerte intensidad se le oye .... dentro de casa.
11. Me agarré a una rama seca del árbol y se rompió ....
12. Cuando pasaba el destartalado carro del heno por las calles del pueblo se oían .... las ruedas.

8. Observe:

• [El perro] no tenía *rabo* (40).

Rabo es una parte del cuerpo animal.

Las palabras siguientes indican distintas partes del cuerpo humano y/o animal:

PATA	UÑA	ESPALDA
LABIO	BARRIGA	HOMBRO
PELO	HOCICO	CADERA
RODILLA	PIERNA	TOBILLO
LOMO	CODO	DEDO
MUÑECA	MANO	PECHO

Complete con la palabra adecuada:

1. En la frontera la policía se sirve de perros amaestrados que con sólo acercar .... a coches y personas detectan la presencia de droga.
2. Los indios de América cabalgan a .... del caballo sin silla de montar.
3. No acostumbra a maquillarse, sólo se pone un poco de rojo en ....
4. Cuando voy a la peluquería me corto .... y digo a la manicura que me arregle ....
5. El pobre perro fue atropellado por un coche y desde entonces cojea de .... trasera.
6. El futbolista se rompió la rótula de .... y hubo que operarle.
7. El jugador de tenis puso una venda elástica en .... para evitar torceduras.
8. Los amigos del difunto llevaron el ataúd hasta el cementerio sobre sus ....
9. María andaba meneando .... y todos los chicos se volvían para mirarla.
10. El gato sacó .... y me dio un arañazo.
11. No me gusta la minifalda porque se enseñan demasiado ....

12. Le amputaron .... izquierdo porque tenía cáncer de mama.
13. El excursionista llevaba una pesada mochila en ....
14. Miraba absorto el paisaje apoyando .... en la mesa y la cara en ambas
    ....
15. Corriendo se torció ....
16. Comió demasiadas alubias y le entraron dolores de ....
17. ¿Sabes escribir a máquina con los diez .... ?

9. Acentúe y controle luego con el texto (47-69).

   Por fin llegamos al cuarto. Olia a cerrado. Habia un lavabo con dos grifos.
De uno de ellos salio el agua tan ardiente, que me queme una mano; del otro
no salia ni una gota de agua. Hacia un frio espantoso y nos metimos en cama.
Eran altisimas, y como te movias, crujian, asi que no hubo un momento de
silencio en toda la noche. En mi colchon habia tantos bultos y tan duros que
me parecia dormir en el lecho de un rio. Las mantas de la cama eran gruesas
y pesadas, pero no calentaban nada, de modo que pasamos la noche temblando de frio. Sobre las tres de la madrugada, me levante fastidiado de no
poder dormir y sali a la calle a tomar un poco el aire. La noche era serena y
despejada.

10. Observe:

   A) • *Olía* muy mal (5).

      Conjugue el verbo entre paréntesis en el tiempo y modo adecuados:

      1. .... (yo, sentir) un extraño malestar en todo el cuerpo.
      2. ¡ .... (tú, contar) lo que ocurrió!
      3. .... (usted, oler) este perfume: ¿le gusta?
      4. .... (él, perder) todo lo que tenía en el juego de la ruleta.
      5. ¿Qué .... (vosotros, pensar) hacer el domingo?
      6. Usted no .... (dormir) bastante.

   B) • Llegados a la *plazuela* [...] en una *callecita* estrecha (6-9).

      Forme el diminutivo de la palabra entre paréntesis:

      1. ¡Hola, ... (abuelo)! ¿Cómo estás?
      2. Me regalaron .... (muñeca) japonesa.
      3. Viven aquí .... (cerca) y seguro que llegarán .... (pronto).
      4. Hemos comprado .... (cama) y .... (coche) para el nene.
      5. El prado está lleno de .... (flores) y .... (animales).
      6. El niño ha perdido su primer .... (diente).

C) • Nos preguntó si queríamos comer *algo* (11-12).
   • bailaba *todo* el tiempo (14).

Complete con *algo, todo, nada:*

1. Hoy no tengo .... que hacer.
2. Aquí tiene usted .... lo que necesita.
3. En este asunto hay .... que no me convence.
4. –¿Desean ustedes .... ? –No, ...
5. No hay .... que me guste tanto como la lectura de un buen libro.
6. Aquí .... está en desorden.

D) • un mantel *más* negro *que* blanco (+) (16-17).

Complete con la forma comparativa que se indica entre paréntesis:

1. Ahora fuma .... su padre (+).
2. Miguel es .... alto .... yo (=).
3. Este examen es .... difícil .... el de francés (-).
4. El peral ha dado .... frutos .... el año pasado (+).
5. Al final del curso sabíamos .... al principio (=).
6. Hoy las uvas están .... caras .... ayer (-).

E) • parecía que *se lo* habían cortado (40-41).

Transforme sustituyendo las partes en cursiva por los pronombres-complemento:

1. Entregué *los documentos al abogado.*
2. El camarero trajo *el café a los clientes.*
3. Presté *el periódico a mi vecina.*
4. Regalaron *a los novios algunos cuadros de autor.*
5. Devolveré mañana *los libros a la biblioteca.*
6. Dad *una buena propina al botones.*

11. Complete con la preposición adecuada, y controle luego con el texto:

1. Las paredes de mi casa están pintadas .... blanco (3).
2. Siéntese usted aquí, ... la sombra de este árbol (13).
3. Es peligroso nadar .... los ríos (26).
4. No suban .... aquel ascensor porque está estropeado (35).
5. Estuve junto .... él en los momentos difíciles de su vida (36).
6. El acróbata dio un salto .... el caballo al trote (45).
7. Este abrigo huele .... naftalina (47).
8. No os metáis .... esta cueva porque todavía no ha sido explorada (53-54).

12. Observe:

A) • *Llegados* a la plazuela del pueblo [...] (6).

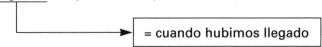

= cuando hubimos llegado

Según ello, transforme:

1. Cuando hubieron restaurado los cuadros, volvieron a colocarlos en el museo.
2. Cuando hubo dicho estas palabras, bebió un sorbo de agua.
3. Cuando hubo hecho la compra, preparó la comida.
4. Cuando hubieron terminado las clases, dieron una fiesta de fin de curso.
5. Cuando hubo finalizado la guerra, los exiliados regresaron al país.
6. Cuando se hubo domado la rebelión, el dictador habló al pueblo.
7. Cuando hubieron terminado las obras del campanario, inauguraron el templo.
8. Cuando hubo franqueado las cartas, las llevó a Correos.

B) • Nos preguntó *si queríamos comer algo* (11-12).

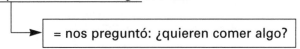

= nos preguntó: ¿quieren comer algo?

Según ello, una las dos frases transformándolas:

1. Le pregunté: ¿has comprado el periódico?
2. Me dijo: ¿puedes prestarme una cebolla?
3. Nos dijeron: ¿saben ustedes qué hora es?
4. Os pregunté: ¿ha llamado alguien?
5. Le dijimos: ¿quieres estudiar con nosotros?
6. Me preguntaron: ¿tiene usted la tarjeta de lector?
7. Les preguntaron: ¿desean ustedes la factura?
8. Le dijo el oculista: ¿prefiere llevar gafas o lentillas?

C) • teníamos *tanta* hambre *que* comimos [...] (22).

• Estábamos *tan* incómodos [...] *que* sólo esperábamos el momento de subir al cuarto (33-35).

consecutivas

Según ello, una las dos frases transformándolas:

1. Llueve demasiado: es imposible salir.
2. Estoy muy preocupado: no puedo concentrarme.

3. He escuchado mucho esta sinfonía: me la sé de memoria.
4. Gritó demasiado: quedó sin voz.
5. El cuarto era muy oscuro: no se distinguía nada.
6. He escrito mucho: me duele la mano.
7. Se disgustó mucho: le dio un ataque.
8. Eres muy insistente: obtienes siempre lo que quieres.

D) • comimos el primer plato, la sopa, _sin decirnos_ una palabra (23-24).

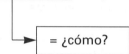

Según ello, complete libremente:

1. El director de orquesta dirige de memoria ....
2. Conduce como un loco ....
3. Entró arrogante ....
4. Sólo piensa en lo suyo ....
5. Sé estar debajo del agua mucho tiempo ....
6. Tienen que hacer esta traducción ....
7. Los ladrones entraron en la casa ....
8. El piso se incendió porque se fue a la cama ....

E) • _Pensé_ que al menos los bollos _serían_ frescos (79-80).

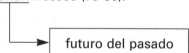

Según ello, conjugue los verbos entre paréntesis:

1. .... (ellos, anunciar) que .... (nevar) pronto.
2. Me .... (él, asegurar) que .... (él, coger) el tren de las ocho.
3. .... (ella, prometer) que nos .... (ella, llamar) por teléfono.
4. .... (usted, decir) que .... (usted, venir) a arreglarme el grifo del lavabo.
5. ¡Ya .... (saber) yo que .... (ocurrir) eso un día u otro!
6. .... (vosotros, estar) seguros de que .... (vosotros, ganar) las elecciones.
7. El Papa .... (anunciar) que .... (él, hacer) un viaje pastoral.
8. El médico .... (asegurar) que el enfermo .... (sanar) al cabo de una semana.

Ejercicios de escritura: hacia la redacción

1. Conteste en unas pocas frases:

   1. ¿Cómo es el comedor de la posada?

      ....

   2. ¿Cómo son los animales? ¿Qué hacen?

      ....

   3. ¿Cómo es el dormitorio?

      ....

   4. ¿Cómo es el desayuno?

      ....

2. Conteste expresando sus opiniones:

   1. ¿Qué haría usted para mejorar la posada?

      ....

   2. ¿Cómo desea usted que sea el hotel o la posada donde se hospeda?

      ....

   3. ¿Se quedaría usted en un hotel o posada donde se admiten animales? ¿Por qué sí? ¿Por qué no?

      ....

3. Describa los animales de la posada imaginándolos al revés de lo que son.

4. Complete con las partes que faltan, y controle luego con el texto (70-86):

   Mi amigo .... temprano con los .... rotos. Yo sólo .... en tomarme un café .... y hacer un .... decente.
   ¡ .... ilusión! El café era .... y tan .... que era casi amargo. Pedí pan .... con .... , pero el ama me dijo que no .... Nos .... algunos suizos y .... Pensé que al menos los .... serían .... y fragantes. Eran .... : por lo menos .... de dos o tres días ....
   .... de la posada .... Nos .... entre desanimados y .... : ¿ .... todas las .... de Castilla como la primera de nuestro .... ?

5. Observe el uso de la coma:

• *Sobre las tres de la madrugada,* me levanté fastidiado (64-65).

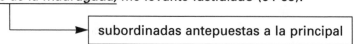
subordinadas antepuestas a la principal

Teniendo en cuenta esta norma y las que conoce, ponga las comas y controle luego con el texto:

• En la estación de Torrijos nos esperaba ya el coche de línea viejo y destartalado pintado de azul. Los asientos eran de plástico muchos de ellos rotos. Olía muy mal.
   Llegados a la plazuela del pueblo unos hombres nos indicaron una posada que estaba en una callecita estrecha y maloliente: era la única del pueblo (1-10).

• Los vasos eran opacos los platos grasientos y los cubiertos con incrustaciones no precisamente de oro. Nos miramos algo preocupados pero teníamos tanta hambre que comimos el primer plato la sopa sin decirnos una palabra. La verdad es que era sosa y demasiado líquida: las legumbres nadaban en el caldo. Por suerte la carne que vino después era sabrosa no muy hecha y bastante tierna (18-29).

6. Conteste por escrito a una información que le hayan pedido sobre:

   • las comidas de su pensión;
   • los servicios que ofrece su hotel.

7. Escriba una redacción sobre uno de los siguientes temas:

   • Mi animal preferido.
   • Mi casa.
   • El hotel ideal.

3 En busca de tranquilidad...

El *pasado* fin de semana fuimos a *la sierra*. Mi marido *quiere* comprar allí una casita para *pasar* el verano.

Visitamos algunos pueblecitos que no nos gustaron *nada* porque *estaban* en un valle estrecho y oscuro, formado por montañas altas y *peladas*. En el fondo pasaba un *arroyo* sucio y medio seco, sin árboles ni hierba en sus *márgenes*. Además nos encontramos con la sorpresa que estos pueblos, que creíamos pequeños y medio abandonados, están llenos de construcciones de pisos que se parecen mucho a las viviendas de *los alrededores* de Madrid, y también de chalets pequeñitos, feos e insignificantes, los unos al lado de los otros.

Decidimos *seguir adelante* unos cuantos kilómetros para ver si encontrábamos el lugar solitario que buscábamos. *De pronto* la carretera empezó a subir y a hacer curvas a través de un bosque no muy espeso, pero muy *ameno*. Al llegar a la cumbre, nos encontramos con una *amplia* llanura rodeada de colinas y montañas *de poca altura*. En sus laderas había algunas *aldeas* esparcidas, de las que de lejos sólo *se distinguían* los campanarios de las iglesias.

Nos dirigimos a una que nos pareció mas pequeña y pintoresca que las demás. Estaba casi *en lo alto* de la colina. *Cuando llegamos,* dejamos el coche en la plazuela del pueblo, que es muy mona, con una fuente estupenda en el centro y con un mirador que da al llano. Desde allí contemplamos el paisaje: rectángulos de campos cultivados atravesados por un río de agua *clara* bastante ancho y *caudaloso*. En algunas colinas, en *los pastos,* se veía el ganado: vacas, toros, ovejas. Al fondo, pero ya muy lejos, se levanta *la cordillera* con un poco de nieve en las cimas más altas.

El pueblecito nos gustó *en seguida* porque era rústico, pequeño y silencioso como lo buscábamos. A *unos* dos kilómetros del pueblo, vimos una casita que *nos encantó*. Delante tiene un jardincito, que ahora está muy abandonado, y detrás un huerto bastante grande. En medio del huerto hay un pozo. En la verja había un letrero que decía EN VENTA. Todavía viven allí los dueños, esperando *comprador*. Nos *mostraron* la casa. Tiene *una planta* baja, con la sala-comedor y la cocina muy espaciosa, y un solo piso, donde hay tres *dormitorios* y el cuarto de baño. Se sube al piso de arriba por una escalerita muy estrecha. Las ventanas de arriba tienen una vista estupenda, *como* la del mirador de la plaza. Los cuartos no son muy grandes, pero son alegres y luminosos. El cuarto de baño es *chiquitín* y está en mal estado *a causa de que* es muy húmedo. También las persianas están medio rotas y las paredes

75   despintadas. *El propietario* nos dijo   *Sin embargo,* yo creo que haciendo
     que también el tejado está bastante   80   algunas reformas es una casa estu-
     estropeado y cuando llueve entra agua   penda.
     en algunas partes.

Ejercicios orales

1. Conteste brevemente con sus propias palabras:

   1. ¿A dónde fue la narradora con su marido y por qué?
   2. ¿Cómo era el primer paisaje que vieron?
   3. ¿Qué vieron al proseguir unos kilómetros adelante?
   4. ¿Cómo era el pueblo en que se detuvieron?
   5. ¿Qué se veía desde la plaza del pueblo?
   6. ¿Cómo era la casita que estaba en venta?

2. Ampliemos el tema con situaciones similares:

   A) Alberto, un estudiante de la Escuela de Idiomas, vive con un amigo, pero ha
      decidido cambiar de casa. En los anuncios del periódico ha leído que alqui-
      lan un piso y va a verlo.

      Complete las partes que faltan del diálogo:

      Señor: ¿Desea usted [1].......... ?
      Alberto: Sí, de momento [2].......... , pero mi habitación [3].......... , da a una calle
                ruidosa, así que [4].......... .
      Señor: Pase. Aquí está [5].......... , no es [6].......... porque da al patio, pero
                tiene nevera y [7].......... .
      Alberto: ¿Dónde está [8].......... ?
      Señor: A la derecha. Hay un sofá, [9].......... , una mesa y [10].......... . Esta gran
                ventana [11].......... , así que es muy luminosa.
      Alberto: ¿Y el dormitorio?
      Señor: [12].......... la cocina. Es [13].......... , ya que [14].......... no pasan coches.
      Alberto: Sí, me parece [15].......... .
      Señor: Además, caben dos camas porque [16].......... . Hay [17].......... para tra-
                bajar, [18].......... para meter la ropa y [19].......... los libros.
      Alberto: ¿ [20].......... el cuarto de baño?
      Señor: Claro que sí. [21].......... pasillo. Tiene agua [22].......... , una bañera
                [23].......... y [24].......... .
      Alberto: Sí, el piso [25].......... . ¿Cuánto es el alquiler?
      Señor: [26].......... el mes y puede pagar [27].......... .
      Alberto: Está bien [28].......... .

B) Carlos quiere enseñarle a su amigo Paco el pueblo donde vivía antes de trasladarse a la ciudad.

Complete las partes que faltan del diálogo:

Carlos: Mira, ...
Paco: ¿Es éste .... ?
Carlos: Sí, he vivido aquí .... Aquélla era ....
Paco: Es un pueblo ....
Carlos: Sí, porque no hay muchos coches. En .... de la iglesia .... con mis amigos.
Paco: El campanario ....
Carlos: .... A menudo las cigüeñas ponían .... y a nosotros ....
Paco: ¿ .... la escuela?
Carlos: Estaba .... , pero ahora en su lugar .... Los domingos bajaba .... donde podía nadar y .... A veces íbamos ....
Paco: ¡Son muy altas y en la cumbre .... !
Carlos: Desde luego. .... horas y horas y era estupendo .... los pájaros, coger .... y frutas .... Volvíamos .... , ya de noche, muy cansados pero ....

C) María ha hecho una excursión y le cuenta a Isabel el paisaje que ha visto.

Complete las partes que faltan del diálogo:

María: La carretera pasaba .... muy verdes con árboles .... y todos ....
Isabel: ¿ .... en los campos?
María: Sí, ... : amapolas, margaritas .... A la izquierda, el mar ....
Isabel: ¿Cómo .... ?
María: .... que parecía inmóvil: no había olas y las aguas .... Me encantó el cielo: .... con .... como montañas de espuma.
Isabel: ¿Viste algunos pueblos en .... ?
María: Vi uno que me pareció .... : las casas .... con sus jardincillos .... La plazuela era .... y la iglesia .... Muy cerca pasaba un río .... y a lo lejos .... no muy altas.
Isabel: ¿ .... laderas?
María: Están cultivadas .... y vi también el ganado: .... Es un paisaje lleno de colores porque .... y muy dulce. Además el tiempo .... , así que .... llenas de nieve en .... río para merendar, debajo de .... llenos de pájaros que .... y daban ....

D) Luis invita a Ángel a ver la nueva casa que está construyendo en el campo.

Complete las partes que faltan del diálogo:

Luis: Mira, aquel grupo de casas .... y aquella .... es la mía.
Ángel: ¡Qué .... ! ¡Me gusta .... ! ¿ .... las obras?
Luis: Aún no. La semana que viene pondrán .... e instalarán ....
Ángel: El recibidor es .... : al lado de la puerta puedes .... y en las pare-
        des .... En aquel rincón, yo .... que dan siempre mucha alegría.
Luis: Sí, sí. Traeré los cuadros .... ahora y, por las plantas, ... Éste
        es el salón: pienso poner .... y al lado de la chimenea ....
Ángel: Es .... Debe de ser estupendo, en invierno, ... al fuego y
        .... ¿Tienes también tu despacho?
Luis: Desde luego, porque .... Pienso .... muebles: frente .... de
        trabajo, colocaré .... para los libros y ....
Ángel: ¿ .... dormitorios?
Luis: En el piso .... Son .... más uno para los huéspedes.
Ángel: ¿Los cuartos de baño .... ?
Luis: Uno, chiquitín, ... , y otros dos arriba porque .... ¿ .... el
        jardín?
Ángel: Sí, me gusta mucho ya que .... El huerto que .... es .... : el
        pozo es ....

E) Haga la descripción de:

   – un paisaje realmente observado;
   – su pueblo o ciudad;
   – el lugar donde se encuentra en este momento;
   – un puerto;
   – una estación de trenes.

3. Sustituya las palabras, frases o partículas en cursiva por otras equivalentes
   que usted conozca y que puedan reemplazarlas en el texto.

4. Complete las frases de los grupos siguientes con una de las voces indicadas
   en cada uno de ellos:

   A) *adelante* (19) / *delante* (53)

      1. –¿Puedo entrar? –Sí, ...
      2. El taxi se paró .... de la puerta.
      3. Coloca las plantas .... de la ventana porque hay más luz.
      4. Siéntese aquí .... : nosotros nos sentamos detrás.
      5. Las obras de la calle siguen ....
      6. –¿Está cerca la gasolinera? –No, la encontrará mucho más ....

   B) *de pronto* (22) / *pronto*

      1. .... se puso a llover y me mojé todo.
      2. Volvieron .... de la excursión: a las 7 ya estaban en casa.

3. Se levanta .... porque tiene que coger el tren.
4. Una carta urgente llega más ....
5. El perro .... se puso a ladrar: nos dio un sobresalto.
6. Llámale .... , antes de que salga de la oficina.

C) *pero* (25) / *sino*

1. El libro no es profundo, ... es bastante ameno.
2. No toca el piano .... la guitarra.
3. No está preocupado, ... tiene muchos problemas.
4. Quería comer una manzana, ... en casa no había.
5. No hemos ido a París en tren .... en avión.
6. La casa no es muy grande, ... es muy agradable.

D) *haber* (29) / *estar*

1. .... siempre mucha gente en el metro.
2. Muchas personas .... en el auditorio en espera de que inicie el concierto.
3. En el salón .... una gran ventana que daba al jardín.
4. El guardia .... en la esquina.
5. .... cosas que no se explican.
6. .... un quiosco en la glorieta.

E) *desde* (39) / *de*

1. .... este teléfono no se oye nada.
2. Muchos turistas vienen .... Alemania.
3. La universidad está a unos pocos pasos .... aquí.
4. La temporada de esquí va .... noviembre a mayo.
5. Le estaban llamando .... el patio.
6. Llega .... Nueva York esta noche.

F) *arriba* (67) / *encima*

1. Los documentos están .... del escritorio.
2. Los señores de .... hacen mucho ruido.
3. .... han construido una buhardilla.
4. ¡No ponga sus maletas .... de las mías!
5. Coloque los paquetes .... y no aquí en el suelo.
6. Hace mucho frío: prefiero ponerme algo ....

5. Diga la forma contraria de la palabra entre paréntesis, y controle luego con el texto:

1. El túnel es demasiado .... (ancho, 6) y los camiones no pueden pasar.

2. La cueva era .... (luminoso, 6).
3. En invierno algunos árboles están .... (frondoso, 7).
4. ¡Limpia los zapatos, que están .... ! (limpio, 8).
5. Lleva un traje .... (bonito, 17) de veras.
6. En la época de las lluvias los ríos son más .... (seco, 43).
7. Deseo vivir en una calle .... (ruidoso, 50-51).
8. El clima del Ecuador es .... (seco, 73).

6. Observe:

• Tiene una planta baja, con la *sala-comedor* y la *cocina* muy espaciosa (61).

Las palabras siguientes indican distintas partes de la casa:

BALCÓN	VENTANA
TEJADO	CUARTO DE BAÑO
SALÓN	GARAJE
TERRADO	BUHARDILLA
COCINA	PARED
TECHO	SUELO
DORMITORIO	PASILLO

Complete con la palabra adecuada:

1. El viento soplaba tan fuerte que hizo volar algunas tejas de ....
2. En verano acostumbramos a poner un tendedero en .... para tender la ropa.
3. Entre el último piso y el tejado tenemos .... que hemos alquilado a un joven pintor.
4. En .... hay la nevera, el horno y el lavavajillas.
5. Nuestro .... es tan pequeño que sólo hemos podido poner un plato de ducha.
6. En casa no tenemos ninguna lámpara que cuelgue de ....
7. El armario ropero ocupa toda .... del cuarto de dormir.
8. En algunos hoteles todavía se usa dejar los zapatos fuera de la puerta, en ...., para que la camarera los limpie.
9. Tienen todo .... revestido de parquet.
10. .... de mi cuarto da a un hermoso jardín.
11. En el .... de los niños hemos puesto dos camitas y dos sillitas.
12. Siéntense ustedes en las butacas de .... mientras traigo los aperitivos.
13. En nuestro .... caben dos coches y todas las bicicletas.
14. Como no había espacio en el jardín, los propietarios de la finca decidieron construir la piscina arriba en ....

7. Observe:

• El pasado fin de semana *fuimos* a la sierra (1).

Los verbos siguientes indican distintas formas de moverse:

IR	IRSE
DIRIGIRSE	TRASLADAR-SE
ENCAMINARSE	LARGARSE
CORRER	RECORRER
MARCHAR	LLEGAR
EXTRAVIARSE	MUDARSE

Complete con el verbo adecuado:

1. El barco .... a Nápoles después de una travesía tormentosa.
2. Para ulteriores informaciones, ... ustedes al director de la oficina de turismo.
3. No me dejas sola: no .... (tú).
4. Después de muchos años de servicio en la capital, el policía pidió que le .... a su ciudad natal.
5. Se tuvo que repetir la carrera porque uno de los deportistas se echó a .... antes del pistoletazo de salida.
6. Hemos .... todas las etapas de nuestra vida leyendo estas viejas cartas.
7. A pesar de que iba con el plano de la ciudad, yo .... y tuve que .... a un guardia para que me indicara el camino.
8. A causa de la niebla, el avión ha .... a Santander con dos horas de retraso.
9. .... de casa a los quince años porque la madrastra no le quería.
10. Los excursionistas .... muy de mañana para llegar a la cumbre antes de mediodía.
11. No .... (usted) a su casa porque seguro que no están.
12. En cuanto .... a París llámame y dime cómo te ha ido el viaje.
13. ¿Cómo? ¿ya .... (vosotros)? ¡Pero si acabáis de llegar!
14. Tuvieron que .... de casa porque les desahuciaron.
15. En el desierto es muy fácil perder el sentido de orientación y ....
16. En sólo veinte días .... (ellos) toda Europa.
17. Al oír que alguien estaba entrando en la casa los ladrones ....
18. Hemos .... quinientos kilómetros sin detenernos siquiera para comer algo.
19. .... tras el carterista y consiguió alcanzarle.
20. Los soldados .... en fila india marcando el paso.
21. ¡ .... tú con los niños, que yo os alcanzo después!

8. Observe:

A) • El pasado fin de semana *fuimos* a la sierra (1).

Conjugue el verbo entre paréntesis en pretérito perfecto simple *(canté)*:

1. Cuando .... (él, venir) no .... (nosotros, poder) recibirle.
2. Me .... (ellos, pedir) dinero, pero no me .... (ser posible) prestárselo.
3. María .... (tener) un accidente de carretera y .... (morirse).
4. Vosotros .... (poner) la televisión demasiado alta y no .... (yo, poder) coger el sueño.
5. Yo no .... (decir) nada de todo eso.
6. Los niños .... (caerse) del árbol.

B) • Visitamos algunos pueblecitos *que* no nos gustaron nada (4-5).

Complete con *que, cual-es, quien-es:*

1. Te devuelvo el paraguas .... me prestaste.
2. El científico de .... se habla tanto en el periódico dará una conferencia.
3. .... conozcan la ciudad, que nos enseñen los monumentos.
4. Vendí las joyas de familia, por las .... me dieron bastante dinero.
5. Ponte la camisa .... está recién lavada.
6. Los niños, los .... viven lejos, llegaron tarde a la escuela.

C) • [...] feos e *in*significantes (17-18) (insignificante < in-significante)
   • [...] y las paredes *des*pintadas (75). (despintado < des-pintado)

Diga la forma contraria de la palabra entre paréntesis, usando uno de estos dos prefijos:

1. ¡Marisa, las camas todavía .... (hecho)!
2. El aire de la sierra está .... (contaminado).
3. Estoy .... (peinado) a causa del fuerte viento.
4. Lo que te ha pasado es algo .... (creíble).
5. Su conducta fue calificada de .... (moral).
6. Es persona .... (cuidada).

D) • En *algunas* colinas [...] se veía el ganado (43-44).

Complete con *alguien, nadie, algún-o-a-os-as, ningún-o-a-os-as:*

1. .... ovejas no cupieron en el establo.
2. .... día sabrás toda la verdad.
3. .... dijo que era imposible solucionar el problema.
4. Sólo .... de los clandestinos pudieron pasar la frontera.
5. –¿Hay .... interesado en ese asunto? –No, no hay ....
6. .... de los presentes han pagado la entrada: todos ellos han sido invitados.

E) • *Nos* mostraron la casa (60-61).

Complete con el pronombre personal-complemento:

1. ¡Contad .... (a mí) lo que ha pasado!
2. ¿ .... (a vosotros) avisaron de que al autocar salía con media hora de retraso?
3. .... (a ti) llamé porque quería hablar contigo.
4. .... (a nosotros) resultó difícil encontrar la calle.
5. Tendrías que lavar .... (a ti) los dientes antes de ir a la cama.
6. Enviad .... (a nosotros) una postal desde Manila.

9. Complete con la preposición adecuada, y controle luego con el texto:

1. Iremos .... aquel restaurante de la esquina (1).
2. El médico ha dicho que tiene que estar .... cama (6).
3. .... el lado .... la carnicería hay una panadería (18).
4. Conseguí ese puesto .... través .... miles de dificultades (23-24).
5. Llegamos .... Austria cuando se hacía de noche (25).
6. El edificio estaba rodeado .... policía (27).
7. La terraza da .... la playa (39).
8. El gato se sube .... el árbol (65).

10. Observe:

A) • *Al llegar* a la cumbre, nos encontramos con una amplia llanura (25-27).

= cuando llegamos

Según ello, transforme:

1. Cuando le vio, le saludó muy calurosamente.
2. Cuando supe la noticia, me eché a llorar.
3. Cuando le pusieron la inyección, dio un grito.
4. Cuando iba cuesta abajo, advirtió que los frenos no funcionaban.
5. Cuando abrió el bolso, vio que le habían robado el monedero.
6. Cuando notaron que estaba tan preocupado, le preguntaron qué le pasaba.
7. Cuando salga del garaje, entregue el ticket para pagar.
8. Cuando vio la luz roja del semáforo, paró de golpe.

B) • los campos cultivados [eran] *atravesados por un río* (41-42).

= un río atravesaba campos cultivados

Según ello, transforme en la voz pasiva:

1. El sacristán tocaba las campanas.
2. Expulsaron al jugador por su conducta.
3. Un especialista tradujo el libro de medicina.
4. Condenaron a los imputados a tres años de reclusión.
5. Un suplente sustituyó al profesor enfermo.
6. Desterraron al dictador y a su familia.
7. Todo el mundo siguió el lanzamiento del satélite.
8. Aprovechan las aguas del río para regar los campos.

C) • tienen una vista estupenda, como *la del* mirador (67-68).

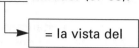

= la vista del

Según ello, complete:

1. No he recibido la postal de María, he recibido .... Paco.
2. Ponte los pantalones de pana y no .... lana.
3. He visto los cuadros de Picasso y también .... Miró.
4. Limpie los cristales de la sala y .... cuarto de baño.
5. Esto de la enfermedad no me convence y tampoco .... accidente.
6. Meto en el bolso las gafas de lectura y .... lejos.
7. Encendieron la lámpara de pie y .... centro de la habitación.
8. Los inquilinos del piso de arriba y .... abajo asistieron a la reunión de vecinos.

D) • yo creo que *haciendo* algunas reformas es una casa estupenda (79-81).

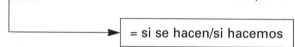

= si se hacen/si hacemos

Según ello, transforme:

1. Si se abren las persianas, entrará más luz.
2. Si escuchas el telediario, te enterarás de lo que ha ocurrido.
3. Si discutimos siempre, no acabaremos nunca.
4. Si dejáis el coche en la calle, os ahorraréis el gasto del garaje.
5. Si cambiamos la funda de las butacas, parecerán nuevas.
6. Si compra esta máquina de coser de segunda mano, hará un buen negocio.
7. Si nos sentamos cerca de la chimenea, sentiremos menos frío.
8. Si metes el asado en el horno, tardará más en cocerse.

11. Observe:

• *cuando llueve, entra* agua por algunas partes (77).

Según ello, conjugue el verbo entre paréntesis:

1. Cuando .... (él, tener) un rato libre, ... (él, ir) al casino.
2. Cuando me .... (doler) los pies .... (yo, hacer) un alto en la marcha.
3. Cuando .... (yo, estar) de mal humor, ... (ser) mejor que nadie me hable.
4. Cuando .... (nosotros, ir) a la playa, ... (nosotros, llevarse) siempre sombrilla y tumbona.

5. Cuando .... (ella, hablar), ... (ella, levantar) demasiado la voz.
6. Cuando me .... (él, dar) un consejo, siempre lo .... (yo, seguir).
7. Cuando .... (vosotros, cerrar) la puerta, ... (vosotros, dar) un portazo tremendo.
8. Cuando .... (él, obstinarse) en algo, me .... (él, entozudecer).
9. Cuando .... (usted, escribir) a máquina, ... (usted, hacer) muchas faltas.
10. Cuando .... (él, acostarse), ... (él, dejar) la luz encendida.

Ejercicios de escritura: hacia la redacción

1. Conteste en unas pocas frases:

   1. ¿Cuál es la primera impresión que producen a los protagonistas el paisaje y los pueblos de la sierra?
   ....

   2. ¿Cómo es el paisaje subsiguiente?
   ....

   3. ¿Cómo es el pueblo? ¿Cómo es la casa en venta?
   ....

2. Conteste expresando sus opiniones:

   1. ¿Cómo revelan ser los protagonistas del relato?
   ....

   2. ¿Cómo le parece a usted el paisaje que les gusta a los protagonistas?
   ....

   3. ¿Cómo le parece a usted la casa que han encontrado? ¿También usted se enamoraría de ella? ¿Por qué sí? ¿Por qué no?
   ....

3. Complete con las partes que faltan, y controle luego con el texto:

   Visitamos algunos pueblecitos que no nos gustaron [1].......... porque estaban en un valle [2].......... , formado por montañas altas y [3].......... . [4].......... pasaba un arroyo sucio y [5].......... seco, sin árboles ni hierba en [6].......... . Además, nos [7]..........
   la sorpresa que estos pueblos, que [8].......... pequeños y medio [9].......... , están lle-

nos de [10].......... pisos que [11].......... mucho a las viviendas de [12].......... de Madrid, y también de chalets pequeñitos, feos e [13].......... , los unos [14].......... los otros. Decidimos seguir [15].......... unos cuantos [16].......... para ver si [17].......... el lugar solitario que [18].......... . De pronto [19].......... empezó a subir y a hacer curvas [20].......... un bosque no muy [21].......... , pero muy ameno. [22].......... llegar a la cumbre, nos encontramos [23].......... una amplia llanura [24].......... colinas y montañas de poca [25].......... . En sus [26].......... había algunas aldeas [27].......... , de las que de lejos sólo [28].......... los campanarios de [29].......... . Nos dirigimos a una que [30].......... más pequeña y pintoresca [31].......... las demás. Estaba casi en [32].......... la colina. Cuando llegamos [33], ... el coche en la plazuela del [34].......... , que es muy [35].......... , con una [36].......... estupenda en el centro y con un [37].......... que da al llano (4-39).

4. Ponga las comas, y controle luego con el texto:

• De pronto la carretera empezó a subir y a hacer curvas a través de un bosque no muy espeso pero muy ameno. Al llegar a la cumbre nos encontramos con una amplia llanura rodeada de colinas y montañas de poca altura (22-28).

• En algunas colinas en los pastos se veía el ganado: vacas toros ovejas. Al fondo pero ya muy lejos se levanta la cordillera con un poco de nieve en las cimas más altas.
   El pueblecito nos gustó en seguida porque era rústico pequeño y silencioso como lo buscábamos. A unos dos kilómetros del pueblo vimos una casita que nos encantó (43-53).

5. Según los elementos que le proporciona el relato, haga una descripción libre sobre:

• los arrabales de una ciudad;
• un pueblecito de montaña.

6. Escriba una redacción sobre uno de los siguientes temas:

• Un paisaje de montaña realmente observado.
• Mi ciudad.
• Mi casa.
• Mi paisaje preferido.
• «CHALETS ADOSADOS EN COMUNIDAD. Superficie 275 metros. Piscina y jardines, dos plazas de garaje...»

4 Una visita inesperada

María:	Llaman. ¿Quién *será?*
Juan:	¿Llaman a la puerta o es el portero electrónico?
María:	Es el portero electrónico. ¿Contestas tú?
Juan:	[cogiendo el auricular] ¿Quién es, por favor?
5 Pilar:	Soy Pilar, Juan. ¿Os molesto si subo *un momentito?*
Juan:	¡No, mujer! Te abro. ¡Empuja la puerta!
Pilar:	¡Juan, la puerta no se ha abierto!
Juan:	¿Y ahora?
Pilar:	Ahora sí.
10	[llama a la puerta]
Juan:	¡Hola Pilar! ¿Qué tal? ¡Qué sorpresa!: no te esperábamos.
Pilar:	¡Hola, Juan! *¿Cómo estáis?* Acabo de salir de casa de Julia, *sabes*, la modista que está ahí cerca, y he pensado: hace tiempo que no les veo, paso un momento por su casa y los saludo. Sólo un sube y
15	baja.
Juan:	Muy bien hecho. María *estará contentísima.* Lo decíamos el otro día: *¿qué se habrá hecho de* Pilar? *Pasa*, pasa. María está en la cocina. Ha venido a vernos Mercedes: ¿tú la conoces a Mercedes?
Pilar:	No, ¿quién es?
20 Juan:	Ahora te la presento. Es una amiga nuestra. Es muy simpática.
	[entran en la cocina]
Pilar:	Hola, María ¿qué tal? No *hace falta* que me lo digas porque te veo *estupenda.*
	Oye, ¿pero qué has hecho para estar tan *morena?*
25 María:	Pilar, ¡qué alegría! ¿Cuánto tiempo *hará* que no nos vemos? Una barbaridad, *seguro*. Ah, *por cierto*, ¿conoces a Mercedes?
Mercedes:	No, no nos conocemos. *Encantada.*
Pilar:	Hola, mucho gusto.
Mercedes:	María, *a veces*, me ha hablado de ti. Dice que eras la compañera más
30	divertida de toda la clase.
María:	¿Qué me cuentas, Pilar? Mira, estaba preparando cuatro cosillas para cenar. He convencido a Mercedes de que se quede con nosotros. ¡Quédate tú también!
Pilar:	Gracias, María, pero no puedo quedarme. Sólo una media horita,
35	no más. Quería veros un momento, *justo* para saludaros.
María:	Ésa va siempre *con prisas.* ¡Al menos tomas un aperitivo con nosotros!
Pilar:	*¡Vale!*

María:	Pasemos al salón. Sentaos. Os traigo en seguida algo. ¿Tú que tomas, Pilar?
40 Pilar:	Lo que tengas, cualquier cosa... Un poco de vino blanco.
María:	¿Y tú, Mercedes? ¿Te apetece un vino blanco también?
Mercedes:	No te molestes, María.
María:	No es molestia, mujer. Bueno, lo decido yo: traigo unas aceitunas, cerveza y vino, ¿de acuerdo?
45 Pilar:	*Estupendo.* Oye, y Juan ¿qué toma?
Juan:	No os preocupéis por mí. Yo antes de cenar no tomo nada, *si no* se me quita el apetito.
Pilar:	¡Qué exagerado, Juan! Oye, María, ¿sabes que veo a Juan muy gordo? ¡Sí, sí, has engordado, Juan! ¡Cuidado, eh!
50 María:	¿Qué nos cuentas, Pilar?
Pilar:	Os lo cuento otro día, porque *es muy largo.* No sabéis cuánto desearía quedarme a cenar con vosotros. ¡Qué lástima, *de haberlo programado...*!
María:	Pilar, eso de la programación no ha sido nunca *tu fuerte.* ¿Te acuerdas de cuándo...?
55 Pilar:	¿Por qué no os venís todos a casa *el próximo domingo?* Así os presento a Gumersindo. Es mi novio.
María:	Oye, ¿no se llamaba Antonio?
Pilar:	Eso era antes... Ya os contaré. Os espero el domingo *a eso de* las nueve de la noche, ¿vale? ¡Tú, también, eh, Mercedes!
60 Mercedes:	Gracias.
Pilar:	Bueno, adiós y gracias. Hasta el domingo.
Juan:	Gracias a ti, mujer, por la visita *«relámpago»*... No te marches tan *corriendo.* Espera que al menos te acompañe a la puerta.
65 Pilar:	No te molestes, Juan. Conozco bien el camino. No hagas cumplidos.
Juan:	No faltaría más. Adiós, *maja.* Muchos *recuerdos* a tus padres, eh, ¡no te olvides!
Pilar:	*Descuida.* Adiós.

Ejercicios orales

1. Conteste brevemente con sus propias palabras:

    1. ¿Qué hace Pilar al pasar por delante de la casa de María y Juan?
    2. ¿Qué se dicen Pilar y Juan al verse?
    3. ¿Qué hablan las tres mujeres en la cocina?

4. ¿Qué hacen todos cuando están en el salón?
5. ¿Qué propone Pilar para un inmediato futuro?
6. ¿Cómo se despiden?

2. Ampliemos el tema con situaciones similares:

A) Josefina y Antonio se han citado a las seis de la tarde para salir juntos. Hablan sobre lo que pueden hacer.

Complete las partes que faltan del diálogo:

Antonio: ¿Qué hacemos, Josefina?
Josefina: [1].......... .
Antonio: No, mujer, decide tú.
Josefina: Pues [2].......... .
Antonio: Con ese calor no me apetece nada meterme en un local cerrado.
[3].......... .
Josefina: Entonces [4].......... .
Antonio: Eso sí, allí hacen unos helados riquísimos.
Josefina: [5].......... .
Antonio: Tú tómate cualquier otra cosa.
[llegan a la cafetería]
Antonio: Oye, [6].......... .
Josefina: No, ya sabes que me molesta mucho el aire acondicionado.
Antonio: Sí, pero en la terraza [7].......... .
Josefina: Sentémonos a aquella mesa a la sombra: [8].......... .
Antonio: ¡Mira, está pasando Pepe!
Josefina: ¡Pepe! [9].......... .
Pepe: Mujer, ¡qué alegría! [10].......... .
Antonio: ¿Qué tal, Pepe? [11].......... .
Pepe: Sólo un momento porque [12].......... .
Antonio: ¿Qué vas a tomar tú?
Pepe: ¿Vosotros qué tomáis?
Josefina: [13].......... .
Pepe: Bueno, yo lo mismo que [14].......... .

B) Dos vecinas de casa se encuentran en la portería y esperan que baje el ascensor para subir juntas. Una de ellas va muy cargada de paquetes y bolsas.

Complete las partes que faltan del diálogo.

Ángeles: ¡Señora Encarna, qué .... ! ¿ .... ? ¿También usted .... el ascensor?
Encarna: .... : ¡con todos .... !
Ángeles: ¿Y por qué .... si no es indiscreción?
Encarna: Esta noche .... algunos amigos y .... Ya llega .... : .... primero.

Ángeles: Gracias. ¿Por qué .... por mi casa? Podríamos tomarnos ....

Encarna: ¡Oh, sí! ¡Estoy .... ! Pero sólo .... porque ....

Ángeles: ¿Qué .... a sus invitados?

Encarna: Pienso hacer algo rápido: .... ¿Cree usted .... ?

Ángeles: .... : con el calor que hace, me parece .... ¿ .... los niños? Hace mucho que ....

Encarna: Están .... y no volverán .... Y menos mal, porque .... yo no podría .... ¿ .... cómo han subido .... ? Ahora uno .... Para comprar cuatro cositas, ...

Ángeles: Tiene razón. El otro día compré .... y .... ¿Qué le puedo .... ?

Encarna: .... un café, pero no se moleste mucho ya que......... .

Ángeles: Es cosa .... Se lo .... ¿Sabe .... el domingo pasado? A la señora Pérez la .... ; ahora vive .... y se encuentra......... .

Encarna: No la recuerdo bien .... pero me pareció......... .

Ángeles: Sí, es simpática, pero la pobre tiene muchos problemas: ....

Encarna: ¡Dios mío! Charlando y charlando .... Tengo que .... porque si no, ... Muchas gracias ....

Ángeles: De nada, ... Y que ....

C) Madre e hija piensan ir esta tarde de compras. Hablan de:

  – dónde encontrarse;
  – cómo ir;
  – a qué hora;
  – qué tiendas ver;
  – qué tienen que comprar;
  – cuánto dinero llevar.

Imagine el diálogo entre madre e hija.

D) Luis trabaja en una oficina de importación y exportación. Al llegar a la oficina se encuentra con:

  – la secretaria;
  – su compañero de trabajo;
  – su jefe.

Imagine el diálogo entre Luis y las personas indicadas.

E) Enrique y Teresa han ido a la playa con sus dos hijos a pasar el día. Allí encuentran a sus amigos, Jesús y Carmen, que también tienen dos hijos.

  – hace un año que no se ven;
  – Jesús tiene una barca;

      – las mujeres tienen miedo al agua;
      – los niños están jugando en la arena;
      – son las nueve de la mañana;
      – el cielo está algo nublado.

      Imagine el diálogo entre ellos.

F) Es el primer día de clase en una escuela de idiomas. Hay alumnos alemanes, franceses, ingleses, italianos, rusos, etc. El profesor de español se presenta y toma contacto con ellos. Acabada la clase, los alumnos hablan entre ellos para conocerse mejor.

      Imagine el diálogo entre el profesor y los estudiantes y entre los estudiantes en grupos o en parejas.

3. Sustituya las palabras, frases o partículas en cursiva por otras equivalentes que usted conozca y que puedan reemplazarlas en el texto.

4. Complete las frases de los grupos siguientes con una de las voces indicadas en cada uno de ellos:

A) *coger* (4) / *tomar* (36)

     1. No .... (tú) la aspirina en ayunas.
     2. La policía .... al ladrón.
     3. Siempre .... (yo) un taxi para ir al aeropuerto.
     4. ¿Qué .... (nosotros) para aperitivo?
     5. .... (usted) la tiza y vaya a la pizarra.
     6. .... (ella) sus maletas y se marchó.

B) *estar* (12) / *ser* (1)

     1. –¿De dónde .... (tú)? –Yo .... de Suiza.
     2. Hoy .... (nosotros) a 5 de abril y .... lunes.
     3. Los dos .... (ellos) muy buenos amigos un tiempo.
     4. La proyección .... a las ocho de la tarde.
     5. Este sillón .... viejo, pero .... (él) como nuevo.
     6. Las camisas ya .... planchadas.

C) *cerca* (13) / *cercano*

     1. La parada del taxi está .... de la cabina telefónica.
     2. ¿Queda .... la oficina de turismo?

3. El hospital se encuentra en una localidad ....
4. Las copas de agua están .... de las de vino.
5. Los dos son parientes ....
6. El pueblo se abastece de un acueducto ....

D) *quedarse* (32) / *quedar*

1. .... (vosotros) un rato más que tengo que hablaros.
2. .... un poco de sopa de ayer.
3. ¿Cuántos días .... (ustedes) aquí?
4. De las 1.000 pesetas que tenía, sólo .... (a mí) 50.
5. .... (él) en la playa hasta que se puso el sol.
6. ¡ .... (tú) con las fotos de familia!
7. ¿Cuántas personas .... por visitar?

E) *traer* (38) / *llevar*

1. Camarero, ... (usted, a mí) un cortado!
2. Cuando vayas a verle, ... (tú, a él) ese regalo de mi parte.
3. Mira, aquí tienes los apuntes: por fin te los .... (yo).
4. Tengo que .... los zapatos al zapatero.
5. –¿Cuándo puedo .... (yo, a usted) el coche para el engrasado? –Me lo puede .... el lunes por la tarde.
6. .... (ella) al nene a la guardería en bicicleta.

F) *también* (41) / *tampoco*

1. Mi marido no fuma y mis hijos ....
2. Hoy he ido a clase de conducción y ayer ....
3. Las cartas no están encima de la mesa y .... en el cajón.
4. Ustedes no son españoles y nosotros ....
5. La hermana de Pedro es morena y él .... lo es.
6. –A mí me gusta este jersey, ¿y a usted? –A mí ....

5. Observe:

• Es el *portero* electrónico (3) (portero < puerta).

Forme el sustantivo derivado de la palabra entre paréntesis:

1. Le han dado la licencia de .... (cazar).
2. Aquel .... (pescar) vende marisco muy fresco.
3. Han secuestrado al .... (joya) más importante de la ciudad.
4. Le han contratado como .... (oficina).
5. Trabaja como .... (dibujar) en una editorial.

6. Juan es un .... (pescar) especializado en truchas.
7. Si tiene que reclamar, diríjase usted al .... (caja).
8. El .... (revisar) del tren le puso una multa porque no tenía el billete.

6. Observe:

• ¿Os molesto si *subo* un momentín? (5) (subir ↔ bajar).

Diga la forma contraria del verbo en cursiva:

1. Para entrar *empuje* la puerta.
2. La tienda *abre* a las ocho.
3. *Se levanta* siempre a la misma hora.
4. Por esta puerta delantera del autobús no se puede *salir*.
5. ¿A qué hora *surge* el sol en verano?
6. Últimamente *ha engordado* demasiado.
7. ¡*Ponte* el abrigo!
8. Con esta escalera automática sólo se puede *subir*.
9. ¿Me ayudas a *poner* la mesa?
10. ¿*Encendemos* la luz?
11. ¿A qué hora *empieza* la película?
12. En aquella fiesta *me divertí* mucho.
13. A causa de la sequía en verano *dan* el agua algunas horas del día.
14. *Hemos vendido* la casa de campo.
15. Nuestro padre *nació* en 1922.
16. Yo esto nunca lo *he afirmado*.
17. Esta falda hay que *alargarla* un poco.
18. La noticia nos *ha alegrado* muchísimo.

7. Observe:

• ¿Os *molesto* si subo un momentín? (5)

Los verbos siguientes indican distintas formas de producir malestar o molestia:

IRRITAR	ENFADAR
MOLESTAR	ESTORBAR
ABURRIR	INCORDIAR
CANSAR	ACONGOJAR
IMPORTUNAR	HASTIAR

Complete con el verbo adecuado:

1. Es muy nervioso: se .... por nada.
2. –¿Le .... si fumo? –No, no me .... en absoluto.
3. No dejes las maletas aquí en medio del pasillo porque ....
4. Le gusta mucho empezar nuevas actividades pero en seguida se ....
5. La música clásica me provoca sueño porque ....
6. Papá, si me prometes no .... te, te cuento lo que me ha pasado con el coche.
7. Tiene una forma de hablar y de gesticular que me ....

8. Le gusta mucho meter cizaña e ....
9. Me .... saber que en el mundo todos los días mueren de hambre centenares de personas.
10. Nos .... a cada momento con sus insistencias para que le demos un trabajo en nuestra factoría.
11. Esa vida monótona que llevamos aquí en provincias nos ....
12. Cuando le duele la cabeza le .... el menor ruido.
13. ¡No seas tan susceptible!: ¡no te .... !
14. No le .... (tú) en este momento: tiene mucho que hacer.

8. Acentúe y controle luego con el texto:

–¡Hola, Pilar! ¿Que tal? ¡Que sorpresa! No te esperabamos.
–¡Hola, Juan! ¿Como estais? Acabo de salir de casa de Julia, sabes, la modista que esta ahi cerca, y he pensado: hace tiempo que no les veo, paso un momento por su casa y los saludo. Solo un sube y baja.
–Muy bien hecho. Maria estara contentisima. Lo deciamos el otro dia: ¿que se habra hecho de Pilar? Pasa, pasa. Maria esta en la cocina. Ha venido a vernos Mercedes: ¿tu la conoces a Mercedes?
–No, ¿quien es?
–Ahora te la presento. Es una amiga nuestra. Es muy simpatica.
[entran en la cocina]
–Hola, Maria, ¿que tal? No hace falta que me lo digas porque te veo estupenda. Oye, ¿pero que has hecho para estar tan morena? (11-24).

9. Observe:

A) • ¿*Os* molesto si subo un momentito? (5)
   • *Te* abro (6).

   Complete con el pronombre personal-complemento:

   1. .... (a nosotros) han invitado a la boda de su hija.
   2. Cuando .... (a ella) encuentres, saluda .... (a ella) de mi parte.
   3. .... (a vosotros) presto mi celular.
   4. El nene está llorando: levanta .... (a él) de la cuna.
   5. Al ver .... (a él) tan triste, le preguntó qué .... (a él) pasaba.
   6. Señorita, ... (a usted) devuelvo la tarjeta.

B) • ¿Os molesto si subo un *momentito*? (5).
   • estaba preparando cuatro *cosillas* (31).
   • Sólo una media *horita* (34).

   Forme el diminutivo de la palabra entre paréntesis:

   1. Vamos andando porque está .... (cerca).
   2. Échate un .... (rato) en la cama.

3. En el prado hay .... (flor) amarillas y blancas.
4. Se prohíbe asomarse a la .... (ventana) del tren.
5. Los Reyes le trajeron un .... (tren).
6. En la lejanía se veía una .... (luz).

C) • [...] y *he pensado* (13).
   • ¿Qué me *cuentas,* Pilar? (31).

Conjugue el verbo entre paréntesis en el tiempo y modo adecuados:

1. ¡No .... (tú, sentarse) allí porque es mi sitio!
2. Les .... (yo, rogar) me disculpen.
3. No creemos que .... (ellos, encender) la calefacción hasta noviembre.
4. Cuando .... (ellos, cerrar) el garaje, hacen un ruido horroroso.
5. Yo no .... (sentirse) nada bien; y vosotros ¿cómo .... (sentirse)?
6. Cuando .... (tronar) los cristales .... (temblar).

D) • Dice que eras *la* compañera *más* divertida *de* toda la clase (29-30).

Complete con la forma comparativa adecuada:

1. Hoy hace .... calor .... ayer: la temperatura ha subido mucho.
2. Este verano gastamos para las vacaciones .... cien mil pesetas cada uno.
3. El año pasado hubo mucha sequía: llovió .... lo previsto.
4. Con este detergente, la ropa queda mucho .... blanca .... con la pastilla de jabón.
5. El puente de piedra es .... seguro .... el de madera.
6. Todos le toman el pelo porque es .... tonto .... el grupo.

E) • *Mira,* estaba preparando cuatro cosillas... (31).
   • *Oye,* y Juan ¿qué toma? (45).

Conjugue el verbo entre paréntesis en imperativo (*¡canta!*):

1. .... (usted, oír), por favor: ¿tiene fuego?
2. .... (ustedes, mirar): ¡qué interesante es esta planta!
3. .... (tú, mirar), Luisa, no me vengas con las mentiras de siempre.
4. .... (vosotros, escuchar): ahora viene lo más interesante.
5. .... (tú, oír), ¿qué te ha ocurrido en la mano que la llevas vendada?
6. .... (usted, mirar), la verdad es que no sé cómo decírselo.

10. Complete con la preposición adecuada y controle luego con el texto:

1. Sale .... el despacho a las cinco de la tarde (12).
2. No puedes pasar .... aquella calle porque están haciendo obras (14).

3. ¿Qué se habrá hecho .... el gato que hace tantos días que no lo vemos? (17).
4. El Museo del Prado está .... Madrid (17).
5. Hemos venido .... St. Moritz .... esquiar (18).
6. ¿Conoces ya .... el nuevo rector de la universidad? (18).
7. Cuando los atracadores entraron .... la joyería, sonó la alarma (21).
8. ¿Qué has hecho .... adelgazar tanto? (24).
9. Esta revista sólo habla .... informática (29).
10. No he podido convencerle .... que es mejor que no vaya (32).

11. Observe:

A) • ¿Quién _será_? (1).

= es posible que sea

Según ello, transforme:

1. Es posible que sean las siete.
2. No ha superado el examen: es posible que no haya estudiado bastante.
3. Es posible que tenga ganas de hacer broma.
4. En esta tortilla es posible que haya más de cuatro huevos.
5. Es posible que sean miopes.
6. El nene sigue haciendo pucheros: es posible que tenga sueño.
7. El grifo gotea: es posible que esté roto.
8. Gasta mucho dinero: es posible que sea muy rico.

B) • ¡_Qué_ sorpresa! (11).

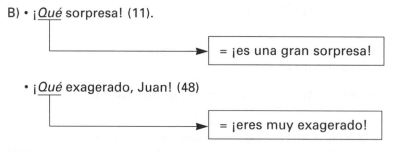

= ¡es una gran sorpresa!

• ¡_Qué_ exagerado, Juan! (48)

= ¡eres muy exagerado!

Según ello, transforme:

1. ¡Hace mucho frío!
2. ¡Es una película muy buena!
3. ¡Es triste verle tan deprimido!
4. ¡Es muy inteligente!
5. ¡Son repugnantes esos gusanos!
6. ¡Ha sido un terremoto terrible!
7. ¡Es una gran tontería!

C) • _Acabo de salir_ de casa de Julia (12).

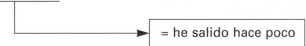

= he salido hace poco

Según ello, transforme:

1. Hace poco que ha tocado el timbre.
2. Han dado hace poco el parte meteorológico.
3. –¿Has visto a Manolo? –Sí, me he despedido de él hace poco.
4. Hace poco que he hablado por teléfono con el fontanero.
5. He sacado hace poco la leche de la nevera.
6. Le han notificado hace poco que han encontrado la cartera que había perdido.
7. Han restaurado hace poco la catedral.
8. ¿Queréis un poco de café? Lo he hecho hace poco.

D) • _hace tiempo que no les veo_ (13-14).

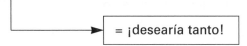

= llevo tiempo sin verles

Según ello, transforme:

1. Lleva horas sin salir del cuarto de baño.
2. Llevábamos años sin volver al pueblo.
3. Lleva cuarenta años sin ver a sus parientes.
4. Llevas ya dos días sin fumar.
5. Llevaban varios minutos sin respirar.
6. Lleva tiempo sin dirigirle siquiera la palabra.
7. Lleváis años sin renovar el pasaporte.
8. Llevamos tiempo sin saber nada de ellos.

E) • No sabéis _cuánto_ desearía quedarme a cenar con vosotros (51-52).

= ¡desearía tanto!

Según ello, transforme:

1. ¡Me gustaría tanto estar contigo ahora!
2. ¡Te quiere tanto!
3. ¡Hay que tener tanta paciencia con él!
4. ¡Sabe tanto!
5. ¡Me duelen tanto estos zapatos!
6. ¡Nos fatigan tanto sus charlas!

7. ¡Nos gusta tanto este actor!
8. ¡Este paquete pesa tanto!

Ejercicios de escritura: hacia la redacción

1. Conteste en unas pocas frases:

   1. ¿Por qué Pilar va a visitar a Juan y María?
   ....

   2. ¿Qué hacen los personajes durante el rato que pasan juntos?
   ....

   3. ¿Qué hacen y qué deciden hacer al despedirse?
   ....

2. Conteste expresando sus opiniones:

   1. ¿Como definiría usted a Pilar y por qué?
   ....

   2. ¿Qué piensa usted de María y de Juan?
   ....

   3. ¿Qué tipo de ambiente social revela el diálogo?
   ....

3. Haga una frase con cada una de las formas intercaladas siguientes, usándolas con el significado que tienen en el texto:

   1. *mujer* (6)   4. *seguro* (26)   7. *vale* (37)   10. *qué lástima* (52)
   2. *sabes* (12)   5. *por cierto* (26)   8. *bueno* (43)   11. *maja* (66)
   3. *oye* (24)   6. *al menos* (36)   9. *estupendo* (45)

4. Complete con las partes que faltan, y controle luego con el texto:

   –Llaman. ¿Quién [1].......... ?
   –¿Llaman a la puerta o es [2].......... ?
   –Es [3].......... . ¿Contestas tú?

[cogiendo 4..........] ¿Quién es, 5.......... ?
–Soy Pilar, Juan. ¿Os molesto si subo 6.......... ?
–¡No, mujer! Te abro. ¡7.......... la puerta!
–Juan, la puerta no 8.......... !
–¿Y ahora?
–Ahora sí.
[llama a la puerta]
–¡Hola, Pilar! ¿9.......... ? ¡Qué 10.......... !: no te esperábamos.
–¡11.......... , Juan! ¿Cómo estáis? Acabo de salir de casa de Julia sabes, la
modista que está 12.......... , y he pensado: 13.......... que no les veo, 14.......... un
momento 15.......... su casa y los saludo. Sólo un 16.......... (1-15).

5. Invente un pequeño diálogo sobre:

• la llegada inesperada a su casa de un matrimonio amigo;
• encuentro de dos viejos amigos en la calle después de algunos años de no
  verse.

6. Escriba una redacción sobre uno de los siguientes temas:

• La hospitalidad.
• Mis relaciones sociales.
• Mi modo de ver la amistad.

5 ¿Dígame? ¿Quién habla?

[ring... ring]

Señora:	¡Dígame!
Andrée:	Oiga, por favor, ¿es la Escuela Oficial de Idiomas?
Señora:	¿Cómo dice? No la oigo, *hable más alto,* por favor.
5 Andrée:	Es que llamo desde París y desde una cabina. ¿Me oye ahora?
Señora:	*Casi nada.* Cuelgue y *vuelva a llamar,* por favor.
Andrée:	De acuerdo
	[ring... ring...]
Andrée:	¿Hablo con la Escuela Oficial de Idiomas?
10 Señora:	¿Es la señorita de París, *verdad?* Ahora le oigo a usted *perfectamente.* ¿Qué desea? ¿Con quién *quiere* hablar?
Andrée:	Necesito algunas informaciones sobre los cursos de español para extranjeros.
Señora:	*Le paso* la extensión doscientos catorce: es secretaría.
15 Andrée:	Muchas gracias.
Señora:	Señorita, mire, está *comunicando* la extensión. ¿Se espera o llama dentro de *un rato?*
Andrée:	Espero un momento.
Señora:	¡Dígame!
20 Andrée:	Quisiera saber cuánto dura el curso de español para extranjeros que se hace en invierno y en qué meses se hace exactamente.
Secretaria:	En este momento no está la persona que *se encarga* de eso y yo no sé decirle nada. *Lo siento. De todos modos,* si quiere le escribimos dándole información de todos nuestros cursos. Si me da usted su nom-
25	bre y *su dirección...*
Andrée:	Me llamo Andrée Leclanché.
Secretaria:	¿Puede usted *deletrearme* el nombre?
Andrée:	Antonio, Navarra, Dolores... Perdone, señora, pero se me están *acabando* las fichas. De todas formas, quisiera preguntar algunas
30	cosas...
Secretaria:	Llame usted dentro de una hora y pregunte directamente por el señor Ruiz. Es él quien lleva *eso de* los cursos.
Andrée:	Bueno, muchas gracias. Llamaré más tarde.
Secretaria:	Adiós, hasta luego.

* * *

35   Escuela Oficial de Idiomas   París, 8 de julio de 1996
     Calle de la Esperanza, 18
     Madrid

     Muy Sres. míos:

     Les agradecería muchísimo que me *mandaran* información detallada *acerca de*
40   los cursos de español para extranjeros que *se celebran* en invierno: período, dura-
     ción de los cursos, niveles, *requisitos* de inscripción, derechos de *matrícula*, etc.
     Desearía saber también si durante este período organizan conferencias,
     excursiones y actividades recreativas.
     Les ruego que me *indiquen* si la Escuela facilita el alojamiento en casas parti-
45   culares, pues prefiero vivir con una familia española a vivir en un *colegio mayor*.
     En espera de sus noticias, les doy las gracias anticipadas por su atención y
     les saludo muy atentamente.

                                                           Andrée Leclanché
                                                           rue de la Paix, 9
                                                           París - Francia

                              * * *
50

                                                     París, 8 de octubre de 1996
     Querida Pilar:

     Por fin he decidido seguir los cursos de invierno para extranjeros, tal como
     te comenté la última vez que nos vimos. *Voy a estar* en Madrid desde después de
     las fiestas de Navidad hasta finales de marzo. Mi familia está de acuerdo y yo
55   estoy *contentísima*. ¡No sabes *la ilusión* que me hace este viaje! Voy a vivir con una
     familia española, *compuesta* por *el matrimonio* y cuatro hijos. ¡Que *jaleo* habrá en la
     casa! Pero lo importante es que yo *tendré ocasión de* charlar en español, que ya
     sabes que escribir no mucho, pero hablar *me cuesta bastante* todavía.
     Me alegra muchísimo pensar que vamos a vernos. Yo voy a *estar muy ocupada*
60   con la Escuela, *pues* me he matriculado en el curso superior *(¡qué cara!)*, pero los
     fines de semana seguro que cojo el tren y voy a verte. Y espero que tú también
     puedas hacerme una visitita *de vez en cuando*. Estaré felicísima de ver también a
     Luisa y Carmen, que llevo *un montón de* tiempo sin verlas. ¡Seguro que entre
     todas organizamos algo divertido!
65   Tengo muchas cosas que contarte, pero lo haré cuando nos veamos. ¿Y tú,
     qué tal? Si tienes tiempo, escríbeme.
     Mientras tanto, muchos *saludos* a todos y también a tus padres.
     Un abrazo.

                                                           Andrée Leclanché

Ejercicios orales

1. Conteste brevemente con sus propias palabras:

    1. ¿Qué le sucede a Andrée la primera vez que llama a la escuela de idiomas?
    2. ¿Qué quiere saber Andrée?
    3. ¿Qué ocurre? ¿Qué le dice la secretaria?

* * *

    4. ¿Qué informaciones pide Andrée en la carta?
    5. ¿Qué pregunta sobre el alojamiento?

* * *

    6. ¿Qué le cuenta Andrée por escrito a su amiga Pilar?
    7. ¿Qué proyectos tiene para cuando vaya a España?

2. Ampliemos el tema con situaciones similares:

La señora Ruiz llama al médico de familia porque su marido está enfermo.
Complete las partes que faltan del diálogo.

A)   [ring... ring...]
  Señora: Oiga, ¿[1]......... con el ambulatorio «Virgen de la Merced?
  Señorita: Sí, [2].......... .
  Señora: Con el doctor Ramírez.
  Señorita: [3]......... un momento. Le paso su [4].......... . [5].......... momento está
             [6].......... .
  Doctor: [7].......... . ¿Quién habla?
  Señora: Soy [8].......... .
  Doctor: [9].......... . ¿Qué le pasa [10].......... ?
  Señora: Bueno, a mí [11].......... . Es mi marido el que [12].......... . Esta maña-
             na no [13].......... de la cama porque dice que tiene [14].......... .
  Doctor: ¿Usted le ha tomado la temperatura?
  Señora: No, porque no tenemos [15].......... .
  Doctor: ¿De qué [16].......... ?
  Señora: Dice que le duele [17].......... y no quiere comer [18].......... .
  Doctor: No me parece muy [19].......... . De todos modos, [20].......... , sobre las
             cinco.
  Señora: [21].......... , doctor. ¿Tengo que [22].......... en la farmacia?
  Doctor: No, no hace [23].......... .
  Señora: Adiós y [24].......... .

Una señora llama a la Policía porque le parece que hay un ladrón en el piso de
al lado del suyo. Complete las partes que faltan del diálogo.

B)   [ring... ring...]
  Señora: ¡ .... ! ¿La Policía?

Policía: Sí, ...
Señora: Hay ....
Policía: ¿ .... ? ¿Un ladrón? Espere, no .... Le .... la sección urgencias.
Señora: Por favor, dése .... porque tengo ....
Sec. Ur.:   Dígame, ¿qué .... ?
Señora: Hay un ladrón en .... de al lado.
Sec. Ur.:   .... ¿Dónde .... usted?
Señora: En .... Mayor, ... doce, en un bloque de ....
Sec. Ur.:   Bien. Conserve .... y esté tranquila. Le .... lo que debe .... No haga .... , así que el ladrón no oiga .... Quédese en .... y .... bien la puerta. Nosotros .... cuanto antes.
Señora: .... Pero yo tengo .... Si el ladrón está .... y entra aquí con .... , ¿qué hago?
Sec. Ur.:   Ya le dije que no .... Uno de nuestros .... ya está llegando, y todo .... pronto. De todos modos, tendría que .... su nombre y ....
Señora: .... , pero ¿seguro que a mí no .... nada?
Sec. Ur.:   .... que no. Adiós y .... su colaboración.

Un hotel contesta por escrito a la secretaria de una agencia de viajes para infornarla de las habitaciones que desea reservar. Complete las partes que faltan del diálogo

C) Doña María ....
   Madrid, ...
   ....
   .... :

   Mucho le .... su carta del .... en la que ....
   Tenemos .... de ofrecerle para su .... el número de .... individuales que nos ha solicitado, al .... de 7.000 pesetas por ....
   Todas .... habitaciones tienen .... y .... , ... , ... con el que se puede comunicar directamente con el exterior, ... en color y ....
   Disponen también de .... de seguridad y .... para las bebidas. Le .... que hacer .... , nos remita .... de 50.000 pesetas como depósito.
   En espera de su .... , le aseguramos que haremos todo .... para que sus .... y pasen unos días ....
   ....

                                          Hotel ....
                                          ....

Luisa escribe a su amiga Pili para contarle su estancia en España. Complete las partes que faltan del diálogo.

D) .... Pili:

   Llevo ya unos .... aquí y .... muy bien. He conocido a .... que estudian .... en esta .... : son chicos muy .... , alegres, y juntos .... mucho.

.... pasado fuimos a .... : hacía un día .... , así que pudimos .... el sol y .... en el agua. A mediodía, ... en un restaurante .... : nos dieron de primero .... , de segundo .... y de postre ....

Por la tarde, nos reunimos en .... y bailamos horas y horas. Sobre las ocho, un chico me invitó a tomar .... antes de cenar, a dar un paseo .... del mar, y luego, me .... a ....

Tiene una casa .... y los padres fueron verdaderamente .... conmigo. Pienso que volveré a ....

Espero que .... tú también aquí cuando antes, así podrás .... de todo tu trabajo y podremos .... horas divertidas ....

Muchos .... a nuestros amigos.

.... fuerte
Luisa

E) Reproduzca una llamada telefónica con una amiga suya sobre lo que tienen que hacer mañana.

F) Deje una nota a la asistenta, comunicándole lo que tiene que hacer en casa y con los niños.

G) Escriba una carta a un amigo contándole lo que está haciendo en este período de su vida.

3. Sustituya las palabras, frases o partículas en cursiva por otras equivalentes que usted conozca y que puedan reemplazarlas en el texto.

4. Complete las frases de los grupos siguientes con una de las voces indicadas en cada uno de ellos:

A) *oír* (4) / *sentir* (23)

    1. .... (yo) ruidos extraños en la escalera.
    2. Paco .... un terrible dolor de muelas.
    3. .... (nosotros) la muerte de tu abuelo.
    4. .... (tú), ¿qué piensas hacer el domingo?
    5. Es ya muy vieja y no .... muy bien de salud.
    6. .... (yo) decir que bajará el precio de la gasolina.

B) *dentro de* (16) / *al cabo de*

    1. Apagarán la calefacción .... unos días.
    2. Fue a América y .... poco tiempo hizo una gran fortuna.
    3. Se casaron en junio y .... nueve meses tuvieron un hijo.

4. He llamado un taxi y llegará .... cinco minutos.
5. Se incendió el cine y .... poco llegaron los bomberos.
6. El barco zarpará .... una hora.

C) *preguntar* (29) / *pedir*

1. Nadie .... mi opinión y yo no la digo.
2. .... (ellos) firmas para el referéndum.
3. No me .... (tú) cómo se llama porque no lo sé.
4. Os .... (yo) este favor, pero no me .... (vosotros) por qué.
5. Le .... (ellos) que les prestara la escalera.
6. Pretenden que hagamos lo que dice el médico sin .... explicaciones.

D) *agradecer* (39) / *agradar*

1. Le .... (nosotros) mucho su visita.
2. No me .... que te relaciones con esta gente.
3. ¿Les .... tomar una copa con nosotros?
4. Le ayudamos y ni siquiera nos lo .... (él).
5. Después de comer, me .... mucho un buen café.
6. Nos .... que hiciera buen tiempo.

E) *acerca* (39) / *cerca*

1. –¿Queda muy lejos la telefónica? –No, está aquí ....
2. No sé nada .... de lo que me estás contando.
3. Se sentó .... del fuego.
4. El periódico hace un largo reportaje .... del golpe de estado.
5. Mi ciudad tiene .... de tres millones de personas.
6. Están proyectando un documental .... de la vida de las aves.

F) *seguro* (62) / *seguramente*

1. ¿Es .... que habrá huelga de ferrocarriles?
2. No está decidido todavía, pero .... habrá elecciones anticipadas.
3. .... que no harán la carrera de caballos a causa de la lluvia.
4. Aquel equipo tiene muchas posibilidades de ganar y .... ganará la copa.
5. Encontrarán petróleo en aquel desierto, ...
6. Se siente poco bien: .... tendrá la gripe.

5. Observe:

A) • ¡Díga*me*! (2).
   • *le* escribimos dándo*le* información... (23-24)
   • ¿Puede usted deletrear*me* el nombre? (27).

Transforme completando el verbo con el pronombre personal-complemento:

1. Enviando (a nosotros) el dinero, cumplió con su deber.
2. Di (a mí) cuándo llegas.
3. Prometo (a vosotros) comprar el juguete que gusta (a vosotros).
4. Pon (a ti) las gafas y no pongas (a ti) las lentillas.
5. Escribió (a nosotros) dando (a nosotros) las gracias.
6. No desean ver (a vosotros).

B) • No la *oigo* (4).

Conjugue el verbo entre paréntesis en presente de indicativo (*canto*):

1. ¿ .... (vosotros, ir) a los toros el próximo domingo?
2. Los pobres .... (pedir) limosna por la calle.
3. .... (tú, ser) muy impertinente.
4. Mañana te .... (yo, traer) la nueva receta del arroz.
5. ¿Cuánto .... (medir) este solar?
6. Los niños .... (morirse) de risa cuando .... (ver) a los payasos.

C) • ¿*Qué* desea? ¿Con *quién* quiere hablar? (11).
   • en *qué* meses se hace (21).

Complete con *qué, cuál-es, quién-es:*

1. ¿ .... son las bebidas alcohólicas que prefieres?
2. ¿ .... viste por el ojo de la cerradura?
3. Desearía saber con .... discutías anoche.
4. ¿En .... época del año vuelven las golondrinas?
5. ¿Sabes .... fueron los resultados de la quiniela?
6. ¿ .... es tu signo del zodíaco?

D) • Necesito algunas *informaciones* sobre los *cursos* de español para *extranjeros* (12-13).

Transforme en plural:

1. Le dio una dosis de morfina muy fuerte.
2. Es un reloj japonés.
3. Compré un jersey azul.
4. Este coche-cama está todo reservado.
5. Este lápiz no es mío, sino suyo.
6. Hice un brindis por su promoción.

E) • *Llame* usted dentro de una hora (31).

Conteste afirmativa y negativamente:

1. ¿Puedo subir en el ascensor con ustedes? (usted)
2. ¿Nadamos en el río? (nosotros)

3. ¿Comemos en el restaurante? (vosotros)
4. ¿Voy a la fiesta de carnaval, papá? (tú)
5. ¿Pasamos por la autopista? (ustedes)
6. ¿Telefoneo por la tarde? (usted)

6. Observe:

• Necesito algunas *informaciones* (12) (información < informar)

Forme el sustantivo relacionado con la palabra entre paréntesis, y controle luego con el texto:

1. Han puesto en venta un terreno de considerable .... (extender, 14).
2. Me han confiado .... (dirigir, 25) de la orquesta.
3. .... (durar, 40) del tratamiento psicoanalítico será de dos años.
4. El día 5 de octubre termina el plazo de .... (inscribir, 41).
5. ¿Cuál es el número de .... (matricular, 41) de tu coche?
6. Uno de los mayores problemas que presentan las grandes ciudades es ..... (alojar, 44).
7. Les ruego presten mucha .... (atender, 46) a lo que va a decirles el instructor.
8. Este .... (viajar, 56) a Extremo Oriente nos hace una enorme ..... (ilusionar, 56).
9. La abuela me manda muchos .... (saludar, 68) para ti.

7. Observe:

• Voy a vivir con una familia *española* (56-57) (española < de España).

Complete con el gentilicio adecuado:

1. Jutta y Waltraud son .... (de Alemania).
2. El compañero más simpático de los cursos es .... (de Bélgica).
3. He comprado un queso .... (de Dinamarca) que es exquisito.
4. Este microordenador es .... (del Japón).
5. Me han regalado una alfombra .... (de Persia).
6. Han abierto una tienda de artesanía .... (del Perú).
7. El salmón .... (de Noruega) se cotiza mucho.
8. Esta noche actúa una compañía de teatro .... (de Suecia).
9. En esa cafetería sirven solo café .... (del Brasil).
10. No me vengas con cuentos .... (de China) porque todos sabemos muy bien cómo están las cosas.
11. Tenemos una compañera de trabajo que es .... (del Ecuador).
12. En estos últimos años han llegado muchos inmigrantes .... (de Filipinas) y .... (de Marruecos).
13. La moda .... (de Italia) se impone en todo el mundo por su originalidad.
14. Jacqueline y Françoise son dos chicas .... (de Francia).

15. Acabo de leer una novela estupenda de un escritor .... (de Canadá).
16. Recientemente se ha producido la independencia .... (de Checoslovaquia).
17. Me han traído un poncho y un sombrero .... (de Méjico).
18. Tolstoi es uno de los escritores .... (de Rusia) más famosos.
19. Tenemos un papa .... (de Polonia).

8. Complete con la preposición y controle luego con el texto:

1. Esta noche te llamaré .... el hotel (5).
2. Deseo hablar .... el jefe de personal (9).
3. La vendimia es .... otoño (21).
4. Cuando llegue, pregunte .... mí y le atenderé (31).
5. Los gitanos se alojaron .... las chabolas de las afueras (44).
6. Prefiero el pescado .... la carne (45).
7. Le damos las gracias .... habernos ayudado en esta ocasión (46).
8. La calefacción está encendida .... noviembre .... mayo (54-55).
9. Estamos contentos .... verte tan satisfecha (63).

9. Observe:

A) • Quisiera saber *cuánto dura* el curso (20).
   • Desearía saber también *si* [...] *organizan* conferencias (42).

   ```
   └────────►  interrogativa indirecta + indicativo
   ```

Según ello, una las dos frases transformándolas:

1. Quiero saber: la duración de los cursos.
2. Deseamos nos digan: ¿el hotel tiene piscina?
3. Puede decirme: el precio del espectáculo
4. Queríamos saber: ¿tiene usted un título de estudio?
5. Dime: ¿quedan huevos en casa?
6. Comuníquenos: el número de horas extraordinarias que ha hecho.
7. Podría saber: ¿este solar es edificable?
8. Sabe usted: el tiempo que falta para empezar el encuentro de fútbol.

B) • *si quiere* le escribimos (23).

Según ello, complete libremente:

1. Si gano la lotería, ...
2. Si os portáis bien, ...
3. Si tiene prisa, ...
4. Si tienes frío ....

    5. Si me llaman por teléfono, ...
    6. Si no tienen tiempo ahora, ...
    7. Si encuentras trabajo, ...
    8. Si oye un ruido sospechoso, ...

C) • Les *agradecería* muchísimo que me *mandaran* información [...] (39).

    • Les *ruego* que me *indiquen* [...] (44).

    • Y *espero* que tú también *puedas* hacerme una visitita (62-63).

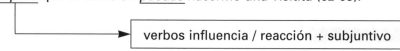

verbos influencia / reacción + subjuntivo

Según ello, una las dos frases transformándolas:

    1. Su hijo ha ganado el premio: me alegro.
    2. Sigue con fiebre: lamentamos.
    3. Pensó en nosotros: agradecí.
    4. La operación irá bien: el enfermo espera.
    5. ¡Venid mañana!: deseamos.
    6. Entramos en la sala reservada de la biblioteca: permiten.
    7. Eres muy aplicado: la maestra está contenta.
    8. ¡Envíennos la mercancía inmediatamente¡: rogamos.

D) • *llevo* un montón de tiempo *sin verlas* (64).

= hace un montón de tiempo que no las veo

Según ello, transforme:

    1. Era un gran pianista, pero hace cinco años que no toca el piano.
    2. Hace dos meses que no voy a España.
    3. Hace mucho tiempo que no lavamos las cortinas.
    4. Hace varios días que no se levanta de la cama.
    5. Hace seis meses que no pisamos un teatro.
    6. Hace diez años que no cambiamos alcalde.
    7. Hace un montón de tiempo que no le vemos.
    8. Hace una semana que no fuma un pitillo.

10. Observe:

    • lo haré *cuando* nos *veamos* (66).

Según ello, complete libremente:

1. Te escribiré cuando ....
2. Irás a la universidad cuando ....
3. Me pondré el chubasquero cuando ....
4. Encenderéis la televisión cuando ....
5. Planchará usted la ropa cuando ....
6. Te haré un buen gazpacho cuando ....
7. Nos llegará la herencia cuando ....
8. Será ya tarde cuando ....
9. Tendremos ocasión de hablar de ello cuando ....

Ejercicios de escritura: hacia la redacción

1. Conteste en unas pocas frases:

   1. ¿Por qué Andrée llama por teléfono y luego escribe a la Escuela Oficial de Idiomas?

   ....

   2. ¿Qué problemas tiene durante la llamada?

   ....

   3. ¿Qué le cuenta Andrée a su amiga Pilar?

   ....

2. Conteste expresando sus opiniones:

   1. ¿Qué tipo de personalidad revela Andrée?

   ....

   2. ¿Qué le parece a usted la Escuela Oficial de Idiomas?

   ....

   3. ¿Iría usted a un curso de verano para extranjeros? ¿Por qué sí? ¿Por qué no?

   ....

3. Complete con las partes que faltan y controle luego con el texto:

   [ring... ring...]
   –¡ [1].......... !
   –Oiga, [2].......... , ¿es la Escuela Oficial de Idiomas?
   –¿Cómo dice? No la oigo, hable [3].......... .

–4.......... llamo 5.......... París y desde una cabina. ¿Me 6.......... ahora?
–Casi nada. Cuelgue y 7.......... , por favor.
–De acuerdo.
 [ring... ring...]
–¿8.......... con la Escuela Oficial de Idiomas?
–¿Es la señorita de París, 9.......... ? Ahora la oigo a usted 10.......... . ¿Qué
 11.......... ? ¿Con quién 12.......... ? (1-11).

4. Ponga las comas y controle luego con el texto:

Muy Sres. míos:

Les agradecería muchísimo que me mandaran información detallada acerca de los cursos de español para extranjeros que se celebran en invierno: período duración de los cursos niveles requisitos de inscripción derechos de matrícula etc.
Desearía saber también si durante este período organizan conferencias excursiones y actividades recreativas.
Les ruego que me indiquen si la Escuela facilita el alojamiento en casas particulares pues prefiero vivir con una familia española a vivir en un colegio mayor.
En espera de sus noticias les doy las gracias anticipadas por su atención y les saludo muy atentamente (39-47).

5. Conteste libremente

• a la carta que Andrée escribe a la Escuela Oficial de Idiomas;
• a la carta que Andrée escribe a su amiga Pilar.

6. Escriba una redacción sobre uno de los siguientes temas:

• «Queridos padres: Os escribo para...»
• «Queridísimo/a Mario/María: Llevo ya mucho tiempo...»
• «Excmo. Señor Alcalde de Madrid:...»

6 Invitaciones

[ring... ring]

Carmen: Hola, Manuel, soy Carmen Estrada, ¿cómo estáis?

Manuel: *No va mal*, gracias. Y vosotros, ¿qué tal?

Carmen: Bastante bien. Oye, mira, os he llamado porque tenemos intención
5   de organizar una pequeña fiesta en casa...

Manuel: ¿Y *cómo es eso*? ¿Alguna festividad? ¿Algún éxito que hay que cele-
           brar, o qué?

Carmen: Nada de todo eso. Sólo el deseo de *volver a ver* a viejos amigos y com-
           pañeros que hace un montón de tiempo que no vemos. Entre el tra-
10   bajo y las ocupaciones de todos los días, *se acaba por no ver* nunca a
           nadie. Así que hemos pensado en organizar un encuentro para reu-
           nirnos todos y pasar una noche agradablemente *charlando*...

Manuel: ¿Y cuándo será eso?

Carmen: Pensábamos invitaros un sábado por la noche, porque *así* no hay la
15   preocupación del día siguiente y de tener que *levantarse temprano* para
           ir al trabajo...

Manuel: ¿Es este próximo sábado? Porque *si es así*, lo siento muchísimo, pero
           a nosotros no nos va a ser posible. Hemos aceptado ya la invitación
           de unos amigos para *pasar* el fin de semana con ellos.

20 Carmen: No, no será este sábado, sino el otro, dentro de quince días, digamos...

Manuel: Ah, el sábado, el día dieciséis, ¿verdad?

Carmen: Sí, exactamente.

Manuel: *De momento* no tengo nada, *a no ser que* a última hora salga algún com-
           promiso de trabajo, que en tal caso, deberás disculparme, pero...

25 Carmen: ¡*No faltaría más*, hombre! Entre nosotros hay suficiente confianza...

Manuel: Oye, te paso a Leonor, así os ponéis de acuerdo para la hora y todo,
           ¿vale?

Carmen: De acuerdo. ¡Muy contenta de oírte, eh Manuel!

Manuel: (a Leonor) Dile que no puedes, inventa *alguna excusa*... ¡Las malditas
30   fiestas de Carmen y su aburridísimo marido! ¡Estos *tostones* que nos
           propinan regularmente!

Leonor: No sé cómo dices eso. ¡Pensar que el marido de Carmen es tan agra-
           dable, tan ameno, tan simpático... Di más bien que tú eres *un cardo*,
           un insociable, un troglodita...

35 Leonor: Hola, Carmen. He oído que hablabais de invitación...

Carmen: Sí, pensaba convidaros con otros amigos comunes...

Leonor: ¿Y cuándo será? ¿Despúes de cenar o...?

	Carmen:	No, pensaba preparar una cena informal, con platos y vasos de papel y más o menos de pie, *porque* no tengo mesa bastante para todos...
40	Leonor:	Es una idea *estupenda,* si no, con la preparación de la comida, las mujeres acabamos *muertas.* ¿Cuántos vamos a ser?
	Carmen:	Unas veinte personas. Van a venir Julio y su mujer, Ester con el novio...
	Leonor:	Oye, ¿has invitado a Carlos? Me *alegraría* verle...
45	Carmen:	¡Pues no, *fíjate tú* que olvido increíble! ¡Vaya *plancha,* si luego *se enteraba*...!
	Leonor:	¡Y con lo susceptible que es! ¿Quieres que se lo diga yo?
	Carmen:	No, le invito yo personalmente.
	Leonor:	Bueno, ¿entonces cómo quedamos?
50	Carmen:	Que venís a eso de las nueve...
	Leonor:	Nosotros *tal vez* lleguemos un poco más tarde, porque Manuel los sábados como sabes...
	Carmen:	Cuando queráis. Yo aquí os espero.
	Leonor:	Entonces quedamos en que llegamos *alrededor de* las diez.
55	Carmen:	*Perfecto.* Hasta pronto. Un abrazo.

Ejercicios orales

1. Conteste brevemente con sus propias palabras:

   1. ¿Por qué Carmen llama a Manuel?
   2. ¿Qué contesta Manuel cuando imagina que la fiesta será el próximo sábado?
   3. ¿Qué dice para justificar su ausencia al saber que la fiesta será otro sábado?
   4. ¿Qué comentan Manuel y su mujer sobre las fiestas de Carmen?
   5. ¿Qué comentarios hacen sobre el marido de Carmen?
   6. ¿Cómo será la fiesta que organiza Carmen?
   7. ¿En qué quedan por fin las dos mujeres?

2. Ampliemos el tema con situaciones similares:

   A) María piensa dar una fiesta en ocasión de su cumpleaños. Invita, pues, a algunos amigos.

   Complete las partes que faltan del diálogo:

   [ring... ring...]
   María: ¿ .... Clara?
   Señora: .... Está .... : ahora ....

Clara: ¡ .... ! ¿Quién es?
María: Soy María, ¿ .... ?
Clara: Muy mal. Llevo horas .... un examen. ¿Por qué .... ?
María: Ya sabes que el lunes .... , por eso .... : ¿puedes .... ?
Clara: Pienso .... ¿A qué .... ?
María: .... de las diez, pero, si quieres, ...
Clara: ¿Es una fiesta .... ? ¿Tengo que .... de ceremonia?
María: ¡Qué va, mujer! Somos .... No te preocupes ....
Clara: ¿ .... también Paco?
María: ¿Por qué .... ?
Clara: Ya .... me gusta, y me encantaría ....
María: .... , ya que te gusta, le .... también a él.
Clara: ¿Puedo .... en algo?
María: No, ya ....
Clara: Bueno. Entonces .... y gracias por ....

B) Ana y Pedro Sánchez tienen un pequeño chalet en la playa y piensan pasar allá el fin de semana con sus amigos los Pérez.

Complete las partes que faltan del diálogo:

Pedro: Hola, Miguel. Mi mujer y yo hemos pensado .... : ¿podéis .... ?
Miguel: Para mí no .... , pero antes tengo que .... : ya sabes, las mujeres ....
Pedro: .... Pues llámanos esta noche, así ....
          [ring... ring...]
Luisa: ¡ .... , Ana! Miguel acaba de .... ¿Para cuándo .... ?
Ana: Es para .... Podríamos .... y estar allá antes ....
Luisa: ¿ .... los chicos? ¡Estarían .... !
Ana: .... que sí. .... mis sobrinos, de modo que ....
Luisa: ¿ .... algo?
Ana: En absoluto: .... listo. No te olvides del bañador, porque si hace sol ....
Luisa: Muy bien. Yo, de todos modos, prepararé ....
Ana: ¡No te molestes tanto! Esta vez sois .... y no hace falta ....
Luisa: De acuerdo. Pero queda establecido que .... a mi casa.
Ana: ¿Qué te parece si .... Manolo?
Luisa: ¡Oh, no, ... ! ¡Ya sabes que con mi marido .... ! Seguro que acabarían por ....
Ana: Como .... Entonces ....

C) Luis quiere invitar a su compañera Pilar a salir juntos esta noche.

Complete las partes que faltan del diálogo:

Luis: Hola, Pili, ¿te apetecería .... ?
Pili: Pues no sé. De momento .... , pero ya le había prometido a Paco ....

Luis: ¡Pero si con él .... !
Pili: No, llevo mucho tiempo .... , y el pobre dentro de poco .... y quién sabe cuándo.......... .
Luis: ¡ .... mañana! Yo lo he .... : antes .... , y luego podríamos ....
Pili: Ya vi esta película, y la comida china ....
Luis: .... pizzería, entonces.
Pili: Tampoco .... Yo prefiero ....
Luis: ¡ .... eres! Pues podríamos .... : ¿qué .... ?
Pili: La verdad es que ....
Luis: ¡Cuántas excusas! Si no quieres ....
Pili: No es que .... , pero ....
Luis: Oye: si .... , bien, si no, ... : ella seguro que ....
Pili: ¡No te enfades! Agradezco mucho .... y si no puedo ....
Luis: Pues dejemos este asunto. Sal .... ; yo ....

D) Para la Nochevieja, la firma donde trabajo organiza una gran fiesta y el jefe de personal está encargado de invitar a los dependientes y decirles cómo será la fiesta.

Imagine el diálogo entre ellos.

E) Nos ha nacido un nene y para celebrarlo queremos invitar a algunos parientes.

Imagine el diálogo, considerando que algunos de ellos no se llevan bien y hace tiempo que no se ven.

3. Sustituya las palabras, frases o partículas en cursiva por otras equivalentes que usted conozca y que puedan reemplazarlas en el texto.

4. Complete las frases de los grupos siguientes con una de las voces indicadas en cada uno de ellos:

A) *mirar* (4) / *ver* (8)

1. ¿Qué estás .... con tanto interés?
2. .... (yo) que estáis muy atareados: vuelvo otro rato.
3. ¡No .... (tú), que estoy medio desnuda!
4. .... (usted) estas fotos: ¿me reconoce?
5. ¿ .... (vosotros) cómo se puso cuando perdió la partida?
6. Los menores no pueden .... esta película.

B) *intención* (4) / *intento*

1. No tengo .... de votarles.
2. .... de salvarle resultó completamente inútil.
3. Nadie conoces sus ....
4. Ha habido .... de incendio.
5. ¿Con qué .... dijiste esto?
6. Lo que cuenta no son los resultados: son ....

C) *pensar en* (11) / *pensar*

1. Estoy .... lo que habría que contestarles.
2. No .... (yo) ayudarles para nada.
3. Mi hermana .... estudiar la carrera de medicina.
4. Llevamos mucho tiempo .... cómo resolver el problema económico.
5. ¿ .... (vosotros) decírselo ahora mismo?
6. Es tan ávido que sólo .... (él) el dinero.

D) *sino* (20) / *si no* (40)

1. Toma un vaso de leche .... quieres tomar café.
2. No han ido al concierto .... a la Ópera.
3. Usted se llama Pérez, ... recuerdo mal.
4. Me felicitó no sólo él .... toda la familia.
5. No comas ostras .... te sientan bien.
6. Si es posible, compra billetes de primera clase y, ... , de segunda.

E) *más bien* (33) / *al contrario*

1. –¿Cuesta mucho este collar? –No, ... , he pagado poco.
2. –¿Cómo quiere usted la carne? – .... cruda.
3. –¿Es ruidosa esta calle? –No, ... , es .... silenciosa.
4. ¿Te ocurre algo que te veo .... triste?
5. –¿Le molesta si abro la ventana? –No, ... , yo también siento .... calor.
6. No estamos deprimidos, estamos .... decepcionados.

F) *tal vez* (51) / *alguna vez*

1. .... nuestros amigos nos llamen desde Londres.
2. La cocinera .... nos hace la paella.
3. .... nos mudemos de piso el año que viene.
4. Pago siempre al contado, pero .... pago con un cheque.
5. No puedo ir hoy, pero .... vaya mañana.
6. Generalmente los sábados no voy al trabajo, pero .... me toca ir porque es mi turno.

5. Observe:

• INVITACIONES (título) (invitación < invitar)

Forme el sustantivo relacionado con la palabra entre paréntesis, y controle luego con el texto:

1. Han decidido suprimir muchas .... (festivo, 6) religiosas.
2. Tiene tantas .... (ocuparse, 10) que no le da tiempo para la familia.
3. Fue .... (encontrarse, 11) casual.
4. No puedo verte mañana porque ya tengo .... (comprometerse, 23).
5. Dejo las llaves de casa a mi vecina porque es persona de .... (confiar, 25).
6. No nos vengan con .... (excusarse, 29): la responsabilidad es sólo suya.
7. .... (preparar, 40) de la fiesta les llevó mucho tiempo.
8. Ha sido .... (olvidarse, 45) momentáneo.

6. Observe:

• no hay la preocupación de tener que levantarse *temprano* (15) (temprano ↔ tarde).

Diga la forma contraria del adverbio en cursiva:

1. Desde que me han operado de cataratas, veo muy *bien*.
2. Los buzones de Correos están *fuera del* edificio.
3. *Detrás de* nuestra casa pasa la autopista.
4. El piso de *arriba* está por alquilar.
5. Pon la maleta *debajo del* asiento.
6. La verdad es que aquí todo el mundo trabaja *poco*.
7. Por favor, vaya un poco más *adelante*.
8. *Antes de* decidir la fecha del viaje, avísame.
9. El colegio de los niños cae bastante *cerca de* casa.
10. La gasolinera queda *a la derecha de* la carretera.
11. Todo lo que hace está muy *mal* hecho.
12. *Siempre* se acuerda de mí cuando es mi cumpleaños.
13. Oye, ¿por qué no nos sentamos aquí *detrás*?
14. Dejemos al perro *dentro*.
15. Sus palabras me han gustado *mucho*.

7. Observe:

• En la frase *¡Vaya plancha, si luego se enteraba!* (45), la palabra PLANCHA, cuyo significado recto es «lámina u hoja de material duro» y también «utensilio que sirve para planchar la ropa», tiene el significado figurado de «acción o expresión inoportuna, incauta, torpe que puede resultar ofensiva para el interlocutor».

Con muchos otros sustantivos pueden también formarse expresiones figu-
radas:

ESTAR COMO UNA CABRA	[SER UNA] LATA
[ESTAR] EN CUEROS	PONER NEGRO
PONER VERDE	SER UN ROLLO
SER UNA MIERDA	SER UN PELMA
SER UNA BICOCA	TENER [MUCHOS] HUMOS

Sustituya con la expresión adecuada el texto en cursiva:

1. Cuando entró el marido se encontró con los amantes *completamente des-
nudos.*
2. El pobre *es loco de remate.*
3. Hemos tenido exámenes todo el día: ¡qué *cosa pesada y aburrida!*
4. Porque llegamos con un poco de retraso a la cita se enfadó muchísimo y
nos *insultó de mala manera.*
5. Esta película *es malísima.*
6. La conferencia *fue muy larga y aburrida.*
7. Hace un trabajo en el Ministerio que *exige poco esfuerzo y rinde mucho.*
8. Juan es un buen chico pero la verdad es que *es persona fastidiosa y pesada.*
9. No hacen sino crearme dificultades y hablar mal de mí: me han *exaspera-
do e indignado.*
10. Luis se da mucha importancia y habla continuamente de sus méritos: *es
persona muy altiva y soberbia.*
11. Tiene 30 años, sus padres le mantienen y encima se queja de que le dan
poco dinero: *¡no tiene vergüenza!.*
12. Esta tarde vienen a visitarnos las hermanas solteras de mamá y nos con-
tarán una vez más sus recuerdos de juventud: *será una cosa muy pesada
y aburrida.*

8. Observe:

• pensaba preparar una cena informal, con *platos y vasos* de papel (38).

Las palabras siguientes indican objetos y utensilios que se usan en la cocina y
en la mesa:

CUCHARA	CUCHILLO
CAZO	OLLA
SARTÉN	TENEDOR
JARRÓN	CUCHARÓN
FUENTE	CUCHARITA/CUCHARILLA
TETERA	COLADOR

Complete con el sustantivo adecuado:

1. Dame otro .... porque este no corta nada.
2. Sirvo la sopa con el ....

3. Para hacer un cocido para ocho personas, use usted una .... a presión.
4. No le des el .... al niño porque puede pincharse.
5. Deje usted la .... con el asado aquí en el centro de la mesa por si alguien desea tomar más.
6. Esta pequeña .... la uso sólo para freír los huevos.
7. Estas .... de café son de plata.
8. El médico me ha dicho que tengo que tomar dos .... soperas de este jarabe para la tos.
9. El té es más sabroso si se hace en una .... de barro cocido.
10. Se ha volcado el .... del agua en la mesa y hay que cambiar el mantel.
11. Calienta ese poco de leche en este .... con el mango de madera.
12. Dame el .... porque hay que escurrir los espaguetis.

9. Acentúe y controle luego con el texto:

1. –Oye, te paso a Leonor, asi os poneis de acuerdo para la hora y todo, ¿vale?
2. –De acuerdo. ¡Muy contenta de oirte, eh Manuel!
3. –(a Leonor) Dile que no puedes, inventa alguna excusa... ¡Las malditas fiestas de Carmen y su aburridisimo marido! ¡Estos tostones que nos propina regularmente!
4. –No se como dices eso. Pensar que el marido de Carmen es tan agradable, tan ameno, tan simpático. Di mas bien que tu eres un cardo, un insociable, un troglodita...
5. –Hola, Carmen. He oido que hablabais de invitacion...
6. –Si, pensaba convidaros con otros amigos comunes...
7. –¿Y cuando sera? ¿Despues de cenar o...? (26-37).

10. Observe:

A) • *Oye, mira,* os he llamado [...] (4).

Conjugue el verbo entre paréntesis en imperativo (¡*canta!*):

1. .... (usted, perdonar): ¿dónde está Correos?
2. .... (ustedes, oír): aquí no se puede fumar.
3. .... (tú, disculpar): ¿me dejas ver el programa?
4. .... (usted, oír): ¿está el señor Pérez?
5. .... (escuchar) todos: la prueba será mañana por la mañana.
6. .... (tú, mirar): ¡me has ensuciado todo el suelo con tus botas!

B) • y pasar una noche *agradablemente* charlando... (12).

Forme el adverbio en *-mente* que signifique lo que se indica entre paréntesis:

1. .... (con dificultad) podremos ayudarles.
2. Trate usted a los clientes .... (con amabilidad).

3. .... (con probabilidad) tiene veinte años.
4. Le golpeó .... (con fuerza).
5. No es que se comporte .... (con inteligencia): lo hace todo .... (con astucia).
6. .... (con evidencia) no se quieren divorciar por los hijos.

C) • para pasar *el* fin de semana con ellos (19).

Complete con *el-los, la-s* o deje en blanco cuando se requiera:

1. El abuelo sólo fuma .... tabaco negro.
2. –¿Qué estudian? –Estudian .... francés, pero les gusta más .... italiano.
3. Nos reuniremos todos en .... casa de Paco.
4. «Queremos .... libertad», decían las pancartas de los manifestantes.
5. Su belleza es natural: no lleva .... maquillaje.
6. Hemos hecho un largo viaje por .... Suiza y .... Alemania del Sur.

D) • dentro de *quince* días (20).

Escriba en letras el número:

1. Colón descubrió América el 12 de octubre de 1492.
2. El 16 de enero ha cumplido 18 años.
3. El día 23 es fiesta nacional.
4. De las 100 personas que hay aquí, sólo 81 pagaron el billete.
5. El ejercicio número 52 está en la página 105.
6. Nació en 1901 y murió en 1939.

E) • No *sé* cómo *dices* eso (32).

Conjugue el verbo entre paréntesis en el tiempo de indicativo adecuado:

1. Te .... (yo, dar) el diccionario si me lo .... (tú, devolver) mañana.
2. El otro día .... (yo, tener) la impresión de que .... (él, querer) confiarme algo.
3. Aún no nos .... (ellos traer) la nevera que .... (nosotros, comprar).
4. Ayer, mientras .... (ella, leer) aquel libro tan pesado, ... (ella dormirse).
5. ¿ .... (saber) usted lo que el asesino .... (hacer) con el cadáver?: lo .... (él, cortar) a trocitos y lo .... (él, congelar).
6. A mediodía, el camarero me .... (servir) una sopa en la que .... (nadar) dos mosquitos.

11. Complete con la preposición y controle luego con el texto:

    1. No tenemos intención .... alquilar el piso (5).
    2. Había decidido comprar una moto de segunda mano y acabó .... comprar una nueva (10).
    3. Le gusta trabajar .... la noche (14).
    4. Regresaron .... primera hora de la madrugada (23).
    5. ¿Os habéis puesto .... acuerdo, o no? (26).
    6. ¿Estás contento .... tu nuevo empleo? (28).
    7. Es feo hablar mal .... la gente (35).
    8. Lleva un reloj .... oro (38).
    9. He estado todo el día .... pie y me duelen las piernas (39).
  10. Hemos quedado .... que si pasa algo, nos llaman (54).

12. Observe:

A) • el deseo de *volver a ver* a los viejos amigos (8).

= ver de nuevo

    Según ello, transforme:

    1. He leído de nuevo la novela y no me ha gustado.
    2. Ha pasado de nuevo el cartero.
    3. Le he visto de nuevo después de tanto tiempo.
    4. Saldremos de nuevo con aquellas chicas tan simpáticas.
    5. Sepan que no se lo diré de nuevo.
    6. Nos ha importunado de nuevo con sus manías.
    7. ¿Te has teñido de nuevo el pelo?
    8. Si no estudias, te suspenderán de nuevo.

B) • *Así que* hemos pensado [...] (11)

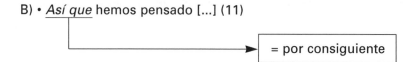

= por consiguiente

    Según ello, complete libremente:

    1. Se nos acabó la gasolina en medio de la carretera, ...
    2. Se me ha parado el reloj, ...
    3. Cae agua del techo, ...
    4. Estos pantalones son largos, ...
    5. Últimamente ha adelgazado bastante, ...
    6. No me siento bien, ...
    7. Tenía mucho calor, ...
    8. En casa no hay azúcar, ...

C) • De momento no tengo nada, *a no ser que* a última hora *salga* algún compromiso de trabajo (24).

= si no sale

Según ello, transforme:

1. Iremos de excursión si no llueve.
2. Si no me invitan, no pienso ir a la boda.
3. No puedo recibirles si no es mañana.
4. No hables con nadie si no es con el jefe de personal.
5. Ha decidido no probar bocado si no le obligan.
6. Si no coge un taxi, le llevaré yo al aeropuerto.
7. No hablará si no le torturan.
8. No le permito sacarme la muela si no me pone anestesia.

D) • *Unas* veinte personas (42).

• *a eso de* las nueve (50).

= alrededor de

Según ello, transforme usando una de las dos formas, según convenga:

1. El despertador sonó alrededor de las cinco de la madrugada.
2. Tendrá alrededor de cincuenta años.
3. Hicieron una tirada de libros alrededor de cinco mil ejemplares.
4. Su casa mide alrededor de cien metros.
5. La cita es alrededor de las nueve de la noche.
6. Habrá ganado alrededor de diez millones de pesetas.
7. Se habrá acostado alrededor de las doce.
8. La carrera de coches empezará alrededor de las diez de la mañana.

13. Observe:

• ¿Y *cuándo será* eso? (13)
• *Cuando queráis* (53).

Según ello, conjugue el verbo entre paréntesis:

1. Cuando .... (él, venir) a vernos, está siempre de mal humor.
2. Cuando .... (tú, ir) a Roma, no dejes de ver las catacumbas.
3. Digan cuándo .... (ustedes, estar) de vuelta.
4. Cuando .... (yo, estar) en la bañera, sonó el teléfono.
5. Cuando .... (vosotros, salir) de aquí, cerrad bien la puerta.
6. Se levantarán cuando .... (cantar) el gallo.

7. ¿Sabes cuánto .... (ellos, transmitir) el partido de fútbol?
8. Cuando .... (él, ir) en autobús, no se sienta nunca.
9. Compraremos pescado fresquísimo cuando .... (regresar) las barcas de pesca.
10. ¿Hasta cuándo .... (quedarse) ustedes en el hotel?

Ejercicios de escritura: hacia la redacción

1. Conteste en unas pocas frases:

    1. ¿Qué hace Carmen? ¿Por qué?
    ....

    2. ¿Qué motivos aduce Manuel para no ir a la fiesta?
    ....

    3. ¿Qué comentan Leonor y Carmen?
    ....

2. Conteste expresando sus opiniones:

    1. ¿Qué tipo de personalidad revela Carmen?
    ....

    2. ¿Qué tipo de personalidad revela Manuel?
    ....

    3. ¿Qué tipo de personalidad revela Leonor?
    ....

3. Complete con las partes que faltan, y controle luego con el texto:

    –Oye, ¿ .... también a Carlos? Me .... verle...
    –¡Pues no, fíjate tú que .... increíble! ¡Vaya plancha, si luego .... !
    –¡Y con lo .... que es! ¿Quieres que .... yo?
    –No, le .... yo personalmente.
    –Bueno, ¿entonces cómo .... ?
    –Que venís .... las nueve...
    –Nosotros tal vez .... un poco más tarde, ... Manuel .... , como sabes...
    –Cuando .... Yo aquí os .... (44-53).

4. Según los elementos que le proporciona el texto:

- invente un pequeño diálogo con sus suegros invitándoles a un fin de semana en su casa de campo
- escriba a un amigo que vive en el extranjero invitándole a pasar con su familia las vacaciones de verano.

5. Escriba una redacción sobre uno de los siguientes temas:

- Celebraciones y fiestas.
- Mi opinión sobre las fiestas entre amigos y conocidos.
- La fiesta a la que no iría jamás.
- Una fiesta mal acabada.

7 ¡Felicidades!

Clara:	¡Hola, Sofía, felicidades!
Sofía:	¡Te has acordado de mi cumpleaños! ¡Qué alegría!
	Jorge, ¿a ver si adivinas quién ha venido a felicitarme?
Jorge:	¡Clara! ¡Qué agradable sorpresa! Nos hemos enterado de tu promoción,
5	¿sabes? Lo decíamos el otro día con Sofía: *tenemos que* llamar a Clara
	para *darle la enhorabuena,* ¿verdad Sofía?
Clara:	¿Y cómo *os habéis enterado?* ¿Quién os lo ha dicho?
Sofía:	Encontré por pura casualidad a Enriqueta y me dijo que eras tú la jefa
	de producción de la empresa...
10 Jorge:	*En vez de* charlar aquí en el recibidor y tener a Clara de pie, ¿por qué
	no pasáis al salón?
Clara:	¿Hay mucha gente? Oigo tanto *jaleo...*
Sofía:	Sí, ha venido bastante gente, no sé cómo ha sido... Algunos compañe-
	ros de trabajo de Jorge, viejos amigos míos. Quizá a algunos no los
15	conozcas...
Pepe:	¡Vaya, quién se ve por aquí! ¡Isabel, mira, ha venido Clara!
Isabel:	¿Qué tal, Clara? Bueno, *antes de nada,* ¡felicidades por tu brillante carrera
	de «hombre de negocios»!
Pepe:	Te felicito *de todo corazón,* Clara. Hoy día, con *la guerra* que hay en el
20	mundo del trabajo y siendo una mujer, desde luego no es fácil...
Clara:	No te creas..., también es cuestión de suerte..., de circunstancias favo-
	rables...
Isabel:	No te hagas la *modesta,* como *siempre...*
Clara:	No, no es cuestión de modestia... Contadme vosotros, *¿qué tal de* vues-
25	tras vidas...?
Sofía:	Perdonad si *os interrumpo,* pero *querría* presentarte... ¿Os conocéis?
Clara:	No, no tengo *el gusto...*
Sofía:	Javier Montano y...
Clara:	Me llamo Clara Cifuentes.
30 Javier:	Encantado, señorita.
Clara:	Mucho gusto ¿podríamos *tutearnos,* no crees?
Javier:	Por mí, con mucho gusto...
Sofía:	Javier es novelista... ¡Y de éxito!
Javier:	Bueno, no exageremos...
35 Clara:	Yo no soy una lectora de novelas, así que no tiene nada de extraño que
	no lo conozca... ¿Cómo van tus novelas? ¿Se venden bien?

Javier:	Lo que se dice venderse, *poca cosa*... Todavía se me conoce poco. De todos modos, estoy satisfecho porque la crítica ha recibido muy bien la última y *ha hecho muchos elogios de* «Ernesto».
40 Clara:	*¡Congratulaciones!*
Jorge:	Yo propongo un brindis por los éxitos de todos los presentes...
Javier:	¡Claro que sí! Brindemos...
Isabel:	Oye, Sofía, nosotros tenemos que *marcharnos*... Nos apetecería mucho quedarnos *un poco más,* pero le hemos dicho a *la canguro* que a las ocho
45	en punto estaríamos en casa para el nene...
Clara:	¡Ah! ¿Tenéis un hijo? ¿Desde cuándo?
Isabel:	Nació en enero. Es majísimo ¿eh que sí, Sofía?
Sofía:	Es *una preciosidad*. Si lo vieras, Clara, te enamorarías de él.
Clara:	¡La enhorabuena, chicos! ¡Cuántas novedades! No tenía la menor idea
50	de que esperárais un crío... ¿Cuánto tiempo hace que no nos veíamos?
Isabel:	*Un montón de* tiempo, desde luego... Bueno, Clara, adiós. Me alegra haberte visto.
Clara:	Igualmente. Adiós, Isabel. Adiós, Pepe.

Ejercicios orales

1. Conteste brevemente con sus propias palabras:

1. ¿Por qué se felicitan recíprocamente Clara, Sofía y Jorge?
2. ¿Quién más ha ido a casa de Sofía?
3. ¿Qué cumplidos hacen todos a Clara?
4. ¿Cómo reacciona ésta?
5. ¿A quién conoce Clara? ¿De qué habla con él?
6. ¿Cuándo y por qué Isabel y su marido tienen que marcharse?
7. ¿Qué comentan al despedirse?

2. Ampliemos el tema con situaciones similares:

A) Tras la entrega de varios premios a personalidades del espectáculo, la gente se detiene en la sala para un pequeño refresco.

Complete las partes que faltan del diálogo:

Felipe: Hola, Miguel, ¿ .... ? ¡He visto .... ; es estupenda!
Miguel: ¡No exageres, hombre! En cambio, ... por tus canciones.
Felipe: Sí, no son .... Ven, ... a mi inspiradora. Lucía, éste ....
Miguel: ¡ .... ! ¿Así que usted .... ?
Lucía: Según dice Felipe. He visto su película ....

Miguel: Sí, ha resultado .... ¿Conoce usted a .... ? Actuó como .... Ana, quiero ....

Ana: .... de conocerla.

Lucía: Yo también. .... su interpretación del papel ....

Miguel: ¿Por qué no .... ? Somos todos amigos aquí.

Ana: De acuerdo. Querida Lucía, quiero .... : es un famoso escritor de teatro y ....

Lucía: ¡Sí, sí! Deseo .... y decirle que su última pieza ....

Ana: ¡Hola, Marcelo! Aquí tienes a una admiradora que .... : .... Lucía.

José: ¡Qué .... ! ¡Además, es usted .... !

Lucía: ¡Oh, cuántos .... ! .... me ha encantado.

José: Sí, la crítica también .... ¿Sabe usted recitar? Me parece que ....

Lucía: Nunca he pisado las tablas, pero ....

José: Entonces, pase ....

Ana: ¡Qué bien, Lucía: .... por tu nueva carrera!

B) Sofi y Manolo invitan a su nueva casa a dos amigos.

Complete las partes que faltan del diálogo:

Sofi: ¡Bien venidos! Pasad .... , no os quedéis ....

Ángela: ¡Hola, ... después de tanto tiempo! ¡Tienes un aspecto .... !

Sofi: ¿De veras? Tú también .... Ven, te presento ....

Manolo: ¡ .... ! ¿Así que usted es .... ?

Ángela: Sí, conozco a Sofi .... , somos como hermanas.

Manolo: Entonces podemos .... Ven, Ángela, que ....

Ángela: ¡Luis! ¡Qué .... ! No sabía ....

Luis: Manolo y yo éramos ....

Manolo: ¿ .... ya? ¡Vaya casualidad!

Sofi: ¿Queréis ver .... ?

Ángela: Hemos venido .... Tu casa .... : no puedo menos ....

Sofi: Aún faltan algunas cositas y ....

Luis: No, de veras: ....

Ángela: ¿Y los dos están divinamente .... ? ¿ .... el heredero?

Sofi: Bueno, ya estoy en estado y ....

Ángela: ¡Qué .... ! Vamos a brindar ....

Luis: ¡Cuántas novedades! Os ....

Manolo: ¿Sabéis una cosa? .... a Ángela y Luis: a ver ....

Ángela: ¡No bromees! Pedro ....

Sofi: ¡Así que .... a todos!

C) Juan, un joven y conocido pintor, ha hecho una exposición de sus últimos cuadros: están presentes amigos y críticos de arte.

Complete las partes que faltan del diálogo:

Juan: ¡Hola, Pepe! Has sido muy ....
Pepe: Me enteré .... y no podía faltar: ....
Juan: ¿Qué piensas .... ?
Pepe: Hay que reconocer .... Son todos ....
Juan: Estoy feliz, porque también la crítica ....
Ana: ¡Querido Juan: .... !
Juan: Gracias. ¿Conoces a Pepe: .... ?
Pepe: ¡Por Dios! ¿Tú no eres .... ? ¡Cuánto tiempo .... !
Ana: Ya, ya. ¿Qué es de tu vida y .... ?
Pepe: De momento ....
Ana: ¡Que hombre más importante: .... !
Pepe: ¿Y tú?
Ana: Al terminar la carrera ....
Pepe: Una actividad muy interesante: .... de todo corazón.
Juan: .... estupenda, ¿ .... ?
Crítico: Perdona, Juan. He visto .... ¡Eres .... !
Juan: He mejorado mucho, ¡pero no son .... ! Espero, con el tiempo
          ....
Pepe: Juan, ¡no seas .... ! Todos reconocen .... y te consideran ....
Crítico: Ven, Juan. Allí está .... de una revista de arte: ....
Juan: ¡ .... ! Sólo le conozco de nombre.
Director: Mi joven artista, ...
Juan: ¡Es usted .... ! ¡Me ha hecho mucha ilusión .... !

D) Conchita y Jaime se casarán la semana que viene e irán a vivir en el extranjero. Invitan a amigos y compañeros para despedirse de ellos y de su vida
de solteros.

Imagine el diálogo entre ellos.

E) Acaban de nombrar al doctor Benito Suárez director general de SEAT. Sus
compañeros de trabajo y los otros directores le felicitan.

Imagine el diálogo entre ellos.

F) Hoy es un día maravilloso para Clara ya que por fin se ha doctorado. Amigos
y parientes le hacen una gran fiesta.

Imagine el diálogo entre ellos.

3. Sustituya las palabras, frases o partículas en cursiva por otras equivalentes
que usted conozca y que puedan reemplazarlas en el texto.

4. Complete las frases de los grupos siguientes con una de las voces indicadas
en cada uno de ellos:

A) *verdad* (6) / *verdadero*

1. La .... razón de su ausencia sólo la sé yo.
2. ¿Es .... que esperas un hijo?
3. .... es que a nosotros nos aburre su compañía.
4. –Alguien dice que usted conocía al imputado. –No, no es ....
5. El .... protagonista de la novela no es Ernesto.
6. Es .... que la temperatura ha bajado mucho.

B) *casualidad* (8) / *caso*

1. Le vi por .... mientras entraba en la Telefónica.
2. No es .... de que te pongas tan triste: no hay para tanto.
3. Da .... que han comprado un apartamento en nuestra misma finca.
4. .... es que se ausenta demasiado del trabajo.
5. ¿Tú también vas de vacaciones a la Costa Brava? Yo también, ¡qué .... !
6. ¡Qué .... tan curioso es éste que me cuentas!

C) *en vez de* (10) / *en cambio*

1. El concierto empezará a las 9 .... empezar a las 8.
2. A él le gusta la sierra; ella, ... , prefiere la playa.
3. Suba las persianas .... encender la luz.
4. Jorge adora los perros; yo, ... , los gatos.
5. .... hablar tanto, sería mejor que escucharais.
6. Había reservado una habitación individual y, ... , le dieron una doble.

D) *ser* (13) / *estar* (38).

1. No .... (yo) nada satisfecho de mis hijos.
2. .... un acto magnífico la conmemoración de ayer.
3. .... (nosotros) perfectamente conscientes de nuestros límites.
4. En mi familia .... (ellos) cinco hermanos y .... (ellos) todos muy bien avenidos.
5. Este solar no .... en venta.
6. .... terrible que le hayan condenado a muerte.

E) *éxito* (33) / *suceso*

1. Aquella película ha tenido mucho ....
2. En el telediario de la noche transmiten todos .... del día.
3. Es un hombre de ....
4. El periódico no lleva este .... porque la censura prohibió publicarlo.
5. Me alegra de que hayas tenido tanto .... en tu acción de propaganda.
6. Sólo lee la columna de ....

F) *desde* (46) / *de* (2)

1. Se enamoró de ella .... que la vio.
2. ¡Sal .... aquí inmediatamente!
3. Me tiraron un cubo de agua .... la azotea.
4. .... aquí a Madrid hay 40 kilómetros.
5. Le echaron .... la clase por hablador.
6. Me pongo las gafas porque .... aquí no veo nada.

5. Forme el derivado de la palabra entre paréntesis, y controle luego con el texto:

1. Este año .... (producir, 9) de aceite se ha duplicado.
2. Hemos puesto una lámpara de pie en .... (recibir, 10).
3. A pesar de su gran cultura, es hombre de gran .... (modesto, 23).
4. No me da ningún .... (gustar, 31) bañarme en esta agua tan sucia.
5. Han concedido el premio Nobel a .... (novela, 33) español.
6. Se ruega a todos .... (leer, 35) de la biblioteca guardar silencio.
7. La prensa llenó de .... (elogiar, 39) a la soprano.
8. Les damos nuestras más sinceras .... (congratular, 40) por cómo han resuelto el caso.

6. Observe:

• Javier es *novelista...* (33).

Las palabras siguientes indican profesiones:

CIRUJANO	GESTOR	GERENTE
APAREJADOR	FONTANERO	ASESOR
JUEZ	CANGURO	ALBAÑIL
CINEASTA	DELINEANTE	CHOFER
ABOGADO	PERIODISTA	AZAFATA
DEPENDIENTE	FISCAL	MECANÓGRAFA
MODELO	GUIONISTA	COCINERO
CURA	INGENIERO	BOXEADOR

Complete con el sustantivo adecuado:

1. En los comercios, las personas encargadas de atender al público para la venta son los ....
2. En una empresa, la persona encargada de dirigirla y administrarla se llama ....
3. La persona experta en alguna materia que aconseja a un particular o a una empresa sobre la misma es un ....
4. La persona cuya profesión es conducir automóviles es un ....

5. El magistrado que mantiene la acusación pública en un proceso penal se llama ....
6. La persona que viste el traje de un costurero de alta moda con el fin de exhibirlo es un o una ....
7. El médico especializado en cirugía que realiza operaciones quirúrgicas es un ....
8. La persona que escribe el texto de una película se llama ....
9. La mujer que atiende a los viajeros en los aviones de línea es una ....
10. El deportista que se dedica al boxeo se llama ....
11. El .... es el nombre corriente con el que se denomina al sacerdote.
12. Todas las personas que trabajan en cualquier aspecto artístico de la cinematografía se llaman ....
13. La persona licenciada en derecho que se dedica a asistir a una de las partes en los juicios civiles y penales es un ....
14. La persona cuyo oficio es guisar se llama ....
15. El dibujante que traza planos o proyectos ideados por otros es un ....
16. La persona que se dedica a facilitar y tramitar cuestiones administrativas por cuenta de otro es un ....
17. En los tribunales públicos, el magistrado que tiene la competencia y la autoridad de juzgar a las personas y de pronunciar sentencias es el ....
18. El perito que, en la construcción de edificios, trabaja subordinadamente al arquitecto es el ....
19. La chica que se ocupa de la vigilancia de los niños en ciertas horas del día o de la noche en la momentánea ausencia de los padres se llama ....
20. La persona que instala y arregla conducciones de agua y grifos es el ....
21. La persona que trabaja en la construcción de edificios, como levantar o rebozar paredes, construir suelos,etc. se llama ....
22. La mujer cuya profesión es escribir a máquina es una ....
23. La persona que escribe para diarios, radio, televisión o agencias de información se llama ....
24. La persona que proyecta o dirige construcciones como caminos, carreteras y puentes, u obras mecánicas, eléctricas, electrónicas, etc. se llama ....

7. Acentúe y controle luego con el texto:

–¡Hola, Sofia, felicidades!
–¡Te has acordado de mi cumpleaños! ¡Que alegria!. Jorge, ¿a ver si adivinas quien ha venido a felicitarme?
–¡Clara! ¡Que agradable sorpresa! Nos hemos enterado de tu promocion, ¿sabes? Lo deciamos el otro dia con Sofia: tenemos que llamar a Cristina para darle la enhorabuena, ¿verdad, Sofia?
–¿Y como os habeis enterado? ¿Quien os lo ha dicho?
–Encontre por pura casualidad a Enriqueta y me dijo que eras tu la jefa de produccion de la empresa...
–En vez de charlar aqui en el recibidor y tener a Clara de pie, ¿por que no pasais al salon? (1-11).

8. Observe:

A) • eras tú la *jefa* de producción [...] (8).
   • siendo una *mujer* [...] (20).

   Diga el correspondiente sustantivo masculino de la palabra entre paréntesis:

   1. Mandó hacer un traje a .... (modista).
   2. No me gusta la carne de .... (vaca).
   3. En ese corral hay una gran cantidad de .... (gallinas).
   4. El famoso .... (actriz) hace el papel de .... (reina).
   5. Todavía no me han presentado a mi futuro .... (nuera).
   6. El .... (madrina) de mi hijo es .... (doctora) en pediatría.

B) • Oigo *tanto* jaleo... (12).

   Complete con *tan/tanto:*

   1. Es .... sorda que tiene que sentarse en la primera fila.
   2. No hables .... y .... de prisa que me aturdes.
   3. No tienen .... dinero como aparentan.
   4. ¿Te gusta este juego .... complicado?
   5. .... insistieron que al final cedí.
   6. Hoy no hace .... calor como ayer.

C) • *No te hagas* la modesta (23).
   • *Contadme* vosotros (24).

   Conteste afirmativa y negativamente:

   1. ¿Tomo las medicinas? (tú)
   2. ¿Le operamos? (nosotros)
   3. ¿Les servimos el postre? (ustedes / a nosotros)
   4. ¿Me llevo los esquís? (usted)
   5. ¿Le contamos el accidente que vimos (vosotros / a él)
   6. ¿Te traigo la aspiradora?

D) • Por *mí,* con mucho gusto (32).

   Complete con el pronombre personal-complemento indirecto:

   1. ¿Vas con .... (yo) de compras?
   2. A .... (tú) te molestan muchas cosas, por lo que veo.
   3. Para .... (Paco y tú) no hay ninguna diferencia, ¿verdad?
   4. Habla de .... (él mismo) con mucho orgullo.

5. Fueron a la feria de muestras con .... (Luisa y yo).
6. Cuentan de .... (Ana y María) cosas increíbles.

E) • *Igualmente* (53).

Forme el adverbio en -*mente* que signifique lo que se indica entre paréntesis:

1. Este clima es .... (en verdad) saludable.
2. Compórtate .... (con cortesía) con ellos.
3. .... (con probabilidad) inventarán algo contra esta terrible enfermedad.
4. El funcionamiento del aparato se halla descrito .... (con amplitud) en este folleto.
5. Trata .... (con superficialidad) y .... (con alegría) cuestiones de suma importancia.
6. Conduce .... (con prudencia) y .... (con atención.)

9. Complete con la preposición y controle luego con el texto:

1. Se enteró .... el nacimiento de su nieto .... pura casualidad (4, 8).
2. Llamé .... el despacho .... saber si habías llegado (5, 6).
3. Estamos cansados de estar .... pie (10).
4. La dependienta me dijo que pasara .... el probador (11).
5. Pasen por control de pasaportes antes .... nada (17).
6. Le felicito .... su fuerza de ánimo (17).
7. Te lo digo .... todo corazón: cuenta conmigo (19).
8. .... nosotros, que haga lo que le dé la gana (32).
9. Si quieres ir, ve: yo, ... todos modos, no te doy el permiso (37).
10. Se ha enamorado .... su profesora (48).

10. Observe:

A) • pero *querría* presentarte... (26).

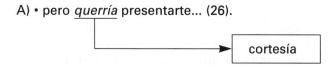

cortesía

• *Nos apetecería* mucho quedarnos un poco más (43).

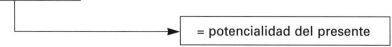

= potencialidad del presente

Según ello, transforme:

1. Queremos tomar una copa con ustedes.
2. ¿Puede darme su nombre y sus señas?

3. ¿Nos presta su diccionario?
4. Tienes que ser un poco más diplomático.
5. Deseamos felicitarle por su cumpleaños.
6. ¿Le apetece dar un paseo por el parque?
7. Hay que devolverle las fotos.
8. No me meto en este asunto por nada del mundo.

B) • ¿*Se venden* bien las novelas? (36)

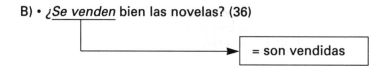

= son vendidas

Según ello, transforme:

1. Un piso de siete habitaciones es alquilado en este edificio.
2. Zapatos viejos son arreglados y teñidos en esta tienda.
3. Mucho tiempo es perdido inútilmente.
4. Bañarse en estas aguas es prohibido.
5. Silencio es rogado durante la función.
6. Comidas son servidas de dos a cinco.
7. Pieles y abrigos de piel son lavados en este establecimiento.
8. Durante el vuelo, son vendidos productos libres de impuestos.

C) • le hemos dicho a la canguro que a las ocho en punto *estaríamos* en casa (44).

futuro del pasado

Según ello, conjugue el verbo entre paréntesis:

1. Le prometió que .... (él, volver) para la cena.
2. Nos aseguraron que .... (ellos, testimoniar) en nuestro favor.
3. Dijo que me .... (ella, echar) una mano.
4. La tintorería me aseguró que .... (ella, quitar) las manchas.
5. Dijeron que .... (ellos, entregar) el paquete a domicilio.
6. Todo el mundo estaba seguro de que .... (usted, decir) eso.
7. Los operarios dijeron que .... (ellos, arreglar) el tejado en verano.
8. Le gritó que le .... (él, romper) la cabeza.

D) • *Si lo vieras*, Clara, *te enamorarías* de él (48).

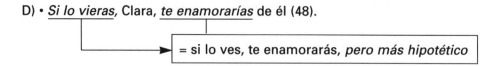

= si lo ves, te enamorarás, *pero más hipotético*

Según ello, transforme:

1. Si puedo, compraré un piso.
2. Si te encuentras mejor, podrás levantarte de la cama.
3. Si nos traen la televisión, podremos ver las Olimpíadas.
4. Si hace más calor, iré a la piscina.
5. Si vais andando, llegaréis antes.
6. Si nos atacan, nos defenderemos con todas nuestras fuerzas.
7. Si hay huelga de transportes, te acompañaré yo en coche.
8. Si está cansado, no vendrá.

11. Conjugue el verbo entre paréntesis en pretérito imperfecto *(cantaba),* pretérito perfecto compuesto *(he cantado)* o pretérito perfecto simple *(canté)* de indicativo, y controle luego con el texto:

1. –¡ .... (tú, acordarse) de mi cumpleaños! ¡Qué alegría!
2. –Jorge, ¿a ver si adivinas quién .... (venir) a felicitarme?
3. –¡Clara! ¡Qué agradable sorpresa! .... (nosotros, enterarse) de tu promoción, ¿sabes? Lo .... (nosotros, decir) el otro día con Sofía: tenemos que llamar a Clara para darle la enhorabuena, ¿verdad Sofía?
4. –¿Y cómo .... (vosotros, enterarse)? ¿Quién os lo .... (decir)?
5. .... (yo, encontrar) por pura casualidad a Enriqueta y me .... (ella, decir) que .... (ser) tú la jefa de producción de la empresa... [...] (2-9).
6. –Sí, ... (venir) bastante gente, no sé como .... (eso, ser)... Algunos compañeros de trabajo de Jorge, viejos amigos míos... Quizá a algunos no los conozcas...
7. –¡Vaya, quién se ve por aquí! Isabel, mira, ... (venir) Clara! (13-16).

Ejercicios de escritura: hacia la redacción

1. Conteste en unas pocas frases:

   1. ¿Por qué felicitan a Sofía?
   ....

   2. ¿De qué hablan Clara y Javier?
   ....

   3. ¿Qué sabemos de la vida de Isabel?
   ....

2. Conteste expresando sus opiniones:

   1. ¿Qué tipo de personalidad revela Clara Cifuentes?
   ....

2. ¿Cómo definiría a los demás personajes?

....

3. ¿Qué le parece a usted el ambiente donde se desarrolla el diálogo?

....

3. Haga una frase con cada una de las formas intercaladas siguientes, usándolas con el significado equivalente al del texto:

1. *¿sabes?* (5)   5. *antes de nada* (17)
2. *¿verdad?* (6)   6. *desde luego* (20)
3. *¡vaya!* (16)   7. *¡claro que sí!* (42)
4. *mira* (16)   8. *¿eh que sí?* (47)

4. Observe:

• tenemos que llamar a Clara *para darle* la enhorabuena (5-6).

> subordinada final

• Yo no soy una lectora de novelas, *así que no tiene* nada de extraño que no la conozca... (35-36).

> subordinada consecutiva

• estoy satisfecho *porque* la crítica *ha recibido* muy bien la última (38-39).

> subordinada causal

• *Si lo vieras,* Clara, te enamorarías de él (48).

> subordinada condicional

Según ello, haga tres frases con cada una de las formas indicadas.

5. Complete con las partes que faltan, y controle luego con el texto:

–¡ .... de mi cumpleaños! ¡Qué alegría!
–Jorge, ¿a ver si .... quién ha venido .... ?
–¡Clara! ¡Qué agradable .... ! Nos hemos .... de tu promoción, ¿sabes? Lo decíamos .... con Sofía: tenemos que .... a Clara para darle .... , ¿verdad Sofía?

–¿Y .... os habéis enterado? ¿Quién os .... ?
–Encontré por .... a Enriqueta y me dijo que eras tú .... de producción de
   la empresa...
–.......... charlar aquí en .... y tener a Clara .... , ¿por qué .... al salón?
   (2-11).

6. Diga brevemente:

   • qué personaje del diálogo le gustaría ser y por qué;
   • cuál es el personaje que le cae más simpático/antipático y por qué;
   • qué escribiría a un amigo que va a casarse dentro de poco.

7. Escriba una redacción sobre uno de los siguientes temas:

   • Festividades, onomásticas, cumpleaños.
   • Felicidades, obsequios y regalos.
   • Costumbres de mi país en relación a festividades personales, familiares y
     sociales.
   • Éxitos y fracasos de mi vida.

8 Pidiendo informaciones

	[en la carretera *a las puertas* de Madrid]
Antonio:	(a un señor) Oiga, ¿hay aquí cerca un aparcamiento donde pueda dejar el coche *unos* días...?
Señor:	Se dice «por favor», que yo no *tengo la obligación* de dar informaciones a nadie.
Antonio:	¡Váyase al *diablo...*!
	[en una gasolinera]
	Oiga, por favor, tendría usted la amabilidad de indicarme, si no es molestia...
Empleado:	Diga lo que tenga que decir porque *si no*, estamos aquí hasta mañana. ¿En qué puedo servirle?
Antonio:	¿Sabe usted si hay un aparcamiento...?
Empleado:	Sí, mire, ahí detrás hay uno grandísimo. Más adelante verá usted la indicación... De todos modos, está ahí a la vuelta de la esquina...
Antonio:	Oiga, ¿sabe usted por casualidad si hay allí un medio de transporte que lleve al centro...?
Empleado:	Eso no se lo sé decir, lo siento.
Antonio:	Bueno, *no importa*, muchas gracias.
	[en el aparcamiento]
	(al guarda) Oiga, por favor, ¿qué horario tiene el aparcamiento? ¿Está abierto por la noche...?
Guarda:	Lo dice muy claro el cartel que tiene usted aquí delante: «Este garaje permanece abierto durante las veinticuatro horas del día». ¡Qué manía tiene la gente de preguntar por el gusto de preguntar!
Antonio:	¡Bueno, no lo había visto! Y otra vez sea más educado, que un poco de *cortesía no está de más...*
Guarda:	Pues otra vez abra los ojos y no pregunte *porque sí...*
	[en la calle]
Antonio:	(a una señora) Oiga, por favor, ¿puede usted darme una información?
Señora:	Si puedo, *con mucho gusto.*
Antonio:	¿Sabe usted *decirme* si pasa por aquí un autobús que lleve a la estación de Atocha?
Señor:	Alguno debe de haber, pero en este momento... no estoy segura..., *quizá* el cincuenta y seis..., no, no...
Antonio:	Nada, *no se preocupe,* lo pregunto a otra persona.
Señora:	Más vale, yo no soy de aquí, sabe...

Antonio:	(a un muchacho) Oye, perdona, ¿sabes si el cincuenta y seis lleva a Atocha?
Muchacho:	¿A la estación, dice usted? No, el circular va allí.
40 Antonio:	*¿Qué es eso del* circular?
Muchacho:	Es un autobús que hace el recorrido del perímetro de la ciudad. Allí *en el centro* de la plaza tiene usted la parada...
Antonio:	Muchas gracias, muy amable.
	[en la parada]
45	(a una señora) Oiga, dice que el billete no se puede comprar en el autobús, ¿es así?
Señora:	Así es.
Antonio:	¿Y dónde se compran? *¿Puede usted decírmelo?*
Señora:	Sí, hombre, con mucho gusto. Mire, allí tiene una máquina auto-
50	mática, y si no, hay que comprar la tarjeta, sabe, con diez viajes, en las Cajas de Ahorro. Si quiere, le vendo yo uno...
Antonio:	Sí, será mejor, si no pierdo el autobús, que veo que está llegando... *Se lo agradezco mucho.*
	[en la estación]
55	(a un señor) ¡El primer tren *para* Salamanca, por favor!
Señor:	Mire yo no soy un empleado. Pregúntelo en la taquilla y se lo dirán. Y si no, en informaciones...
Antonio:	*Disculpe* por *el despiste* ¡eh!
	[en la taquilla]
60	(a la taquillera) ¿Tiene usted *la bondad* de decirme a qué hora sale el tren para Salamanca?
Taquillera:	Yo decírselo se lo digo, pero toda la estación está llena de horarios: los tablones de anuncios, los paneles luminosos... Dígame usted: si no es para que ustedes los consulten, ¿para qué están?

Ejercicios orales

1. Conteste brevemente con sus propias palabras

1. ¿Qué le pasa a Antonio cuando pide información a la primera persona que encuentra al entrar en la ciudad?
2. ¿Qué le pasa cuando por segunda vez pide información al empleado de la gasolinera?
3. ¿Qué le contesta el empleado?
4. ¿Por qué el guarda del aparcamiento contesta airado a Antonio?
5. ¿Qué pregunta Antonio a la señora que está en la parada del autobús?
6. ¿Qué quiere saber Antonio sobre los billetes del autobús?

7. ¿Qué le ocurre a Antonio en la estación al informarse sobre el tren que va a Salamanca?

2. Ampliemos el tema con situaciones similares:

A) Peter, un estudiante inglés, quiere seguir un curso de español para extranjeros. Va, pues, a la secretaría de los cursos para pedir informaciones.

Complete las partes que faltan del diálogo:

Secretaria: Buenos días, ¿en qué puedo .... ?
Peter: Buenas. Me gustaría .... ¿ .... usted decirme .... ?
Secretaria: .... , vamos a ver. ¿Tú conoces .... ?
Peter: Muy poco. He pasado en España .... , pero ....
Secretaria: Pues mira: este curso de verano ....
Peter: ¿Cuánto .... ?
Secretaria: Va desde .... a .... Tenéis clase .... y los profesores ....
Peter: ¿ .... la matrícula?
Secretaria: Es de .... y están incluidos ....
Peter: ¿.......... el alojamiento?
Secretaria: Puedes escoger entre ....
Peter: .... en una familia porque .... ¿Podría usted .... ?
Secretaria: Eso tienes que preguntárselo a .... : es él ....
Peter: ¿ .... durante el invierno?
Secretaria: Claro que sí. Duran .... y al final del curso ....
Peter: ¿ .... un examen para .... ?
Secretaria: No, sólo ....
Peter: ¿Qué documentos .... ?
Secretaria: En este folleto ....
Peter: Muchas gracias. ¿ .... termina el plazo .... ?
Secretaria: Tienes tiempo hasta .... , pero yo te aconsejo .... porque hay muchas solicitudes.
Peter: ¿Puedo llamarla si .... ?
Secretaria: Sí .... el número. De todos modos, aquel señor es .... : si necesitas ....
Peter: ¡Qué suerte! Voy inmediatamente ....

B) Pablo y Lola quieren pasar la Semana Santa en el extranjero. Van a una agencia de viajes para ver dónde podrían ir:

Complete las partes que faltan en el diálogo:

Empleado: ¿ .... ?
Pablo: .... saber ....
Empleado: ¿Prefieren .... ?
Pablo: .... a un país nórdico.

Lola: No, no .... haga calor.
Empleado: Entonces, tenemos este viaje a Grecia: es ....
Pablo: ¿Cuánto .... ?
Empleado: .... una semana y el precio ....
Lola: ¿ .... en avión?
Empleado: Sí, se sale .... El primer día .... y después un autocar ....
Pablo: ¿Qué ciudades .... ?
Empleado: .... clásicas, con visitas guiadas ....
Lola: ¿.......... la playa?
Empleado: Por supuesto. .... en la islita de Egina, donde .... Allí podréis comer .... y por la noche ....
Lola: ¡Qué .... ! ¿Qué trajes .... ?
Empleado: .... , pero no se olvide un jersey porque ....
Pablo: ¿ .... el pasaporte?
Empleado: No, ... En cuanto al dinero, podéis ....
Pablo: ¿ .... o dólares?
Empleado: Yo llevaría .... : es más fácil ....
Pablo: ¿Qué idioma .... ?
Empleado: .... inglés. Pero un empleado nuestro .... , así que no ....
Pablo: Me parece .... , ¿eh Lola?
Lola: Sí, sí ....
Empleado: Pues rellenen .... y ya les avisaré ....
Lola: ....

C) Ángela acaba de diplomarse como secretaria-intérprete y está buscando un trabajo que le guste y que esté bien retribuido. Va, pues, a una agencia de colocación.

Imagine el diálogo entre ella y el empleado, que le da todas las informaciones necesarias.

D) Un turista quiere ir a visitar el parque nacional de los Pirineos, pero se ha extraviado porque no conoce el camino. Encuentra a un policía y le pide a él las informaciones para llegar allá.

Imagine el diálogo entre ellos.

E) Isabel ha decidido matricularse en la universidad, pero no sabe bien qué facultad escoger, si Filosofía y Letras, Ingeniería, Medicina, Arquitectura, Derecho..., pesando, sobre todo, en las posibilidades de trabajo una vez terminada la carrera. Por eso, va a hablar con unos amigos que hacen carreras distintas para saber qué opinan y para saber cómo son los cursos, las asignaturas...

Imagine el diálogo entre ellos.

3. Sustituya las palabras, frases o partículas en cursiva por otras equivalentes que usted conozca y que puedan reemplazarlas en el texto.

4. Complete las frases de los grupos siguientes con una de las voces indicadas en cada uno de ellos:

A) *cerca* (2) / *acerca*

    1. Viven muy .... el uno del otro.
    2. El debate fue .... del aprovechamiento de las basuras.
    3. .... del río hay un bosque.
    4. No te sientes demasiado .... del fuego.
    5. El detective está indagando .... de la desaparición de las pruebas.
    6. Pon la tumbona .... de la piscina.

B) *detrás* (13) / *atrás*

    1. ¡Vaya un poco más .... porque me está empujando!
    2. En las clases se ponen siempre .... para poder charlar.
    3. Equivocamos el sendero y tuvimos que ir ....
    4. Yo iba delante, mi hermano ....
    5. Años .... , vivíamos en un pueblo.
    6. ¿Qué has escondido allí .... ?

C) *esquina* (14) / *rincón*

    1. Puso las escobas en .... del trastero.
    2. Su casa hace .... con la calle Mayor.
    3. Se apartaron en .... del mundo y nadie volvió a saber nada de ellos.
    4. Se dieron cita para las cinco en ....
    5. ¡Consuelo, por favor, quite el polvo de .... !
    6. El Banco Central está justo en ....

D) *deber de* (33) / *deber*

    1. No .... (tú) responderles de este modo a tus superiores.
    2. ¿Oyes las sirenas?: .... haber habido un incendio.
    3. No tengo hora pero .... ser las seis.
    4. .... (nosotros) estar en el aeropuerto una hora antes de la salida del avión.
    5. ¿ .... (yo) decírselo o no?
    6. Hace tiempo que no les vemos: .... (ellos) estar fuera.

E) *mucho* (43) / *muy* (43)

    1. Hace .... que no tenemos noticias de ella.
    2. Estamos .... cansados del viaje.

3. Aquel chico habla ....
4. He pensado .... en lo que me has dicho.
5. Mi prima es .... mayor que yo, pero parece .... joven.
6. Es .... útil hacer .... deporte.

F) *agradecer* (53) / *agradar*

1. Le .... (yo) mucho la planta que me regaló.
2. No nos .... su conducta.
3. Nunca le .... (ella) los favores que le hace.
4. No me .... nada que construyan un edificio aquí delante.
5. Ahora sí que me .... (yo) tomar un helado.
6. ¿Le .... su modo de tocar el piano?

5. Forme el sustantivo derivado de la palabra entre paréntesis, y controle luego con el texto:

1. Tiene .... (obligar, 4) de presentarse en la comisaría de Policía para obtener el permiso.
2. .... (gasolina, 7) está justo al lado de .... (aparcar, 12).
3. Los niños del piso de arriba nos dan mucha .... (molestar, 9).
4. No veo ninguna .... (indicar, 14) de «prohibido aparcar».
5. Dé .... (volver, 14) al pasillo y encontrará los lavabos.
6. Han publicado .... (hora, 20) de verano de trenes.
7. Es persona de gran .... (cortés, 26).
8. Había gente a lo largo de todo .... (recorrer, 41) para ver pasar a los ciclistas.
9. .... (taquilla, 60) tuvo .... (despistarse, 58) y me dio un billete de primera clase.
10. Hoy día las revistas están llenas de .... (anunciar, 63).

6. Observe:

• en la *carretera*, a las puertas de Madrid (1).

Los sustantivos siguientes indican tipos de camino y espacios urbanos:

CALLE	CALLEJÓN	CALZADA	BULEVAR	ACERA
AUTOVÍA	PLAZA	AUTOPISTA	MANZANA	BOCACALLE
CARRETERA	ESQUINA	CAMINO	GLORIETA	PASEO

Complete con el sustantivo adecuado:

1. Han derribado toda esta .... de casa viejas para construir en este espacio cuadrado un auditorio.
2. No caminéis por .... porque es por donde pasan los coches.

3. Las carreteras con dos carriles y con doble dirección en las que no se paga peaje se llaman ....
4. Está prohibido aparcar los coches encima de .... porque estorba el paso de los peatones.
5. No entremos en este .... porque hay un cartel que avisa que se trata de .... sin salida.
6. .... Mayor de Madrid es rectangular y en el centro está la estatua ecuestre de Carlos V.
7. El semáforo está en .... de esta misma calle.
8. En .... que va de Barcelona a Madrid se puede pagar el peaje con tarjeta magnética.
9. .... es un espacio ajardinado en el que desembocan radialmente varias calles.
10. .... es un camino asfaltado que une dos pueblos o ciudades.
11. Los excursionistas se adentraron en el bosque siguiendo un pequeño ....
12. Viven en .... estrecha y maloliente de un barrio poco recomendable.
13. Nos hemos dado cita en una cafetería que se encuentra en la calle de San Juan .... calle de San Bernardo.
14. Aquí en Madrid las avenidas o calles muy anchas con árboles se llaman con el nombre francés de ....
15. En casi todos los pueblos y pequeñas ciudades de España hay una calle importante y amena apropiada para pasear que se llama ....

7. Observe:

   • ¿Sabe usted por *casualidad* [...] (15) (casualidad < casual).
   • un poco de *cortesía* no está de más... (26) (cortesía < cortés).

   Forme el sustantivo abstracto del adjetivo entre paréntesis:

   1. Nos ha dado mucha .... (alegre) verte.
   2. Le gusta vivir en absoluta .... (solo).
   3. Tiene una gran .... (fácil) para las matemáticas.
   4. Su .... (cobarde) se ha manifestado claramente en esta ocasión.
   5. Es persona de gran .... (bueno) y .... (generoso).
   6. Los patriotas combatieron con gran .... (valiente) por su .... (libre) y .... (autónomo).
   7. Esta empresa se distingue por su .... (serio).
   8. Es mujer de gran .... (sensible).
   9. Extraño mucho la gran .... (tranquilo) del campo en que pasé mi infancia.
   10. Entre nosotros hay mucha .... (familiar).

8. Observe:

   A) • [...] donde pueda dejar el coche *unos* días (2-3)
      • Y *otra* vez sea más educado (25).

Complete con *un-o-os-a-as* o deje en blanco cuando se requiera:

1. Nos veremos .... otro día.
2. A mediodía siempre comemos .... bocadillos.
3. Dame .... duros para comprar el periódico.
4. Me faltan .... fichas para hacer una llamada internacional.
5. No he visto .... semejante cortesía en toda mi vida.
6. Tendrán que hacerle .... otro chequeo.
7. Se despertó a las ocho y .... cuarto.
8. ¡No digas .... cosa semejante!

B) • Se *dice* «por favor», que yo no *tengo* la obligación de dar informaciones a nadie (4-5).

Conjugue el verbo entre paréntesis en el tiempo de indicativo adecuado.

1. Seguro que no .... (nosotros, poder) ir de vacaciones este verano.
2. Ayer me .... (ellos, poner) una multa y .... (yo, tener) que pagarla en el acto.
3. ¿Qué .... (ellos, decir) anoche por radio?
4. .... (él, dormir) toda la tarde porque .... (él, tener) mucho sueño.
5. ¿No me .... (vosotros, traer) unos tomates del huerto?
6. Los guardias civiles les .... (detener) mientras .... (ellos, tratar) de pasar la frontera.
7. ¿Quién .... (saber) si alguna vez .... (saberse) la verdad de lo ocurrido?
8. El cantautor .... (componer) esa obra en dos días.

C) • no tengo la obligación de dar informaciones a *nadie* (4-5).

Complete con *alguien, nadie, algún-o-os-a-as, ningún-o-os-a-as*:

1. ¿ .... de ustedes ha traído las herramientas?
2. –¿Quieres .... caramelo? –No, no quiero ....
3. Aquí no hay .... dispuesto a hacer .... favor.
4. –¿Tienen ustedes .... conocido en la embajada? –Sí, tenemos ....
5. No tiene .... mérito pasar el examen copiando.
6. –¿Viste a .... durante el paseo? –Sí, vi a .... amigos.
7. ¿ .... quiere tomar un zumo de naranja? –No, ...
8. .... de estos vestidos son de seda.

D) • Yo decír*selo se lo* digo (62).

Transforme sustituyendo las partes en cursiva por los pronombres-complemento:

1. ¡Da *a él las gracias*!
2. No quiere decir *a mí lo que ha hecho*.

3. La agencia entregará *a ti los billetes* la semana que viene.
4. Arreglaron *a ella los tacones de los zapatos* en una hora.
5. Deseamos *a ustedes que pasen felices vacaciones.*
6. Están escribiendo *a nosotros una carta.*
7. –¿Regalamos *a José un cenicero?* –Sí, regalemos *a él un cenicero.*
8. Ha dicho *a ustedes esto* con mucho tacto.

9. Complete con la preposición, y controle luego con el texto:

1. Se despidieron .... la puerta de la iglesia (1).
2. Estuvieron velando el cadáver .... la madrugada (10).
3. Bienvenidos: ¿podemos servirles .... algo? (11).
4. El metro lleva .... las afueras de la ciudad (16).
5. Tiene la manía .... meterse los dedos en la nariz (24).
6. Lo dice sólo .... el gusto de fastidiar (24).
7. Seguro que este autobús no pasa .... el centro (31).
8. ¿Es éste el tren .... Zaragoza? (55).
9. –¿Puedo pagar con un cheque? –Pregúntelo .... caja (56).
10. Este aparato sirve .... tostar el pan (64).

10. Observe:

A) • ¿hay aquí cerca un aparcamiento donde *pueda* dejar el coche? (2).
   • Diga lo que *tenga* que decir (10).

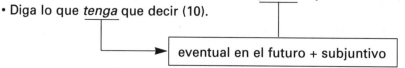

eventual en el futuro + subjuntivo

Según ello, conjugue el verbo entre paréntesis:

1. Tenemos que comprar un coche que .... (él, caber) en nuestro peque-ño garaje.
2. Aquí no hay un rincón donde .... (uno, poder) estar tranquilo.
3. Buscamos una chica que .... (cuidar) de los niños.
4. Déme una sandía que no .... (pesar) más de dos kilos.
5. Le comunicaré lo que .... (yo, decidir).
6. ¿Conoces algún restaurante que .... (él, costar) poco?
7. Le daré la información en cuanto me la .... (él, pedir).
8. Iremos a la estación a recogerle cuando .... (nosotros, saber) la hora de su llegada.

B) • ¿*Sabe* usted *si hay* un aparcamiento...? (12).

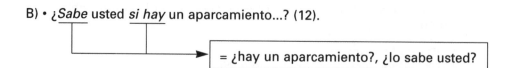

= ¿hay un aparcamiento?, ¿lo sabe usted?

Según ello, una las dos frases transformándolas:

1. ¿Está enfadado su padre? ¿Lo sabes tú?
2. ¿Cierran a mediodía? ¿Puede usted decírmelo?
3. ¿Cuestan mucho las naranjas? ¿Puedes decírnoslo?
4. ¿Viven aquí los señores Gómez? ¿Lo sabe usted?
5. ¿Hay un guardia en la calle? ¿Lo ves tú?
6. ¿Se puede comprar directamente en la fábrica? ¿Lo sabes tú?
7. ¿Hacen descuentos en aquella tienda? ¿Lo sabe Teresa?
8. ¿He apagado la luz? ¿Lo recuerdas tú?

C) • _Más vale,_ yo no soy de aquí (36).

= es mejor

Según ello, transforme:

1. Es mejor que no entres.
2. Es mejor sentarnos aquí.
3. Es mejor que te quedes un rato más.
4. Es mejor dejar la tarta un ratito más en el horno.
5. Es mejor no decirle nada.
6. Es mejor no comer a deshora.

D) • si no es _para que_ ustedes los _consulten_ [los horarios] (64).

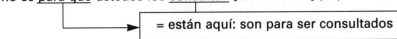

= están aquí: son para ser consultados

Según ello, una las dos frases transformándolas:

1. La lámpara está aquí: es para iluminar mejor el escritorio.
2. Te dejó las llaves en la portería: son para poder entrar vosotros.
3. Le deletreo el nombre: es para comprenderlo mejor usted.
4. Les presentamos el libro: es para leerlo ustedes.
5. Te lo digo: es para saberlo tú.
6. Le dejo aquí una nota: es para no olvidarse usted.
7. Te doy mis gemelos: son para ver mejor el paisaje.
8. Me presta sus apuntes: son para estudiarlos yo.

11. Observe:

• _Si quiere,_ le vendo yo uno... (51).

Según ello, conjugue el verbo entre paréntesis:

1. Si tú .... (tener) prisa, coge un taxi.
2. Si no se me .... (oir) en las últimas filas, utilizaré el micrófono.

3. Si nos .... (ustedes, enviar) sus señas, les remitiremos nuestro catálogo.
4. Si .... (yo, acertar), la quiniela, hago un viaje al Extremo Oriente.
5. Si nos lo .... (usted, devolver) esta misma tarde, le prestamos el manuscrito
6. Si no le .... (apetecer) zumo de pomelo, le hago otra cosa.
7. Si les .... (aburrir) ese juego, déjenlo.
8. Si no .... (ustedes, encontrarse) bien en esta habitación, mañana les pasamos a otra.
9. Si .... (yo, sentir) dolor se lo digo.
10. Si nadie .... (poder) atenderme ahora, paso otro rato.

Ejercicios de escritura: hacia la redacción

1. Conteste en unas pocas frases:

   1. ¿Por qué Antonio pregunta por una aparcamiento, un autobús y por la estación de Atocha?
   ....

   2. ¿Qué le ocurre al preguntar por el aparcamiento?
   ....

   3. ¿Qué le ocurre al informarse del autobús?
   ....

   4. ¿Qué le ocurre en la estación de Atocha?
   ....

2. Conteste expresando sus opiniones:

   1. ¿Cómo encuentra usted a Antonio?
   ....

   2. ¿Cómo definiría usted a las personas a quienes Antonio pide informaciones?
   ....

   3. ¿Qué haría usted en el caso de encontrarse en la misma situación de Antonio?
   ....

3. Complete con las partes que faltan, y controle luego con el texto:

   –¿Sabe usted decirme .... por aquí un autobús que .... a la estación de Atocha?

–Alguno .... haber, pero en este momento... no .... segura, quizá el cincuenta y seis.
–Nada, no .... , lo pregunto a ....
–Más .... , yo no .... de aquí, sabe...
–(a un muchacho) Oye, ... , ¿ .... si el cincuenta y seis lleva a Atocha?
–¿A la estación .... usted? No, el circular ....
–¿Qué .... del circular?
–Es un autobús que .... el recorrido del .... de la ciudad (31-41).

4. Observe el uso de la coma:

• Oiga, por favor, tendría usted la amabilidad de indicarme, *si no es molestia...* (8-9)

incisos

Ponga las comas, y controle luego con el texto:

–Sí hombre con mucho gusto. Mire allí tiene una máquina automática y si no hay que comprar la tarjeta sabe con diez viajes en la Caja de Ahorros... Si quiere le vendo yo uno...
–Sí será mejor si no pierdo el autobús que veo que está llegando... Se lo agradezco mucho.
[en la estación]
–(a un señor) ¡El primer tren para Salamanca por favor! (49-55).

5. Observe el uso de los dos puntos:

• Lo dice muy claro el cartel que tiene usted aquí delante: «Este garaje permanece abierto durante las veinticuatro horas del día» (22-23).

anuncio

Ponga las comas y los dos puntos, y controle luego con el texto:

Yo decírselo se lo digo pero toda la estación está llena de horarios los tablones de anuncios los paneles luminosos... Dígame usted si no es para que ustedes los consulten ¿para qué están? (62-64).

6. Según los elementos que le proporciona el diálogo:

• conteste al siguiente anuncio del periódico: «Se alquilan pisos, oficinas y estudios: pídanos directamente información»;
• escriba una carta a un amigo, que vive en las afueras de Madrid, para saber cómo llegar a su casa en coche desde Zaragoza, y conteste a la misma;

- reproduzca el diálogo entre usted, que quiere comprar una caravana, y el empleado que le atiende dándole informaciones detalladas sobre los distintos tipos y ventajas que ofrece cada una de ellas.

7. Escriba una redacción sobre uno de los siguientes temas:

- Informarse y autoinformarse.
- La Ley no admite ignorancia.
- Funcionarios de la Administración Pública al servicio del ciudadano.

9 Hablando de trabajo

Rosa: ¿Tú también aquí, esperando el autobús?

Tere: ¿Por qué? ¿Te *extraña*?

Rosa: Sí, creía que ibas en coche a la oficina...

Tere: No, cojo siempre el autobús, pero el de las siete y media. El coche lo
5   vendimos...

Rosa: ¡El de las siete y media! ¡Qué barbaridad! ¡*Te toca* levantarte tempranísimo!

Tere: A las seis, pero mi marido se levanta a las cinco y media, porque desde
     que trabaja en esa *fábrica* de tejidos...

Rosa: ¡Ah! No sabía que trabajaba en una fábrica... ¿No estaba de depen-
10   diente en una zapatería...?

Tere: Sí, pero es que le *despidieron*, mejor dicho, no es que lo despidieran, pero
     cerraron la tienda por *suspensión de pagos* y como es *lógico* echaron a *todo*
     el personal.

Rosa: ¡Pues habréis pasado *un buen mal rato* con todo esto!

15 Tere: ¡No te digo! Pasó tanto tiempo buscando trabajo sin *conseguirlo*, hasta
     que al final vio en *el periódico* un anuncio para esa fábrica donde está
     ahora, le cogieron para *una temporada* de prueba y al cabo de tres meses
     le contrataron. Fue un alivio, porque estaba desanimado y muy ner-
     vioso.

20 Rosa: *Me hago perfectamente cargo.* ¿Y qué tal le va este trabajo?

Tere: Está contento porque le *tienen mucha consideración* y el sueldo no está mal,
     pero, *claro*, para uno que ha hecho de dependiente toda la vida, acos-
     tumbrado al contacto con el público...

Rosa: *Desde luego*, es otra cosa. Yo también hago este trabajo, como tú sabes...

25 Tere: ¿Pero no estudiabas en la Universidad?

Rosa: *Me cansé* de los estudios y lo dejé. *Me di cuenta de* que no era vida para
     mí, y entré en la perfumería de la señora Adela, *¿te acuerdas?*

Tere: Pues no, francamente, en este momento no *la tengo presente*...

Rosa: Sí, mujer, esa señora bastante gorda que *hacía de* modista y tenía un
30   tallercito detrás de las escuelas...

Tere: ¡Ah, sí, ya recuerdo!

Rosa: Pues un buen día dejó *la costura* y el taller, porque cuando empezó lo
     del prêt-à-porter y la confección no ganaba nada, y *puso* una perfume-
     ría. Me dijo que necesitaba una dependienta que fuera bastante *mona*,
35   bueno, que tuviera buena presencia, y si quería probar a ver si me gus-
     taba. Y allí fui y allí me quedé.

Tere: Es una vida bastante sacrificada también...

Rosa: Sí, claro, *prácticamente* estoy todo el día allí y siempre de pie... Como la
          tienda queda lejos de casa, no *me da tiempo* de venir a comer y almuerzo

40   en un bar allí cerca, bocadillos y esas cosas...

Tere: *Llegarás* a casa muerta de cansancio...

Rosa: Sí, pero hago muy a gusto este trabajo. Si no fuera por las piernas...

Tere: Es una suerte. Yo hago mi trabajo *de muy mala gana*, porque es aburri-
          dísimo. Siempre *lo mismo:* abrir *la correspondencia,* clasificar los papeles,

45   *pasar* a máquina lo que me tienen preparado... Llevo una vida haciendo
          lo mismo. Además te diré que no es un buen ambiente: mucho *cotilleo,*
          mucho *chisme...,* ya sabes...

Rosa: Pero tú vuelves a casa *pronto,* ¿verdad? Como veo que vas tan *de mañana...*

Tere: Sí, hacemos jornada de trabajo continua, que tiene sus ventajas y sus

50   desventajas, no creas... A las tres salgo *del despacho,* pero no llego a casa antes
          de las cuatro. Y luego me esperan *las labores de casa:* guisa, lava, plancha...

Rosa: ¿Atiendes la casa también? ¿No tienes a nadie que te ayude?

Tere: Tengo que hacérmelo todo yo, *por fuerza.* Hemos pasado una tempora-
          da muy mala con el paro de Enrique, así que *de momento* no puedo per-

55   mitirme el lujo de tener una mujer en casa, que al final me tocaría darle
          todo lo que gano... *Quizá* dentro de algún tiempo, cuando...

Rosa: ¡Mira, que llega el autobús, Tere! A ver si nos vemos algún día...

Tere: A ver... Adiós, Rosa, *me ha alegrado mucho* verte...

Ejercicios orales

1. Conteste brevemente con sus propias palabras:

   1. ¿Por qué Rosa y Tere se encuentran casualmente en la parada del autobús?
   2. ¿Qué le ha ocurrido con el trabajo al marido de Tere?
   3. ¿Cómo le va el nuevo empleo al marido de Tere?
   4. ¿Qué cuenta Rosa de sus estudios y de su nuevo trabajo?
   5. ¿Qué cuenta Tere del trabajo que hace en la oficina?
   6. ¿Qué hace Tere al salir de la oficina?
   7. ¿Qué cuenta Tere de su situación familiar actual?

2. Ampliemos el tema con situaciones similares:

   A) Luis es obrero en un taller mecánico y José es empleado en una firma de
      importación y exportación. Los dos están hablando de sus respectivos tra-
      bajos.

Complete las partes que faltan del diálogo:

Luis: .... : todas las mañanas .... para estar en ....
José: Yo no empiezo .... , pero .... muy tarde.
Luis: ¿Vas .... ?
José: De momento prefiero .... : es más cómodo y no hay problemas
         .... ¿Y tú?
Luis: .... porque no lo tengo, así que ....
José: ¿ .... y tu trabajo?
Luis: ¡Al contrario! .... colocando piezas y hay tanto ruido que ....
         ¿Y tú qué .... ?
José: .... comercial con el extranjero: .... y al mismo tiempo ....
         inglés.
Luis: Tienes mucha suerte. ¿Cómo .... ?
José: .... y últimamente me lo han subido. Incluso he podido ....
Luis: ¿Pero antes no trabajabas .... ?
José: Sí, ... , pero .... Lo malo es .... restaurante.
Luis: ¿No .... comedores? Nosotros sí, pero .... : yo prefiero ....
         y ....
José: ¿ .... vacaciones?
Luis: Sólo podemos .... Este año, probablemente, ... porque hay
         menos gente y ....
José: A mí también .... , pero .... ¿Cómo son .... ?
Luis: Bastante simpáticos, pero .... y ganan más. Yo .... mientras
         que ellos .... ¡Así es la vida!

B) Están transmitiendo por televisión una entrevista a un famoso cantautor
que ha llegado a ser lo que es por pura casualidad.

Complete las partes que faltan del diálogo:

Locutor: ¿Cómo llegó .... ?
Miqui: Bueno, cuando era niño .... , pero mis padres .... No que-
          ría estudiar, así que ....
Locutor: ¿Se encontraba .... ?
Miqui: ¡Ni hablar! .... vendiendo zapatos. Puede usted imaginar: algu-
          nos clientes ....
Locutor: Así que decidió ....
Miqui: Exacto. Estuve de conserje .... y siempre .... canción.
Locutor: De ese modo encontró .... famoso y ....
Miqui: Y fue mi suerte. Mientras subía a su habitación .... , me oyó
          .... y me propuso ....
Locutor: ¿Usted .... ?
Miqui: En un primer momento .... , pero fue tan persuasivo ....
Locutor: ¿Cuándo grabó .... ?
Miqui: Hace .... : no fue .... y a mí tampoco me gustaba, pero ....
Locutor: ¿ .... hoy?
Miqui: La verdad es que soy .... Tengo .... y puedo ....
          Además mi mujer ....

Locutor: ¡Tienen hijos!
Miqui: ...., pero pensamos .... Somos bastante jóvenes y ....
Locutor: ¿ .... viajar?
Miqui: .... me cansa un poco, de una parte ...., por otra puedes
         ....
Locutor: ¿ .... en el extranjero?
Miqui: .... y ya he vendido ....
Locutor: ¿Qué .... fans?
Miqui: Les diría que .... Luego, si ....

C) Lori, una chica de quince años, ha ido de excursión con la escuela y cuenta
   a su amiga Isabel qué tal le ha ido.

   Complete las partes que faltan del diálogo:

Lori: .... al amanecer en .... y sólo nos paramos ....
Isabel: ¿ .... el paisaje?
Lori: ¡ .... ! Se veía .... y las montañas .... El pueblo .... y las
         personas que encontramos ....
Isabel: ¿ .... típico?
Lori: Sí, el castillo: .... Había además un jardín botánico ....
Isabel: ¿ .... fotos?
Lori: Por supuesto, ... cuando me las hayan revelado. A mediodía
         ....
Isabel: ¿Qué comiste?
Lori: Había .... : .... Yo tomé ....
Isabel: ¿ .... la tarde?
Lori: .... que está cerquita: el agua .... Queríamos .... pero
         .... demasiado fría.
Isabel: ¿Entonces qué .... ?
Lori: Visitamos .... A las cinco más o menos, ... ¡Deberías ver la
         cantidad de cuadros .... !
Isabel: ¿Cómo fue .... ?
Lori: Estábamos .... y algunas chicas .... en el autocar. Yo preferí
         .... Atravesamos ....
Isabel: ¿A qué hora .... ?
Lori: .... ya de noche. Pero antes .... una pequeña cena .... , así
         que casi nadie .... Llegué a casa .... y menos mal que al día
         siguiente ....

D) Pablo acaba de ver una película de ciencia ficción que le ha gustado mucho.
   Al volver a casa, se la cuenta con todo detalle a su padre, que parece muy
   interesado en ello y le hace muchas preguntas.

   Imagine el diálogo entre ellos.

E) Susana es azafata de avión. Hablando con su amiga Encarna, le cuenta su actividad y sus viajes.

Imagine el diálogo entre ellas.

F) Carmen acaba de casarse, pero no está acostumbrada a las labores domésticas, que la tienen ocupada todo el día y la aburren. Lo comenta con una amiga.

Imagine el diálogo entre ellas.

G) Mi marido es un hombre de negocios. Siempre está de viaje contratando clientes, visitando firmas, etc. Cuando vuelve a casa, lo comenta conmigo.

Imagine el diálogo entre nosotros.

H) Al volver de las vacaciones-estudio en el extranjero, dos amigas hablan de sus experiencias, de su vida, de las clases, de las personas que conocieron, de las costumbres, etc.

Imagine el diálogo entre ellas.

3. Sustituya las palabras, frases o partículas en cursiva por otras equivalentes que usted conozca y que puedan reemplazarlas en el texto.

4. Complete las frases de los grupos siguientes con una de las voces indicadas en cada uno de ellos:

A) *ir* (3) /*venir* (39)

1. Ahora me .... bien tomar un buen café.
2. No nos .... (ustedes) con excusas: su comportamiento es injustificable.
3. ¿ .... (usted) mañana a la verbena que organizamos aquí?
4. Estos guantes no te .... bien: son demasiado estrechos.
5. Yo allí no .... jamás.
6. .... (vosotros) a la ventanilla número tres.

B) *rato* (14) / *momento*

1. Tendrá que esperar mucho .... antes de que pueda atenderle.
2. Tuvo .... de indecisión.

3. Estuvo llorando todo ....
4. –¿Puedo hablar con el señor Hernández? –Sí, ..., que se lo paso.
5. Hemos estado .... esperándoles: nos hemos cansado y nos hemos ido.
6. Terminó el trabajo en ....

C) *necesitar* (34) / *necesitarse*

1. No .... (yo) consejos de nadie.
2. .... mucho ánimo para afrontar una situación tan ardua.
3. Usted .... tomarse unos días de descanso.
4. .... dependienta que tenga buena presencia.
5. .... (ellos) que alguien les enseñe el funcionamiento de este ordenador.
6. Tu casa .... una buena limpieza.

D) *de pie* (38) / *a pie / al pie*

1. Se sentaron .... del árbol.
2. Siempre voy a la oficina ....
3. Se pasa todo el día ....
4. No vayas .... , coge un taxi.
5. El pueblo se halla situado .... del monte.
6. Cuando entró el director, todos se pusieron ....

E) *lejos* (39) / *lejano / lejanía*

1. Mi casa queda .... del centro de la ciudad.
2. Esa costumbre se remonta a tiempos ....
3. En .... se veían las velas de las embarcaciones.
4. Habla más fuerte porque te oigo muy ....
5. Estamos .... de alcanzar la completa igualdad entre los seres humanos.
6. Nos gustaría hacer un viaje a .... oriente.

F) *temporada* (53) / *estación*

1. ¿Cierran ustedes en plena .... de negocios?
2. Esta ópera se representó en .... de 1955.
3. La primavera es .... que prefiero.
4. Han sacado ya los modelos para .... de otoño.
5. Es una temperatura excesiva para esta ....
6. Llevamos .... muy mala.

5. Forme el derivado de la palabra entre paréntesis, y controle luego con el texto:

1. Está de .... (depender, 9) en los almacenes «El Siglo».
2. Han abierto .... (zapato, 10) de lujo en la esquina.

3. Le han aconsejado .... (suspender, 12) momentánea del tratamiento.
4. Pueden efectuar .... (pagar, 12) por giro postal.
5. He comprado la casa a través de .... (anunciar, 16) del periódico.
6. Antes de admitirle en la Universidad, ha tenido que superar .... (probar, 17) de aptitud.
7. Haber acabado con los plazos del piso ha sido un verdadero .... (aliviar, 18).
8. No le tengo ninguna .... (considerar, 21).

6. Diga la forma contraria de las palabras en cursiva, y controle luego con el texto:

   1. ¿Cuándo *comprasteis* la barca? (5).
   2. Anoche cenamos muy *tarde* (6).
   3. ¿A qué hora *se acuestan* ustedes? (7).
   4. El jefe de personal ha decidido *contratar* a varios empleados (11).
   5. Hoy los niños están *tranquilos* (19).
   6. ¡Qué *fea* es aquella chica! (34).
   7. Es *una desgracia* tener un marido como el tuyo (43).
   8. ¡Qué conversación *divertida* tiene ese escritor! (43).

7. Observe:

En la frase *puso una perfumería* (33) el verbo PONER podría sustituirse por el verbo MONTAR O ABRIR.

Sustituya el verbo *poner* por otro verbo más específico:

   1. Hemos *puesto* los abrigos en el perchero de la entrada.
   2. *Pongamos* bien las sábanas al sol para que se sequen y se arruguen lo menos posible.
   3. No *pongas* demasiada sal en la ensalada.
   4. Donde dice remitente *ponga* su nombre y su dirección.
   5. Me *pusieron* una multa por exceso de velocidad.
   6. Hemos *puesto* varios árboles frutales en nuestro jardín.
   7. Hay un aviso que dice: Prohibido *poner* carteles en esta pared.
   8. *Ponga* esta pomada sobre la quemadura dos veces al día.
   9. Este problema está mal *puesto*.
   10. El camarero indica a los comensales donde tienen que *ponerse*.
   11. *Pongamos* las sillas alrededor de la mesa.
   12. La señorita de Correos me ha dicho que *ponga* los sellos en esta parte del sobre.
   13. El periódico de la mañana no *pone* nada de lo que ocurrió ayer en el Parlamento.
   14. No he podido ir al entierro pero le he *puesto* un telegrama.
   15. *Pónganse* ustedes mismos la salsa que deseen.
   16. Esta noche *ponen* una película del Oeste en la primera cadena de televisión.

17. Han *puesto* al recién nacido el nombre de su padre.
18. El fontanero nos ha *puesto* la lavadora en el cuarto de baño.
19. *Puso* la camioneta en un vado permanente y se la llevaron con una grúa.
20. *Pon* que venga toda ese gente que dices: ¿dónde la vamos a meter?
21. Tendrías que *poner* unas gotas más de licor en este pastel.
22. Si se *pone* usted encima de la escalera le resultará más fácil cambiar la bombilla de la lámpara.

8. Observe:

• estaba *desanimado* y muy *nervioso* (18-19).

Los adjetivos siguientes indican distintos estados de ánimo:

DESESPERADO	EXALTADO
RADIANTE	DEPRIMIDO
DEBILITADO	EUFÓRICO
DISGUSTADO	AMARGADO
ANIMADO	DECEPCIONADO
EXCITADO	RISUEÑO

Complete con el adjetivo adecuado:

1. Con el buen resultado obtenido en los exámenes está muy .... para seguir adelante los estudios.
2. Los novios estaban .... de felicidad.
3. Teníamos grandes esperanzas en nuestro hijo pero la verdad es que no ha dado de sí lo que esperábamos: estamos muy ....
4. La enfermedad le ha dejado sin fuerzas y muy ....
5. Han sido tantas las decepciones y fracasos que ha sufrido en la vida que está muy ....
6. Tiene un carácter muy inestable y pasa de un extremo al otro: algunas temporadas está muy .... y otras muy alegre y ....
7. El atentado fue obra de un grupo de ....
8. Con tanto café que toma, cuando llega la noche está muy ....
9. Están .... con la muerte del perro porque le tenían mucho cariño.
10. Han perdido todas las esperanzas de encontrar a su hija todavía en vida: están ....
11. En esta foto se nota que estás muy contenta porque tienes una cara ....

9. Observe:

• ¡*El de* las siete y media! (6)
• pasar la máquina *lo que* me tiene preparado... (45).

Complete con *el, lo, la, los, las + que/de*:

1. ¿No encuentras que .... ayer fue muy sospechoso?
2. .... ha ocurrido esta mañana no me sorprende nada.

3. .... tienen algo que declarar, deben pasar por la aduana.
4. Los calcetines de fibra le molestan, pero .... algodón no.
5. Los ojos de la mayor son azules, ... la pequeña son negros como ....
su padre.
6. .... viste en la iglesia es mi prima.

B) • ¡Te toca levantarte *tempranísimo* (6).

Forme el superlativo en *-ísimo* de la palabra entre paréntesis:

1. Esta ensaladilla rusa está .... (rico).
2. Después de la guerra se quedó .... (pobre).
3. No vayáis andando porque queda .... (lejos).
4. Cuando ganó las oposiciones ella se puso .... (feliz).
5. Esta ciudad es .... (feo).
6. El médico de urgencia vino .... (pronto).

C) • echaron *a* todo el personal (12-13).
• no puedo permitirme el lujo de tener *una mujer* en casa (54-55).

Complete con la preposición *a* o deje en blanco cuando se requiera:

1. Tienen .... un hijo que es como para comérselo de tan bonito que es.
2. El presidente saludó .... la multitud.
3. Veo .... algunas personas muy interesadas en lo que estoy diciendo.
4. La policía encontró .... el cadáver dentro del hoyo.
5. Yo aquí no conozco .... nadie.
6. Necesitamos .... persona experta y de toda confianza.

D) • clasificar los *papeles* (44).

Forme el plural de la palabra entre paréntesis:

1. No entren con los .... (esquí) en casa.
2. Le aprobaron en todos los .... (examen).
3. En mi pueblo no existen .... (autobús).
4. Te lo he dicho muchas .... (vez) que no comas tantos .... (pastel).
5. Los .... (martes) y los .... (domingo) la asistenta no viene.
6. Estos .... (jersey) de lana sería mejor lavarlos a mano.
7. Pon los .... (melón) en la nevera.

E) • A las tres *salgo* del despacho (50).

Conjugue el verbo entre paréntesis en el tiempo y modo adecuados:

1. ¿No .... (vosotros, creer) que María .... (ella, tener) la edad que
.... (ella, decir)?

2. ¿Qué te .... (ellos, proponer) ayer aquellos sujetos?
3. Portándose de aquel modo, ... (ellos, hacer) el papel de tontos.
4. .... (nosotros, suponer) que este chalet .... (valer) menos de diez millones de pesetas, ¿ustedes lo comprarían?
5. .... (haber) muchos accidentes de carretera en este último fin de semana.
6. .... (ella, querer) saber cómo se llamaba aquella calle, pero nadie .... (saber) decírselo.

10. Complete con la preposición, y controle luego con el texto:

1. Hemos dado una vuelta .... bicicleta (3).
2. Está .... abogado en una notaría (9).
3. He leído esta frase de Kant .... una revista de filosofía (16).
4. Se ha acostumbrado .... hacer un poco de gimnasia todas las mañanas (23).
5. Es muy voluble: se cansa .... todo (26).
6. Vuelva usted más tarde: .... este momento el director está ocupado (28).
7. La pobre se murió .... pena (41).
8. ¡Salid .... aquí inmediatamente! (50).
9. ¡ .... fuerza no adelgazas: estás siempre comiendo! (53).
10. Se lo diré un día u otro: .... momento prefiero no decir nada (54).

11. Observe:

A) • *es que* le *despidieron*, mejor dicho, *no es que* le *despidieran* (11).

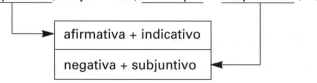

Según ello, conjugue el verbo entre paréntesis:

1. Yo no digo que .... (él, mentir), digo sólo que .... (él, decir) cosas inverosímiles.
2. El cirujano consideró que .... (convenir) operar inmediatamente.
3. No es que nos .... (esto, dar) rabia, pero encontramos que .... (ser) una decisión injusta.
4. No crean que .... (poderse) resolver el problema en un santiamén.
5. No encuentro que .... (él, tener) la influencia que muchos le atribuyen.
6. Nadie imaginaba que yo .... (tener) depositadas las joyas en el banco.
7. No considero que .... (ser) prudente conducir en esas condiciones meteorológicas.
8. No es que .... (ser) un filme interesante, pero .... (resultar) muy entretenido.

B) • y *al cabo de* tres meses le contrataron (17-18).

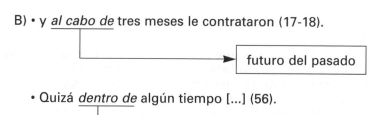

futuro del pasado

• Quizá *dentro de* algún tiempo [...] (56).

futuro del presente

Según ello, complete usando una de las dos formas:

1. Me aseguraron que me lo arreglarían .... una semana.
2. Esperan cambiar de piso .... dos meses.
3. Seguramente estará aquí .... un rato.
4. Derribaron la casa y .... poco tiempo construyeron otra.
5. .... unos minutos que se había echado al agua, le dio un calambre.
6. Paso a buscarte .... una hora.
7. Se fueron a África y volvieron .... dos años.
8. .... poco comunicarán los resultados del partido.

C) • Está contento *porque le tienen mucha consideración* (21).

causal pospuesta

• *Como la tienda queda lejos de casa,* no me da tiempo de venir a comer (43-44).

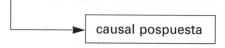

causal antepuesta

Según ello, complete libremente:

1. .... , les aconsejo que descansen un poco.
2. Me marcho de aquí ....
3. ¡Ve a la peluquería .... !
4. .... , se ha puesto debajo de la sombrilla.
5. .... , necesitamos estudiar mucho.
6. Le escribo inmediatamente ....
7. .... , escucha la música con el auricular.
8. No abro la puerta ....

D) • pasar a máquina lo que me *tienen preparado* (45).

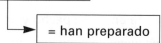

= han preparado

Según ello, conjugue el verbo entre paréntesis usando el verbo *tener:*

1. Te .... (yo, decir) mil veces que tienes que lavarte más a menudo.
2. ¿Ya .... (usted, planchar) toda la ropa de esta semana?
3. .... (ellos, escribir) más de cincuenta páginas de la tesis.
4. Los abuelos .... (guardar) las fotos de familia.
5. Les .... (nosotros, advertir) que estas letras ya están cobradas.
6. La secretaria .... (liquidar) casi la mitad de la correspondencia.
7. Ya .... (nosotros, resolver) la cuestión de la herencia.
8. Ya .... (yo, arreglar) las tres habitaciones de delante.

12. Observe:

   • *creía* que *ibas* en coche a la oficina... (3).
   • No *sabía* que *trabajaba* en una fábrica... (9).

Según ello, traslade al pasado:

1. Me parece que lleva malas intenciones.
2. Sabemos dónde se alojan.
3. Veo que hay muchas personas en la cola.
4. Cuando está malhumorado, no soporta la presencia de nadie.
5. Son muy amables conmigo cuando me necesitan.
6. Interviene cuando nadie le pide su parecer.
7. En cuanto alguien le contradice, se pone furioso.
8. Cada vez que te baja la presión, tomas las gotas.
9. Cuando terminan de comer, les entra sueño.
10. Cuando hablo en público, me emociono.

Ejercicios de escritura: hacia la redacción

1. Conteste en unas pocas frases:

   1. ¿Qué ha ocurrido de particular en la vida de Tere?
   ....

   2. ¿Qué cuenta Rosa de su vida de trabajo?
   ....

   3. ¿Qué hace Tere en el despacho y en casa?
   ....

2. Conteste expresando sus opiniones:

   1. ¿Qué tipo de trabajo le gustaría más, el de Tere o el de Rosa? ¿Por qué?

   ....

   2. ¿Qué tipo de persona revela ser Rosa?

   ....

   3. ¿Qué tipo de persona revela ser Tere?

   ....

3. Complete con las partes que faltan, y controle luego con el texto:

   –¡Pues .... un buen mal rato con todo .... !
   –¡No te .... ! Pasó tanto tiempo .... trabajo sin .... , hasta que al final
   vio .... un anuncio para esa fábrica .... está ahora, le .... para una
   temporada de prueba y .... tres meses le .... Fue .... , porque estaba desanimado y muy ....
   –Me hago .... ¿Y qué .... este trabajo?
   –Está .... porque le tienen mucha .... y .... no está mal, pero, claro,
   para uno que ha hecho de .... toda la vida, ... al contacto con el público... (14-23).

4. Ponga las comas y los dos puntos, y controle luego con el texto:

   • Yo hago mi trabajo de muy mala gana porque es aburridísimo. Siempre lo
   mismo abrir la correspondencia clasificar los papeles pasar a máquina lo
   que me tienen preparado... Llevo una vida haciendo lo mismo. Además te
   diré que no es un buen ambiente mucho cotilleo mucho chisme... ya sabes...
   (43-47).

   • Tengo que hacérmelo todo yo por fuerza. Hemos pasado una temporada muy
   mala con el paro de Enrique así que de momento no puedo permitirme el lujo
   de tener una mujer en casa que al final me tocaría darle todo lo que gano...
   Quizá dentro de algún tiempo cuando...
   –¡Mira que llega el autobús Tere! A ver si nos vemos algún día...
   –A ver... Adiós Rosa me ha alegrado mucho verte... (53-58).

5. Según los elementos que le proporciona el texto, cuente:

   • el desarrollo habitual de su jornada;
   • el día de trabajo de un empleado de oficina y de un dependiente de una
   tienda;
   • las actividades habituales de un ama de casa.

6. Escriba una redacción sobre uno de los siguientes temas:

- Recuerdos de mi infancia y adolescencia.
- Mi vida actual.
- La trama de una película que me ha gustado.
- La última novela que he leído.
- Un suceso excepcional que presencié.

10 Planeando las vacaciones

Luis: Este año *deseo* hacer unas vacaciones *como Dios manda*, que sean realmente una evasión..., un relax...

Puri: *¡Menos mal* que hablas de relax! Quizá evitemos, por fin, el cansancio *atroz* de las vacaciones, que sólo recordar el del año pasado, *se me pone la carne de*
5   *gallina...*

Luis: Yo diría África..., en plena naturaleza..., un safari auténtico...

Puri: ¡Qué ideas *de bombero*, Luis! Ya sabes que *aborrezco* el calor, las incomodidades, la fatiga... Y no hablemos de los animales, que *les tengo terror*... Pon que me encuentre *cara a cara con* una serpiente o un león...

10 José: ¡Mira, mamá, que los animales están domesticados y los safaris son un jueguecito que organizan para los turistas *idiotas!*

Luis: ¿Cómo te atreves a hablar *así* de tu padre...? ¿Y quién te ha dicho que yo quiero ir con un safari organizado?

José: Si es así, ya es otra cosa... No me desagradarían a mí tampoco unas vaca-
15   ciones de este tipo... ¿Dónde vamos, papá?

Puri: Pues no contéis conmigo, porque yo *antes* me quedo en casa...

Luis: Vamos a ver, ¿a ti qué te gustaría?

Puri: Yo desearía ir a París, que es una ciudad civilizada, elegante..., una ciudad que *adoro* y de la que tengo un recuerdo maravilloso de cuando...

20 Luis: De cuando tu adorado papá te mandó a París, como una *niña bien* y... *cursi*, que es lo que eras...

Puri: Pues papá hizo muy bien en enviarme a París, y *desde luego* no se le hubiera ocurrido proponerme ir a África, como vosotros, que sois *unos golfos*, unos salvajes... ¡Papá sí que era un hombre...

25 Luis: ... de señorío, un caballero *de pies a cabeza...!*

Puri: Sí, señor, *ni más ni menos*. Y ya sabes que no *aguanto* que hables de mi padre en este tono, que todo el mundo le *apreciaba* y respetaba...

Luis: ... y tú adorabas... Pues quédate con tus adoraciones, pero una cosa está clara, Puri: que a París no vamos, que no me he pasado yo todo el año en
30   el *bullicio* de la ciudad y respirando aire irrespirable para morirme de *asco* en París mientras mi señora esposa transcurre sus horas en los museos, al fresco indecente del aire acondicionado...

Puri: Pues a tu hijo *buena falta le haría* un poco de cultura y saber hablar el francés, que no tiene ni idea...

35 José: Mamá, eso del francés *ya no se estila*: ahora basta y sobra el inglés...

Puri: ... que tampoco sabes... Pero *dejemos* esto...

José: ¡Qué idea *estupenda*, mamá! Yo voy con mis amigos a Estados Unidos y vosotros vais donde *os apetezca*.

Puri: ¡Haciendo camping, seguro! ¡Si al menos *hubieras salido* a mi papá! No,
40   igual que tu padre, *¡dos gotas de agua sois!*

José: Papá, ¿por qué no le propones ir a Grecia? Así podéis *compaginar* vuestros gustos...

Puri: ¿A Grecia? ¿En agosto en la playa? Yo que *detesto* el calor, las aglomeraciones, toda esta *gentuza*...

45   José: ¡Pero si las playas de Grecia están *desiertas*!

Puri: Eso será en los folletos publicitarios, que lo que es en la realidad seguro que está todo lleno de gente y todo sucio... Todavía *recuerdo* cuando estuvimos en Ibiza, ¡qué horroroso!

José: ¡Qué difícil eres, mamá! Podéis coger una barca y *aislaros*...

50   Puri: *¡Vaya idea*, hijo! Como si no supieras que *en cuanto subo* a un chisme que se mueve, me mareo y me paso todo el tiempo *vomitando*, con perdón...

Luis: Pues no se sabe qué hacer contigo: eso no te gusta, eso otro *no te dice nada*, lo de más allá lo detestas...

Puri: Yo sólo deseo un poco de tranquilidad, un poco de civilización...
55   Podríamos ir a Inglaterra, que es un país que me encanta, o a Irlanda, que dicen que es *preciosa*...

Luis: ¡A *pelarse* de frío y a aburrirse como una ostra! ¿Será posible que todos los años tenga que soportar los caprichos de una familia de locos? ¡Pues esta vez me voy solo y *se* acabó! Quien quiera venir conmigo, viene, y *si no*,
60   se queda...

Puri: ¡Qué cruel eres conmigo, Luis, qué injusto eres!

Ejercicios orales

1. Conteste brevemente con sus propias palabras:

   1. ¿Qué tipo de vacaciones le gustaría hacer este año a Luis?
   2. ¿Cómo reacciona su mujer ante su idea de ir a África?
   3. ¿Qué dice su hijo a este propósito?
   4. ¿Dónde desearía ir Puri de vacaciones? ¿Por qué?
   5. ¿Por qué Luis no quiere saber nada de la propuesta de su mujer?
   6. ¿Qué propone José para sus propias vacaciones?
   7. ¿Por qué la idea que propone su hijo no interesa a Puri?
   8. ¿En qué términos se desenvuelve la disputa entre Luis y Puri?

2. Ampliemos el tema con situaciones similares:

A) Algunos chicos están discutiendo sobre cómo pasar el fin de semana, si ir a la playa, a la sierra, etc.

Complete las partes que faltan del diálogo:

Ana: Con este sol, yo ....
Luis: Sí, para quemarte, ... respirar aire .... , pues ....
Pili: A mí eso .... Además, yo también ....
Paco: ¡Las mujeres siempre .... ! Aquí son los hombres ....
Ana: ¡ .... mentalidad masculina! Si no os .... , entonces ....
          ¿Qué .... ?
Miguel: ¿Y .... ? Nosotros .... : .... deporte en la naturaleza.
Pili: Para .... cansados. A mí ....
Ana: Pili tiene razón y yo .... Estar tumbada en la arena, ¡ .... !
Paco: ¡Perezosas! ....
Flori: ¿Y por qué tenemos que hacer .... ? Esta vez, ... Sería tam-
          bién ....
Miguel: ¡ .... ! Con la aglomeración que hay, ...
Ana: Pues nosotras .... , y vosotros ....

B) Este verano, Pedro ha decidido hacer camping, pero su mujer no está de acuerdo.

Complete las partes que faltan del diálogo:

Marisa: Ya te lo he dicho: a mí eso ....
Pedro: .... económico que ir a un hotel, no puedes imaginarte .... :
          .... con la naturaleza, oír .... , no tener que ....
Marisa: Sabes que aborrezco .... Sin hablar de los animales ....
          Además, tendría que .... , lavar, ir .... como si estuviera
          .... Este año deseo .... , descansar realmente y ....
Pedro: Hoy día existen campings .... donde encuentras .... En
          seguida .... mucha gente y por la noche .... El que vi la
          semana pasada es .... y está muy cerca .... , así que ....
Marisa: No, no me .... Yo .... a Roma que es .... y se puede
          ....
Pedro: Pero, ¡si ya estuvimos .... ! ¿No te acuerdas .... , el aire
          .... , la cantidad de .... ? Vivimos en la ciudad .... y no me
          gusta ....
Marisa: Si es eso lo que piensas, ¡vete .... que yo .... !

C) Los niños de los señores Hernández son terribles, y el momento de la comida es un verdadero jaleo.

Complete las partes que faltan del diálogo:

Madre: Niño, ¡cómete esta sopa!
Paquito: ¡Que no! .... El queso es ....

Padre: .... a tu madre porque si no ....
Paquito: Pero si .... También Mari ....
Madre: Es que ella .... , pero tendrá .... aunque ....
Mari: .... la ensalada. Yo ....
Madre: No te los doy .... No es cuestión de .... : hay tantas cosas
             que a mí tampoco .... !
Padre: Oye, cariño, la verdad es que la chuleta .... porque está muy
             dura.
Madre: ¿ .... a contestar? ¿Sabéis .... ? ¡Dejaros plantados a todos!
Pili: Mamá, ... los tomates, ¿puedo .... ?
Madre: ¡Ahora la señorita .... ! ¡Esto no es un restaurante y yo .... !
Paquito: Papi, ¿ .... la tortilla? Yo .... comer.
Padre: No seas tonto y .... : debe de estar riquísimo.
Paquito: ¿Y tú por qué .... ?
Padre: Bueno, es que ....
Madre: ¡Vaya ejemplo .... ! El padre .... y luego ellos ....
Padre: Mira que tú también ....
Madre: ¡Ah, se acabó! ¡ .... !

D) Julia y Josefina van a una boutique para comprarse algunos trajes ya que
   tienen que hacer un crucero. Hablan de cuáles son mejores y de los que les
   gustan más.

   Imagine diálogo entre ellas.

E) Hablando del futuro de sus hijos –dos varones y una chica– marido y mujer
   expresan sus deseos, preferencias y proyectos.

   Imagine el diálogo entre ellos.

F) Algunos amigos están hablando de los países o ciudades que les gustan o
   no les gustan, el porqué de sus preferencias, de la música que prefieren, los
   discos, los libros, las películas...

   Imagine el diálogo entre ellos.

G) Tres compañeros de trabajo han ganado mucho dinero jugando juntos a la
   quiniela. Hablan de lo que podrían hacer con él.

   Imagine el diálogo entre ellos.

3. Sustituya las palabras, frases o partículas en cursiva por otras equivalentes
   que usted conozca y que puedan reemplazarlas en el texto.

4. Complete las frases de los grupos siguientes con una de las voces indicadas en cada uno de ellos:

A) *poner-se* (4) / *meterse*

   1. Cuando vio el león, ... (a ella) los pelos de punta.
   2. ¡ .... (usted) inmediatamente en la cama si tiene fiebre!
   3. ¡Niños, ... (vosotros) a estudiar enseguida!
   4. No me gusta .... en líos.
   5. Siempre .... (él) en lo que no le compete.
   6. ¡No .... (tú) los pies sobre la mesa!
   7. .... (nosotros) en el bosque y nos perdimos.

B) *pleno* (6) / *lleno*

   1. Estamos todavía en .... invierno.
   2. Este armario está demasiado ....
   3. En .... reunión, abandonó la sala sin decir nada.
   4. El pobre está .... de preocupaciones.
   5. Os veo en .... actividad.
   6. Tiene el corazón .... de felicidad.

C) *así* (12) / *tan*

   1. Una cosa .... nunca me la hubiera imaginado.
   2. Es .... aburrido este espectáculo que me voy.
   3. La chuleta me gusta .... , bien hecha.
   4. ¡Es .... bonito observar el panorama desde este mirador!
   5. No me parece .... complicado como dices el uso de este ordenador.
   6. Se juega .... a la ruleta.

D) *quedarse* (16) / *quedar*

   1. .... (ustedes) aquí: no se muevan.
   2. .... sólo una semana de clase.
   3. .... (él) con toda la herencia.
   4. –¿En qué .... (vosotros)? –En vernos mañana.
   5. De aquel edificio sólo .... escombros.
   6. ¿ .... un poco de puré de ayer?

E) *mientras* (31) / *mientras que*

   1. Yo doy el biberón al nene y tú .... lava los pañales.
   2. Tu hermano se aplica mucho .... tú eres un holgazán.
   3. .... haga este buen tiempo, nos quedaremos aquí de vacaciones.
   4. Me gusta vivir en la ciudad, ... mi marido prefiere el campo.

5. .... hay vida, hay esperanza.
6. No le interrumpas .... está hablando.

F) *coger* (49) / *tomar*

1. Esta mañana por poco me .... un camión.
2. En África .... (él) una enfermedad infecciosa.
3. Cuando le hicieron aquella observación, se lo .... (él) muy mal.
4. .... (ella) el vaso y lo tiró al suelo.
5. Se lo .... (usted) todo demasiado en serio.
6. ¿Qué vas a .... como postre?

G) *irse* (59) / *ir*

1. .... (él) sin decir ni pío.
2. He decidido .... al dentista la semana que viene.
3. ¿Ya .... (ustedes)?: aún es muy pronto.
4. Mis hijos .... todavía al parvulario.
5. .... (ella) a todas partes en avión.
6. ¿Qué decidís: .... (vosotros) u os quedáis?

5. Forme el sustantivo o adjetivo relativo a la palabra entre paréntesis, y controle luego con el texto:

1. .... (evadir, 2) fiscal es punible por ley.
2. Me ha entrado un .... (cansar, 3) espantoso.
3. Estas sillas son de gran .... (incómodo, 7).
4. No podemos soportar .... (fatigar, 8) de un viaje tan largo.
5. Cosas así no ocurren en un país .... (civilización, 18).
6. Es persona fina y .... (elegancia, 18).
7. Este cuadro representa .... (adorar, 28) de los Reyes Magos.
8. Nuestros autocares están dotados de aire .... (condición, 32).
9. No nos quedemos en esta playa porque hay demasiada .... (aglomerar, 43) de gente.
10. .... (tranquilo, 54) del lago es indicada para los que sufren de nervios.

6. Observe:

En la frase *este año deseo hacer unas vacaciones como Dios manda* (1), el verbo HACER podría sustituirse por los verbos PASAR o TRANSCURRIR.

Sustituya el verbo *hacer* por otro verbo más específico:

1. Pasado mañana mi marido *hace* cincuenta años.
2. Nosotros *hicimos* amistad durante el vuelo Madrid-Nueva York.
3. El aceite se *hace* machacando las aceitunas.

4. *Haremos* una ventana en esta pared.
5. Esta novela le costó mucho trabajo y la *hizo* en diez años.
6. Su ingratitud me ha *hecho* mucho daño.
7. En esta sastrería se *hacen* trajes a medida.
8. Picasso *hizo* el Guernica en recuerdo de la guerra civil española.
9. La boda se *hizo* en la iglesia de la Merced.
10. Mi hermano Ernesto *hace* de médico en el Policlínico.
11. Las lluvias torrenciales del mes pasado han *hecho* un gran daño a los cultivos.
12. Le han *hecho* presidente honorario de la Cámara de comercio.
13. No se *hizo* Zamora en una hora, dice el refrán.
14. ¿Quién habrá *hecho* este crimen tan atroz?
15. Ésas manchas negras que se ven en la superficie del mar son las nubes que *hacen* su sombra.
16. Se ruega *hacer* silencio en la sala de lectura.
17. Según cuenta la Biblia, Dios *hizo* el mundo en seis días.
18. *Hizo* la quinta sinfonía en sólo quince días.
19. Esta investigación arqueológica se ha *hecho* en el desierto.
20. Los ciclistas que corren en la vuelta ciclista de España ya han *hecho* mil kilómetros.
21. En esta playa están *haciendo* demasiados chalés.
22. En la herida que se hizo cayendo al suelo se le ha *hecho* una costra.

7. Observe:

En la frase *sólo recordar el [cansancio] del año pasado, se me pone la carne de gallina...* (4-5), el modismo PONÉRSELE A UNO LA CARNE DE GALLINA significa «estremecerse». Existen otros modismos formados con nombres de animales:

MATAR DOS PÁJAROS DE UN TIRO   MATAR EL GUSANILLO
VER LOS TOROS DESDE LA BARRERA   ESTAR SIN UNA PERRA
EN MENOS QUE CANTA UN GALLO   DAR GATO POR LIEBRE
BUSCARLE CINCO PIES AL GATO   MORIR COMO UN PERRO
COGER EL TORO POR LOS CUERNOS   HABER GATO ENCERRADO
CON EL RABO ENTRE LAS PIERNAS   NO VER DOS EN UN BURRO

Sustituya la parte en cursiva con el modismo adecuado:

1. Si no *nos enfrentamos directamente con esta cuestión* no resolveremos nunca este problema.
2. Antes de firmar este contrato yo me lo pensaría muy bien: en él *hay algo no claro y sospechoso.*
3. Te han dicho que este coche de ocasión nunca ha sufrido accidentes, pero yo no me lo creo: para mí *te han engañado.*
4. Cuando cobre el sueldo seguro que se lo va a gastar todo *en brevísimo tiempo.*
5. Para mí este caso judicial está totalmente resuelto y no hay por qué darle más vueltas: tú *estás complicando una cosa fácil.*
6. Con esas últimas gafas que me ha prescrito el oculista *no veo nada de nada.*
7. El jefe echó una bronca tremenda a la secretaria y la pobre salió del despacho *humillada y abochornada.*

8. Es fácil hablar cuando uno *no está implicado en una cosa y está a salvo de todo peligro.*

9. Tuvo la habilidad de *conseguir dos objetivos de una sola vez.*

10. Por favor, paga tú la consumición porque en este momento *no tengo absolutamente dinero.*

11. A media mañana me entra hambre y tomo justo unas galletas para *satisfacer el hambre con algo ligero.*

12. El famoso pintor vivió los últimos años de su vida aislado de todos y *murió completamente solo y abandonado.*

8. Acentúe, y controle luego con el texto:

–¿Como te atreves a hablar asi de tu padre...? ¿Y quien te ha dicho que yo quiero ir con un safari organizado?

–Si es asi, ya es otra cosa... No me desagradaria a mi tampoco unas vacaciones de este tipo... ¿Donde vamos, papa?

–Pues no conteis conmigo, porque yo antes, me quedo en casa...

–Vamos a ver, ¿a ti que te gustaria?

–Yo desearia ir a Paris, que es una ciudad civilizada, elegante..., una ciudad que adoro y de la que tengo un recuerdo maravilloso de cuando...

–De cuando tu adorado papa te mando a Paris, como una niña bien y... cursi, que es lo que eras... (12-21).

9. Observe:

A) • *se me* pone la carne de gallina (4-5).

Conjugue el verbo entre paréntesis en el tiempo de indicativo adecuado, completándolo con el pronombre personal-complemento.

1. El tocadiscos .... (estropearse, a usted) porque lo ha maltratado.
2. ¿Qué .... (ocurrirse, a vosotros) para las próximas vacaciones?
3. .... (pasarse, a mí) el dolor de cabeza sin tomar nada.
4. Este jersey .... (encogerse, a ti) lavándolo con agua caliente.
5. .... (pegarse, a nosotros) esa melodía tan dulzona y pegadiza.
6. Al niño .... (cariarse, a él) un dientecito.

B) • aborrezco el calor, las *in*comodidades (7) (< in-comodidad).
   • No me *des*agradaría a mí tampoco (14) (< des-agradar).
   • y respirando aire *ir*respirable (30) (< in- > ir-respira-ble).

Diga la palabra que signifique lo que se indica entre paréntesis, usando uno de los prefijos arriba indicados:

1. Es un dolor .... (que no se puede tolerar).
2. Es .... (que no se puede discutir) que él tiene razón.

3. No hay que .... (no cuidar) la salud porque es .... (imposible de reemplazar).
4. Estos muebles modernos .... (no entonar) en este ambiente tan antiguo.
5. Tu violín está .... (no afinado).
6. Su desdén revela .... (falta de consideración) e .... (falta de gratitud).

C) • Pon que me *encuentre* cara a cara con una serpiente (8-9).

Conjugue el verbo entre paréntesis en el tiempo y modo adecuados:

1. No me .... (acordar) de la cita que .... (yo, tener) ayer con usted.
2. Le .... (ellos, rogar) que les diera un consejo.
3. ¿ .... (tú, pensar) que estos pendientes me .... (ellos, sentar) bien?
4. ¿ .... (vosotros, encontrar) difícil esta lección?
5. ¡No .... (tú, jugar) en casa con la pelota!
6. –¿Van a salir esta noche? –......... (depender) del tiempo que haga.

D) • ¿Y *quién* te ha dicho que yo quiero ir con un safari organizado? (12-13).

Complete con *qué, cuál-es, quién-es:*

1. ¿ .... se decidió en la reunión de ayer?
2. –Danos una bebida fresca. –¿ .... ?
3. ¿ .... han dicho esto?
4. ¡ .... cosas más raras pasan aquí!
5. ¿ .... son los programas que prefieres?
6. Dime para .... es este regalo.

E) • *¿a ti qué té* gustaría? (17).

Complete con el doble pronombre personal-complemento:

1. Entregaron *los recibos* (a nosotros).
2. Escribieron *una carta urgente* (a ustedes).
3. Devolvieron *lo que habías pagado en exceso* (a ti).
4. Dijeron *que habían aplazado la fecha del encuentro* (a mí).
5. El médico aconsejó *descanso* (a vosotros).
6. ¿Concede el banco *un préstamo* (a usted)?

10. Complete con la preposición y controle luego con el texto:

1. Se encontró .... un amigo de la infancia (9).
2. La viejecita no se atrevía .... cruzar la calle (12).
3. Espero poder contar .... vosotros en este trance (16).

4. Se quedó encerrado .... el ascensor más de media hora (16).
5. Mandó al botones .... poner un telegrama (20).
6. Hiciste muy mal .... reprochárselo (22).
7. A mí no me habla nadie .... este tono (27).
8. Cobre la carrera del taxi y quédese usted .... la vuelta (28).
9. Se muere .... miedo cuando hay tormenta (30).
10. Sentémonos aquí .... el fresco (31).
11. Este niño ha salido .... su abuelo (39).
12. Pascua este año cae .... abril (43).

11. Observe

A) • Este año *deseo hacer* unas vacaciones como Dios manda (1).

• *no aguanto que hables* de mi padre en este tono (26-27).

Según ello, complete con un infinitivo o con una oración con *que*:

1. Hemos decidido .... (nosotros, cambiar) el empapelado de los dormitorios.
2. Conviene .... (vosotros, informarse) cuanto antes.
3. Intento .... (los huéspedes, estar) satisfechos de la comida.
4. Procura .... (tú, ser) puntual.
5. Deseamos .... (ustedes, tener) mucha suerte.
6. Esperan .... (ellos, verse) de nuevo el próximo fin de semana.
7. No desea .... (él, quedarse) solo en casa.
8. Procure .... (los niños, no hacerse) daño.

B) • eso del francés *ya no se estila* (35).

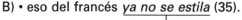
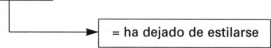

Según ello, transforme:

1. Antes fumaba y ahora ha dejado de fumar.
2. Elena antes siempre llevaba pantalones y ahora ha dejado de llevarlos.
3. He dejado de acordarme de lo que me dijiste ayer.
4. Cuando era joven le interesaba mucho la política, pero ahora ha dejado de interesarle.

5. Han dejado de publicar ese periódico.
6. En este país ha dejado de exportarse materias primas como años atrás.
7. Han dejado de trabajar en aquella firma.
8. Habéis dejado de ser amigos como antes.

C) • y vosotros vais donde *os apetezca* (37-38).

    • Quien *quiera* venir conmigo, viene (59).

eventual en el futuro + subjuntivo

Según ello, complete libremente.

1. Que hable quien ....
2. Siéntate donde ....
3. Que vengan a la reunión quienes ....
4. Iros donde ....
5. Coman ustedes lo que ....
6. Que den una oferta quienes ....
7. Pueden presentarse en el concurso de belleza las señoritas que ....
8. Ponga usted estas mantas donde ....

D) • *en cuanto subo* a un chisme que se mueve, me mareo (50-51).

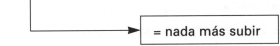

= nada más subir

Según ello, transforme:

1. Nada más ver un perro, echa a correr como un loco.
2. Se pone como una fiera nada más llevarle la contraria.
3. Nada más tomar una copita, me emborracho.
4. Nada más salir de casa, iremos al quiosco a comprar el periódico.
5. Tomo café nada más levantarme de la cama.
6. Nada más cobrar el sueldo, te lo gastas todo en el juego.
7. Plancharé la ropa nada más secarse.
8. Nada más entrar en la iglesia, los fieles se persignan con el agua bendita.

12. Conjugue el verbo entre paréntesis en el tiempo y modo adecuados, y controle luego con el texto:

–Este año .... (yo, desear) hacer unas vacaciones como Dios .... (mandar), que .... (ellas, ser) realmente una evasión..., un relax...

–¡Menos mal que .... (tú, hablar) de relax! Quizá .... (nosotros, evitar), por fin, el cansancio atroz de las vacaciones, que sólo recordar el del año pasado, ... (ponerse, a mí) la carne de gallina...
–Yo .... (decir) África..., en plena naturaleza... un safari auténtico...
–¡Qué ideas de bombero, Luis! Ya .... (tú saber) que .... (yo, aborrecer) el calor [...] Y no .... (nosotros, hablar) de los animales, que les .... (yo, tener) terror... .... (tú, poner) que .... (yo, encontrarse) cara a cara con una serpiente o un león...
–¡ .... (mirar, tú), mamá, que los animales .... (estar) domesticados y los safaris .... (ser) un jueguecito que .... (ellos, organizar) para los turistas idiotas!
–¿Cómo .... (tú, atreverse) a hablar así de tu padre...? ¿Y quién te .... (decir) que yo .... (querer) ir con un safari organizado?
–Si .... (ser) así, ya .... (ser) otra cosa... No me .... (desagradar) a mí tampoco unas vacaciones de este tipo... ¿Dónde .... (nosotros, ir), papá?
–Pues no .... (vosotros, contar) conmigo, porque yo antes .... (yo, quedarse) en casa...
–.......... (nosotros, ir) a ver, ¿a ti qué te .... (gustar)?
–Yo .... (desear) ir a París, que .... (ser) una ciudad civilizada, elegante..., una ciudad que .... (yo, adorar) (1-19).

Ejercicios de escritura: hacia la redacción

1. Conteste en unas pocas frases:

    1. ¿Qué piensan de las vacaciones Luis, Puri y su hijo?
    ....

    2. ¿Qué razones tienen para sus preferencias?
    ....

    3. ¿Cómo se ven entre sí los tres personajes?
    ....

2. Conteste expresando sus opiniones:

    1. ¿Qué piensa de los distintos puntos de vista de los personajes?
    ....

    2. ¿A cuál de ellos se adheriría? ¿Por qué?
    ....

    3. ¿Cómo ve usted a Puri a través de lo que dice ella misma y a través de lo que dicen su marido y su hijo?
    ....

3. Extraiga del texto las construcciones que se utilizan con los verbos que expresan gusto, disgusto, voluntad y deseo.

   Haga una frase con cada una de ellas.

4. Ponga las comas y los dos puntos y controle luego con el texto:

   −¡Pero si las playas de Grecia están desiertas!
   −Eso será en los folletos publicitarios que lo que es en la realidad seguro que está todo lleno de gente y todo sucio... Todavía recuerdo cuando estuvimos en Ibiza ¡qué horroroso!
   −¡Qué difícil eres mamá! Podéis coger una barca y aislaros...
   −¡Vaya idea hijo! Como si no supieras que en cuanto subo a un chisme que se mueve me mareo y me paso todo el tiempo vomitando con perdón...
   −Pues no se sabe qué hacer contigo eso no te gusta eso otro no te dice nada lo de más allá lo detestas...
   −Yo sólo deseo un poco de tranquilidad un poco de civilización... Podríamos ir a Inglaterra que es un país que me encanta o a Irlanda que dicen que es preciosa... (45-56).

5. Escriba una carta a un amigo explicándole por qué:

   • le gusta, o no le gusta, pasar las vacaciones en la ciudad;
   • prefiere la montaña a la playa;
   • no haría nunca un crucero;
   • prefiere vacaciones organizadas/libres.

6. Escriba un redacción sobre uno de los siguientes temas:

   • Yo y las vacaciones.
   • Las mejores/peores vacaciones de mi vida
   • Mis gustos y preferencias.
   • Donde me gustaría vivir.

11 De compras

	Dependiente:	*Buenas,* ¿le están *atendiendo?*
	Señora:	Me estaba *sirviendo* una señorita que ha desaparecido...
	Dependiente:	No se preocupe, le atiendo yo. ¿Qué desea?
	Señora:	Pero, ¿se puede saber qué se ha hecho de la dependienta? ¡Qué
5		*grosera! Quisiera* ver esos pantalones que tienen en el escaparate...
	Dependiente:	¿Cuáles? ¿Los azules oscuros o los más claros?
	Señora:	Los más claros, los que no tienen los bolsillos traseros.
	Dependiente:	¿Qué talla?
	Señora:	Llevo la cuarenta y cuatro o la cuarenta y seis, depende del
10		modelo...
	Dependiente:	Le traigo las dos tallas y *así* las prueba. Aquí los tiene.
	Señora:	¡Pero éstos no son iguales a los del escaparate!
	Dependiente:	Sí, son iguales, sólo que allí hacen otro efecto...
	Señora:	¿Ah sí? ¡Qué extraño! *Yo diría* que son mucho más estrechos...
15	Dependiente:	Si quiere, le traigo un modelo más ancho de caderas...
	Señora:	¿Qué quiere decir con eso? ¿Qué tienen mis caderas?
	Dependiente:	Nada, en absoluto. Mejor dicho, sus caderas, *permita la libertad,* me
		parecen muy bien...
	Señora:	¡Menos mal! ¡Ya estaba viendo que se salía con una imper-
20		tinencia...!
	Dependiente:	Pase al probador, tenga usted la bondad... ¿Qué le parecen?
	Señora:	No me convencen, me aprietan aquí delante... *No* son *siquiera*
		cómodos... La tela es gruesa, dura...
	Dependiente:	Es una tela de gran calidad, señora. Si permite que *exprese* mi
25		opinión, yo encuentro que le *caen* muy bien.
	Señora:	Pues yo no. Son *ordinarios*... En fin, no me gustan.
	Dependiente:	¿Quiere probar otros?
	Señora:	No, gracias. ¿Camisetas tienen?
	Dependiente:	En la sección de *lencería* y ropa interior, en la primera planta. Allí
30		le atenderá mi compañero... Si quiere coger el ascensor...
	Señora:	¿Por qué me está hablando de ropa interior? ¿Qué insinúa...?
		Quiero una camiseta para llevar con *los vaqueros*... Una prenda
		sencilla, deportiva...
	Dependiente:	Las hay de todos los tipos: *lisas,* a rayas, con mangas cortas, con
35		mangas largas, con inscripciones tipo... Harvard University...
	Señora:	¡Qué horror! ¡Qué *horterada!*

	Dependiente:	Sí, quizá sean más *adecuadas* para gente joven...
	Señora:	¿Qué quiere decir con eso? No me dirá...
40	Dependiente:	Quería decir... que el público es muy variado..., que tenemos para todos los gustos..., que, como dice el refrán, *contra gustos no hay disputas...*
	Señora:	*¡Bobadas!* ¡Todavía existe el buen gusto y el mal gusto!
	Dependiente:	Es probable que sea como usted dice...
	Señora:	*¡Seguro!* A ver, ésta de manga corta...
45	Dependiente:	Vamos a ver... Lo siento, señora, *no me queda* ninguna de su talla.
	Señora:	¡Qué lástima! Era bastante *mona* y juvenil...
	Dependiente:	¿Puedo proponerle estas otras? Ésta es una mezcla de lino y algodón... Esta otra es de fibra..., *lava y pon...*
50	Señora:	¡No me hable de fibra, que sólo oír nombrarla me entra alergia...! Aún me acuerdo del camisón que compré una vez, que me pasé la noche rascándome... Deme esta otra.
	Dependiente:	¿No quiere probársela?
	Señora:	No *merece* la pena. Ya se ve que es mi talla. *¿Qué precio tiene?*
55	Dependiente:	Cuesta cinco mil seiscientas cincuenta pesetas. *Está muy bien de precio...*
	Señora:	No tiene nada de barata, la verdad sea dicha, pero en fin...
	Dependiente:	¿Se la envuelvo, señora, o se la meto en una bolsa?
	Señora:	No, envuélvamela. ¿Puedo pagar con un *talón?*
60	Dependiente:	No creo que se acepten talones, señora. De todos modos, pregúntelo en caja. ¿Tiene usted tarjeta de crédito?
	Señora:	No, tarjeta no tengo. Pagaré *en efectivo.*
	Dependiente:	Como *quiera,* señora.
	Señora:	Adiós y gracias.
65	Dependiente:	A su disposición, señora. ¡Mire, que se deja usted el paquete en el mostrador!
	Señora:	¡Ah, gracias! *¡Qué cabeza,* madre mía! Buenas tardes.

Ejercicios orales

1. Conteste brevemente con sus propias palabras:

   1. ¿Dónde se encuentra la señora y por qué motivo está algo ofendida?
   2. ¿Qué pantalones desea comprar?
   3. ¿Qué comentarios hace la señora sobre los pantalones que le ha traído el dependiente?
   4. ¿Cómo reacciona la señora ante los comentarios del dependiente?

   5. ¿Qué quiere ver la señora además de los pantalones?

   6. ¿Qué comentarios surgen entre la señora y el dependiente a raíz de las camisetas?

   7. ¿Qué compra al final la señora? ¿Cómo paga?

   8. ¿Qué le ocurre al final a la señora?

2. Ampliemos el tema con situaciones similares:

  A) La señora Luisa va al mercado para comprar fruta, verduras, carne, etc.

    Complete las partes que faltan del diálogo:

    Carnicero: Buenas, ¿ .... ?
    Luisa: Quisiera .... , pero que sea tierna.
    Carnicero: ¿ .... asado o para .... ?
    Luisa: No, ... chuletas.
    Carnicero: Pues la ternera ....
    Luisa: Prefiero .... : es más sabrosa. Además, la ternera que me dio el otro día ....
    Carnicero: .... : es un poco más, ¿ .... ?
    Luisa: Bueno, ... ¿Cuánto es?
    Carnicero: Son .... ¿No .... nuestros conejos?
    Luisa: Déme uno, pero ....
    Carnicero: .... un kilo. ¿Se lo corto .... ?
    Luisa: Sí, gracias, porque yo ....
    Carnicero: ¿ .... la cabeza?
    Luisa: ¡Ay, no, ... !
    Carnicero: ¿Quiere .... para albóndigas?
    Luisa: Las hice ayer y .... Creo que .... , ¿cuánto .... ?
    Carnicero: ....

    [... ...]

    Frutero: ¿Ya la están .... ?
    Luisa: No, ... Desearía unos tomates ....
    Frutero: ¡Éstos están .... ! ¡Mire qué color!
    Luisa: .... maduros ....
    Frutero: Son maduros, pero .... ¿Cuánto .... ?
    Luisa: Póngame .... ¿Tiene pepinos?
    Frutero: Acaban de llegar. ¿Estos dos .... ?
    Luisa: Sí. Ah, ... cebollas.
    Frutero: ¿Las quiere blancas o .... ?
    Luisa: .... , con que sean dulces.
    Frutero: De acuerdo. Le aseguro que ....
    Luisa: ¿A .... las manzanas?
    Frutero: Las rojas .... , y éstas .... ¿Cuáles .... ?
    Luisa: Prefiero .... ¿Estos plátanos .... ?
    Frutero: .... : vienen de Canarias.
    Luisa: Bien, ... ¿Tiene .... para zumo?

Frutero: No, ..., pero .... pomelos.
Luisa: A mis niños no .... De momento ....
Frutero: Aquí lo tiene todo: son ....

B) Mañana es el cumpleaños de Pedro y su mujer quiere regalarle algo «especial».

Complete las partes que faltan en el diálogo:

Dependienta: ¿En qué .... ?
Señora: Querría ...., pero todavía no ....
Dependienta: ¿Fuma .... ? Tenemos ....
Señora: Siempre .... mecheros y ya tiene .... Me gustaría algo
              ....
Dependienta: Este cinturón .... y tiene un buen ....
Señora: Lleva tirantes y ....
Dependienta: Mire esta cartera: es ....
Señora: ¿Cuánto .... ?
Dependienta: Sólo ...., porque sobre este artículo .... veinte por
              ciento.
Señora: La verdad es que no me gusta: .... ¿Tienen zapatillas?
Dependienta: ¡Señora, ésta no es .... ! ¿ .... pañuelos?
Señora: ¡Por Dios! ¡Regalar pañuelos .... ! Aquellas bufandas
              ¿ .... ?
Dependienta: Vienen de Escocia y .... Cuestan ....
Señora: ¿Tanto? ¡No me voy a gastar .... !
Dependienta: Entonces, ¿qué .... y cuánto .... ?
Señora: Ya se lo dije: algo .... y que .... Enséñeme .... : ¿no
              está aquí usted para .... ?
Dependienta: Sí, señora. ¡Pero se nos acaban .... y usted no .... !
              ¿ .... corbata?
Señora: ¡ .... vulgar! Pero, ... de rayas: ¿cuánto .... ?
Dependienta: .... doscientas pesetas, porque es ....
Señora: Me da igual. Para mi cumpleaños él ...., así que ....
              Envuélvamela en ....
Dependienta: .... baratos, no hacemos ....
Señora: ¡Qué tacaños! ¡Tendré que .... !
Dependienta: Como usted quiera. Pague ....

C) A Pablo le gusta mucho leer y siempre está comprando libros. Va a la librería de un amigo suyo.

Complete las partes que faltan del diálogo:

Librero: Hola, Pablo, ¿qué .... ?
Pablo: ¿ .... novedad?
Librero: Mira: esta novela .... : a mí me ha gustado mucho.

Pablo: Nunca .... autor. ¿Me la .... tú?
Librero: Conociendo tus gustos, ... Además, si compras dos, ...
Pablo: ¿Y qué hago yo .... ?
Librero: Podrías regalar uno: ya sabes que ....
Pablo: Sí, es verdad. ¿ .... policíacas?
Librero: ¡Ésta es .... ! El cuento ....
Pablo: ¿ .... complicada? Porque yo ....
Librero: ¡En absoluto! Se lee ....
Pablo: De acuerdo: ....
Librero: ¿Has leído .... ? El tema es histórico, pero ....
Pablo: No me gusta. Pero, podría .... papá; a él seguro .... : la his-
          toria es ....
Librero: Perfecto. De todos modos, te aconsejo .... : ya verás que ....
          ¿No .... de ciencia ficción?
Pablo: ¡Oh, sí! Me apasiona .... ¿Cuáles .... ?
Librero: Estas dos: una habla de .... y esta otra .... Son novedades,
          pero ya he vendido ....
Pablo: De acuerdo. Por hoy es todo. ¿ .... ?
Librero: Un momento que .... : en total, ... siete mil novecientas cin-
          cuenta pesetas.
Pablo: .... : no he traído bastante ....
Librero: Pues nada, hombre ....
Pablo: Sí, volveré .... Gracias y ....
Librero: Gracias a ti y ¡que .... !

D) Rosario tiene que comprar regalos de Navidad para amigos y parientes. Va
con Elena a los grandes almacenes porque hay más posibilidades de elegir.

Imagine el diálogo entre ellas y el personal de venta.

E) Isabel quiere llamar a su amiga Beth que vive en Inglaterra. Va a la telefónica
para saber cómo puede hacerlo, cuál es la forma más rápida y económica...

Imagine el diálogo entre ella y la empleada.

3. Sustituya las palabras, frases o partículas en cursiva por otras equivalentes
que usted conozca y que puedan reemplazarlas en el texto.

4. Complete las frases de los grupos siguientes con una de las voces indicadas
en cada uno de ellos:
A) atender (1) / asistir

   1. Este niño cuando está en clase se distrae y no ....
   2. En esta tienda .... (ellos) muy bien.
   3. No .... (él) a las clases de física porque no le interesa.
   4. .... (nosotros) raramente a la tertulia de los jueves.

5. Oiga, por favor, ¿podría .... (usted) a esos señores?
6. ¿Cuántas personas .... al acto conmemorativo?

B) *apretar* (22) / *estrechar*

1. Tengo que .... esta falda porque últimamente he adelgazado.
2. Si estos zapatos le .... (ellos), pruebe un número mayor.
3. Cuando me dio la mano, me la .... (él) con gran efusividad.
4. .... (nosotros) amistad en ocasión del servicio militar.
5. Esta venda me .... (ella) demasiado e impide la circulación de la sangre.
6. .... (usted) bien las correas de la maleta para que no se abra.

C) *calidad* (24) / *cualidad*

1. Juan tiene muchas .... : es honesto, leal y sincero.
2. Los muebles de pino son de .... inferior a los de caoba.
3. .... más característica del diamante es su dureza.
4. Este vino no tiene ninguna ....
5. Es persona de gran valor y ....
6. Aquella pintura tiene .... de que es lavable.

D) *camiseta* (28) / *camisón* (50) / *camisa*

1. Para dormir prefiero el pijama a ....
2. Mi marido siempre lleva .... y corbata.
3. Ponte una buena .... de lana debajo del jersey.
4. Los jóvenes se visten todos del mismo modo: .... y vaqueros.
5. Esta .... de popelín de mi marido hay que plancharla con almidón.
6. Hemos comprado en la farmacia .... térmica para mi padre.

E) *bolsa* (57) / *bolso*

1. Le regalé .... de cocodrilo.
2. No me ponga los zapatos en una caja: póngamelos en ....
3. Le robaron .... con los documentos y las llaves de casa.
4. Han comprado .... de mimbre para la playa y también .... –nevera.
5. Póngame los bombones en .... de papel.
6. .... de plástico contaminan el ambiente.

F) *mostrador* (65) / *barra*

1. Comer en .... cuesta menos que sentados a la mesa.
2. Antes de embarcarse, tienen que pasar por .... y facturar el equipaje.

3. Tomamos una copa en .... porque teníamos prisa.
4. Pida la información a la señorita que está detrás de ....
5. Señora, por favor, quite el bolso de .... , porque si no, no puedo extender la tela.
6. No te apoyes en .... porque es de cristal y puede romperse.

5. Forme el sustantivo derivado del verbo entre paréntesis y controle luego con el texto:

1. Le han dado un premio por ser el más antiguo .... (depender, 4) de la casa.
2. ¿Están ocupados .... (probar, 21) en este momento?
3. Soy de .... (opinar, 25) que habría que prohibir las revistas pornográficas.
4. No pueden subir solos en .... (ascender, 30) los menores de doce años.
5. Mañana se abren .... (inscribir, 35) al curso de natación.
6. Los batidos son .... (mezclar, 47) de fruta y leche.
7. Ha salido .... (disponer, 64) que ordena vacunar a los perros contra la rabia.

6. Diga la forma contraria de la palabra en cursiva y controle luego con el texto:

1. He conocido a un chico verdaderamente *educado* (5).
2. La puerta *delantera* está siempre abierta (7).
3. Los dos hermanos tienen un carácter completamente *distinto* (13).
4. Este puente es muy *ancho* (14).
5. Es un mantel de tela *fina* (23).
6. Prefiero dormir en un colchón *blando* (23).
7. Sus gestos no son nada *finos* (26).
8. Me gusta el estilo de este escritor porque es *sofisticado* (33).

7. Observe:

En la frase *quiero una camiseta para llevar con los vaqueros* (32), las palabras CAMISETA y VAQUEROS son prendas de vestir que llevan indistintamente hombres, mujeres y niños.

Las siguientes palabras indican prendas de vestir destinadas a señoras, caballeros, niños:

CALCETINES	CAMISA	JERSEY	PIJAMA	BRAGAS
CAZADORA	MEDIAS	FALDA	PANTY	CAMISÓN
BATA	CALZONCILLOS	BLUSA	ABRIGO	SUJETADOR

Atendiendo a la definición, complete con la prenda adecuada:

1. El .... es una camisa larga para dormir
2. Las .... son una prenda interior femenina que recubre la parte inferior de la cintura y la entrepierna.
3. Los .... son una prenda de punto que cubre el pie y parte de la pierna; pueden llevarla indistintamente hombres, mujeres y niños.

4. Las .... son una prenda femenina que cubre el pie, la pierna, la rodilla y parte del muslo.

5. La .... es una prenda de tela fina que recubre la parte superior del cuerpo de la cintura al cuello; suele ser prenda masculina con cuello, mangas largas o cortas, y se lleva debajo de la chaqueta.

6. La .... es una prenda femenina que cubre exteriormente la parte del cuerpo que va de la cintura para abajo; puede ser larga o mini.

7. El .... es una prenda de punto generalmente de lana que cubre la parte superior del cuerpo y llega hasta la cintura.

8. Los .... son una prenda interior masculina que se lleva debajo de los pantalones.

9. La .... es una prenda femenina de tela fina que cubre la parte superior del cuerpo; generalmente se cierra delante con botones; puede ser de mangas largas, cortas o sin mangas.

10. La .... es un sobretodo largo y cómodo que se usa al levantarse de la cama y para estar en casa.

11. El .... es una prenda que cubre enteramente las caderas, las piernas y los pies.

12. El .... es una prenda de vestir que se lleva en invierno y se pone encima de todas las demás prendas para abrigarse al salir a la calle.

13. La .... es una chaqueta cómoda e informal que suelen llevar los hombres; suele ser de piel, cerrada delante con una cremallera, con cinturón elástico y bolsillos.

14. El .... es un traje de dormir de tela ligera, formado de pantalón y chaqueta.

15. El .... es una prenda interior femenina que se utiliza para sujetar los pechos.

8. Observe:

• ¡No me hable de fibra, que sólo *oír* nombrarla me entra alergia!(49).

Complete con uno de los siguientes verbos:

OÍR	ATENDER	AUSCULTAR
SENTIR	ESCUCHAR	ENTREOÍR

1. Hemos .... con mucha atención el discurso del presidente dimisionario.
2. En este momento el abogado está .... a un cliente: espere un rato.
3. Los médicos le han .... el pecho y le han diagnosticado una pulmonía.
4. No es que lo oyera perfectamente pero .... que estaban susurrando algo sobre él, sin comprender bien lo que decían.
5. (yo) .... un terrible dolor de muelas: voy al dentista inmediatamente.
6. Ese teléfono funciona muy mal: no se .... nada.
7. No es que el niño alborote pero en clase está siempre distraído y se ve muy bien que no ....
8. Nosotros .... muchísimo la pérdida de nuestro queridísimo padre.

9. Observe:

A) • *No se preocupe* (3).
   • *Permita* la libertad (17).

   Conjugue el verbo entre paréntesis en imperativo:

   1. .... (usted, perdonar) si le interrumpo: ¿qué hora tiene?
   2. No .... (tú, molestarse): puedo hacerlo yo solo.
   3. .... (usted, decir, a mí): ¿es verdad que le han echado?
   4. .... (vosotros, permitir) que os lo diga sinceramente: yo eso no se lo diría.
   5. .... (tú, quitar, a nosotros) una curiosidad: ¿cuántos años tienes?
   6. No .... (usted, ofenderse), pero sus niños son muy revoltosos.

B) • ¿qué *se ha hecho* de la dependienta? (4).

   Conjugue el verbo entre paréntesis en pretérito perfecto de indicativo *(he cantado):*

   1. .... (nosotros, revolver) todos los papeles, pero el carnet de identidad no .... (salir).
   2. Todavía no .... (ellos, elegir) a los nuevos representantes.
   3. Ya .... (ellos, resolver) el problema del agua.
   4. .... (yo, leer) estos chistes y .... (yo, reírse) de lo lindo.
   5. ¿ .... (tú, saber) algo de lo que .... (ellos, decir)?
   6. .... (ellos, cerrar) la tienda y .... (ellos, poner) un cartel que dice «en venta».

C) • ¿Los azules oscuros o *los más* claros? (+) (6).

   Complete con *el, la, los, las más/menos* + *de* cuando se requiera, según se indica:

   1. –¿Qué edificios han derribado? –.......... inestables .... la ciudad (+).
   2. Este alumno es .... aplicado .... la clase (–).
   3. Este cuadro es .... raro .... la colección (+).
   4. No me dé estas manzanas tan verdes: déme .... maduras .... la tienda (+).
   5. –¿Qué coche prefiere? –.......... rápido (+) y .... caro (–) .... los que están aquí.
   6. Esta medicina es .... tóxica .... todas (–).

D) • *depende* del modelo... (9-10).

   Conjugue el verbo entre paréntesis en presente de indicativo *(canto):*

   1. Esta versión de los hechos no me .... (ella, convencer) nada.
   2. No .... (yo, tener) inconveniente alguno en hospedarle en mi casa.

3. –¿Te .... (apetecer) salir esta noche? –.......... (depender) de cómo .... (yo, sentirse).
4. –¿No les .... (importar) si .... (yo, cerrar) la ventana?
5. Todas las mañanas .... (ella, regar) las plantas.
6. No tenga miedo: este perro .... (ladrar) pero no .... (él, morder).

E) • Pase al *probador* (21) (probador < proba(r)-d-or).

Forme el sustantivo derivado del verbo entre paréntesis:

1. ¿Le has dado cuerda a .... (despertar)?
2. Contemplamos el paisaje desde .... (mirar) de la cumbre.
3. A lo lejos se divisaban .... (labrar) y .... (segar) que trabajaban en los campos.
4. Este pequeño .... (colar) es para el té.
5. Es .... (investigar) de fama mundial.
6. Es una foto de todos .... (jugar) del equipo.

10. Complete con la preposición y controle luego con el texto:

1. Este calor depende .... el anticiclón de las Azores (9).
2. Compré un broche igual .... el tuyo (12).
3. Esta chaqueta me va estrecha .... mangas (15).
4. Se salió .... las bromitas de mal gusto de siempre (19).
5. Tiene el taller de sastre .... el primer piso de la calle de Colón (29).
6. Quiero un anorak .... mangas extraíbles y posiblemente .... rayas (32, 34).
7. María no es adecuada .... desempeñar un cargo directivo (37).
8. Tengo que ir al médico porque no estoy nada bien .... salud (54).
9. Si pagan ustedes .... efectivo, les hacemos un descuento (61).
10. No está nunca .... disposición de nadie (64).

11. Observe:

A) • *Si quiere* le traigo un modelo más ancho de caderas... (15).

> = en caso de que quiera

Según ello, transforme:

1. En caso de que venga más gente, bajo a comprar algo.
2. En caso de que le duela la cabeza, tome usted una aspirina.
3. En caso de que construyan un colegio aquí delante, llevo allí a los niños.
4. En caso de que el frigorífico no le satisfaga, se lo cambiamos.
5. En caso de que venga el cartero, dile lo del paquete extraviado.

6. En caso de que se ponga nervioso, tome un calmante.
7. En caso de que quiten la luz, enciende las velas.
8. En caso de que alguien llame mientras estoy en la reunión, dígale que más tarde.

B) • *Es probable que sea* como usted dice... (43)

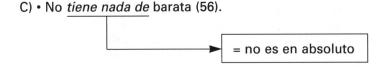

= es como usted dice: es probable

Según ello, una las dos frases transformándolas:

1. Todavía los pescadores no han regresado: es curioso.
2. No salen nunca de casa: es raro.
3. Les dan este permiso: es estupendo.
4. Habla mal de ti: es imposible.
5. El teléfono de la cabina no funciona: es probable.
6. Está tan enfadado conmigo: es extraño.
7. Tratan mal a los animales: es vergonzoso.
8. Tú duermes muchas horas: es oportuno.

C) • No *tiene nada de* barata (56).

= no es en absoluto

Según ello, transforme:

1. Lo que ha dicho no es en absoluto extraordinario.
2. Este chiste no es en absoluto divertido.
3. Tu casa no es en absoluto elegante.
4. Sus niños son simpáticos y no son en absoluto tontos.
5. Lo que ha pasado no es en absoluto extraño.
6. Este programa no es en absoluto interesante.
7. Sus ideas no son en absoluto originales.
8. Esta silla plegable no es en absoluto cómoda.

D) • –Pagaré en efectivo.
   –*Como quiera*, señora (61-62).

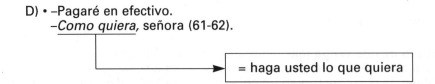

= haga usted lo que quiera

Según ello, transforme:

1. –¿Puedo sentarme en esta butaca? –Haga usted lo que guste.
2. –¿Sirvo los aperitivos en la terraza o en el salón? –Haga usted lo que prefieran los invitados.
3. –¿Le mandamos la carta urgente o certificada? –Hagan lo que sea más rápido.
4. –¿Vengo mañana a las siete o a las ocho de la tarde? –Haz lo que desees: yo estoy todo el día en casa.
5. –¿Lo escribimos a mano o a máquina? –Haced lo que os resulte más fácil.
6. –¿Vamos en tren o en avión? –Haced lo que queráis.
7. –¿Convocamos una asamblea extraordinaria? –Hagan lo que ustedes juzguen oportuno.

12. Observe:

• Me estaba sirviendo una señorita que *ha desaparecido...* (2).
• Aún me acuerdo del camisón que *compré* una vez, que *me pasé* la noche rascándome... (50-51).

Conjugue el verbo entre paréntesis en pretérito perfecto compuesto *(he cantado)* o pretérito perfecto simple *(canté)* de indicativo, según convenga:

1. .... (él, decidir) operarse la semana próxima.
2. .... (ellos, convenir) reunirse de nuevo al cabo de un mes.
3. Este año .... (disminuir) muchísimo el número de turistas.
4. .... (ellos, establecer) cerrar al tráfico el centro de la ciudad durante las horas punta hasta fines de este mes.
5. ¿Qué .... (tú, comer) ayer a mediodía?
6. –¿En qué mes .... (nacer) usted? –.......... (yo, nacer) en enero.
7. Hasta hoy, conmigo siempre .... (ellos, ser) muy amables.
8. Paco .... (estudiar) tanto para este examen y los profesores le .... (suspender).
9. ¿ .... (estar) ustedes en Chile el año pasado?
10. En mi vida .... (yo, ver) semejante desfachatez y grosería.
11. .... (tú, estar) holgazaneando todo el día y ahora pretendes que te eche una mano.

Ejercicios de escritura: hacia la redacción

1. Conteste en unas pocas frases:

   1. ¿Qué quiere comprar la señora?

   ....

   2. ¿Por qué no le convencen las prendas que le enseña el dependiente?

....

   3. ¿Qué planchas hace el dependiente?

....

2. Conteste expresando sus opiniones:

   1. ¿Qué tipo de personalidad revela la señora?

....

   2. ¿Qué tipo de personalidad revela el dependiente?

....

   3. Si usted fuera el dependiente ¿cómo reaccionaría ante las distintas objeciones y comentarios de la señora?

....

3. Complete con las partes que faltan y controle luego con el texto:

–[...] ¿Qué precio .... ?
–.......... cinco mil seiscientas cincuenta pesetas. Está muy bien ....
–No tiene nada de .... , la verdad sea .... , pero en fin...
–¿Se la .... , señora, o se la .... en .... ?
–No, envuélvamela. ¿Puedo pagar con un .... ?
–No creo que .... talones, señora. De todos modos, ... en caja. ¿Tiene usted .... de crédito?
–No, ... no tengo. Pagaré ....
–Como .... , señora. (53-62).

4. Según los elementos que le proporciona el texto:

   • invente un pequeño diálogo entre usted y el dependiente de una tienda;
   • diga cómo le gusta vestirse;
   • imagine prendas y complementos con los que combinaría una falda escocesa de cuadros verdes, azules, blancos y grises / unos pantalones negros;
   • diga qué se pondría usted con los tejanos.

5. Escriba una redacción sobre uno de los siguientes temas:

   • Yo, comprador.
   • Vender, hoy.
   • Publicidad y consumismo.
   • Mis preferencias en el ámbito del vestido.

12 A favor y en contra

	Pepe:	¿Lo sabíais que Miguel se ha hecho *el carnet* para la eutanasia?
	Julián:	*¡No me digas! Ya hace tiempo que habla* de eso. ¿Por qué será que le preocupa tanto?
5	Pepe:	Claro que le preocupa, ¿a quién no va a preocuparle? Hoy día, que *lo mismo* te tienen en una cama de hospital meses y meses pasándolas moradas..., y para nada..., por el gusto de tenerte en vida... *Yo encuentro* que ha hecho muy bien, y os diré que yo también me lo pensaré.
	Juan:	Pues a mí esto me parece muy mal porque la vida es sagrada y no tenemos derecho a hacer de ella lo que *nos dé la gana...*
10	Pepe:	¿Y quién ha dicho esto? ¡Éste cuando habla parece la Verdad *personificada!*
	Juan:	¿Tendré derecho a expresar *mi opinión*, sí o no?
	Pepe:	*Claro* que lo tienes, pero hablas como si tu opinión fuera una verdad universal, como si todos tuviéramos que pensar como tú.
15	Juan:	Yo considero que la vida pertenece a Dios y que es Él quien debe disponer de nuestras *existencias...*
	Julio:	Eso tú lo ves así porque eres creyente, católico o lo que sea. A ver si uno no puede *ser del parecer* que la vida nos pertenece y que el hombre tiene derecho a morir cuando es su voluntad.
20	Ernesto:	Yo creo que hay que *matizar,* en fin, que hay eutanasia y eutanasia. Si *efectivamente* la medicina no puede *garantizar* la curación, entonces los médicos o la familia decide...
	Juan:	Eso ya me parece mejor, aunque...
25	Pepe:	*¡Ni pensarlo!* ¿Por qué tiene que decidirlo el médico? Lo decido yo por que la vida es mía. Vosotros todavía tenéis en la cabeza ideas paternalistas...
	Juan:	Ya está ofendiendo, y luego dice que los demás *pontificamos...*
30	Pepe:	Es que vosotros os quedáis en lo que dice la «autoridad», como en la Edad Media, *ni más ni menos,* partiendo de ideas que parecen verdades absolutas y que si uno las analiza un poco se ve que son *memeces...*
	Julio:	Pues en lo del médico yo creo que Ernesto tenía razón, pero *no le has dejado acabar* de hablar...
	Juan:	*Como siempre...*
35	Julio:	No me interrumpas tú tampoco cuando hablo. Estaba diciendo que sólo el médico sabe cómo está el enfermo y lo que puede hacerse, ¿verdad Ernesto que querías decir esto?

Ernesto: *Exactamente.*

Pepe: Pues muy mal hecho, porque yo tengo el derecho de saber lo que tengo y el médico tiene el deber de decírmelo si *yo deseo* saberlo. De

40 modo que el médico me informa y yo decido.

Juan: A mí todo esto me parece muy herético, como si defendiéramos el suicidio...

Pepe: ¿Y qué tiene de malo el suicidio, a ver?

Juan: Pues que la Iglesia justamente siempre lo ha condenado.

45 Julio: Oye, *perdona*, pero ¿qué quieres que nos importe a los demás lo que condena la Iglesia? ¿Te has dado cuenta de que en el mundo no sólo estáis vosotros, o no?

Juan: Yo no digo que no, y *no te pongas así* porque aquí nadie te ha ofendido. Yo tengo derecho como tú a pensar lo que quiero...

50 Pepe: Claro que sí, pero la diferencia, acaso no te has dado cuenta, es que la ley a ti te deja hacer lo que piensas y a mí no.

Ernesto: Yo no comprendo por qué discutís tanto. *Al fin y al cabo* el carnet ese de Miguel no tiene ninguna validez legal. Tiene valor simbólico y basta.

55 Pepe: Pues *a eso iba*, que no tiene valor legal y que debería tenerlo.

Ernesto: La ley es la ley, ¡qué vamos a hacerle!

Julio: ¡Como si la ley no pudiera cambiarse, *ésa sí que es buena!* Hay que cambiar la ley de modo que cada cual pueda *actuar* según su conciencia sin verse acusado...

60 Pepe: Lo que pasa es que la ley *todavía* refleja un modo de pensar *retrógrado* que no corresponde al pensar de la mayoría. *Del mismo modo que* en el pasado se admitió el suicidio, y luego el aborto y tantas otras cosas, pues igual *se despenaliza* la eutanasia, ¡pero si es tan fácil!

Julio: Yo *comparto un poco* las ideas de Pepe, pero lo de la despenalización

65 total me parece peligroso... Se presta a abusos...

Juan: ¡Claro que sí! ¡Hay que ver dónde va el mundo! ¡Cuando yo digo que lo que llaman progreso es un retroceso, una degeneración, un retorno a la barbarie...!

Ejercicios orales

1. Conteste brevemente con sus propias palabras:

    1. ¿Por qué Pepe encuentra lógicas la preocupación y la decisión de Miguel?
    2. ¿Por qué Juan desaprueba la eutanasia?
    3. ¿Cómo explica Julio la opinión de Juan?
    4. ¿Qué piensa, en cambio, Julio sobre la decisión de morir?

5. ¿En qué casos Ernesto admite la eutanasia?
6. ¿Qué representa la opinión de Ernesto respecto a la de los demás?
7. ¿Cómo juzga Pepe las ideas de sus amigos?
8. ¿Por qué está molesto Juan de las reacciones de Pepe y cuáles son sus opiniones al respecto?
9. ¿Qué comentan los tres amigos sobre el valor de la eutanasia?
10. ¿Qué opina Pepe de la legislación actual referente a la eutanasia?
11. ¿Qué piensa Julio de la despenalización?
12. ¿Qué posiciones ideológicas quedan representadas en cada uno de los participantes en la discusión?

2. Ampliemos el tema con situaciones similares:

A) Dos amigas, Merche y Pilar, tienen los hijos en edad escolar y se plantean el problema de si es mejor que vayan a una escuela del Estado o a un colegio particular y/o religioso:

Complete las partes que faltan del diálogo:

Merche: Pues para mí que las escuelas del Estado no ....
Pilar: ¿Qué dices? Si .... Además, no hay que pagar ....
Merche: En eso .... Claro que un colegio .... Pero yo ....
Pilar: .... tienen un sueldo bajo, ...
Merche: No te creas que los del Estado .... y encima .... Hay .... de monjas o .... que .... y, quedándose allí todo el día ....
Pilar: .... así porque eres creyente: .... mis hijos ....
Merche: ¡Qué .... ! ¿Sabes qué pasa en las escuelas .... ? ....
Pilar: ¡ .... ! Hay .... y es también cuestión de principio: el Estado .... y nosotros ....
Merche: Arriesgando .... de nuestros hijos. .... pagar más, pero ....
Pilar: ¡Aquí te espero! ¿ .... yo tanto dinero? ¿ .... ?
Merche: .... los hijos, uno ....
Pilar: Y luego, cuando sean mayores, ... No, yo sigo pensando .... Al fin y al cabo, nosotras también .... y no resulta que ....

B) Durante una reunión entre amigos, se origina una animada discusión porque algunos dicen que el dinero da la felicidad y otros sostienen exactamente lo contrario.

Complete las partes que faltan del diálogo:

Carlos: .... de acuerdo con Luis: el dinero ....
Miguel: .... tienes dinero. Si no tuvieras un padre .... seguro que .... Sólo los ricos .... porque ....
Luis: Es que tú .... : yo no decía que .... , sino en sentido moral.
Felipe: No .... : una cosa es tener dinero porque .... , y otra la felicidad: .... aunque ....

Miguel: .... que no. Pero con el dinero .... e incluso en caso de enfermedad ....

Carlos: .... los ricos.

Felipe: Sí, pero ellos pueden ....

Luis: Hay cosas mucho más importantes: ....

Miguel: ¡El amor! Yo creo que ....

Luis: La salud ....

Felipe: No os .... y discutamos .... Yo .... un poco de dinero no
.... , ya que te permite .... Pero se puede .... : todo
depende ....

Miguel: Sea como sea, ... un boleto de la lotería: a ver ....

C) Se ha organizado una mesa redonda con políticos, físicos y gente de la
calle para tratar un tema muy actual: la necesidad o no de las centrales
atómicas.

Complete las partes que faltan del diálogo:

Ecologista: ¡Es imprescindible .... !

Físico: Esos pequeños accidentes son .... Aparte de eso, ... :
las necesitamos.

Mujer: ¡Pequeños .... ! Dentro de poco, seguro .... a causa ....

Político: .... , es .... Debemos estar al paso .... y no teniendo
....

Físico: Ustedes se preocupan .... ¿No ven .... todos los días?
¿Y .... las comodidades que hoy todos .... ?

Hombre: Eso del progreso .... Yo .... como en la Edad Media.
Pero ustedes ....

Físico: .... muy seguras. .... propaganda negativa. Los ecologis-
tas ....

Ecologista: ¡Yo soy precisamente .... y .... estáis matando a la
Naturaleza: .... !

Mujer: Exacto: uno ya no sabe ....

Ecologista: ¡Observad y considerad .... !

Moderador: Señores, por favor, ... ! Seamos personas .... : todos tienen derecho ....

Físico: Es verdad que a veces .... , pero sin la ciencia .... Al fin
y al cabo, la vida del hombre ....

Mujer: ¡ .... con el cuento de siempre! Díganos: si explota una,
.... ¿ .... ?

Físico: Eso es .... , pero si por casualidad .... , hay ....
Seguramente no sería ....

Hombre: .... puesto que es su trabajo, pero nosotros ....

Físico: .... en contra, pero no pueden prescindir de ....

Político: .... con usted y .... nuestro partido ....

Ecologista: Y nosotros, en cambio, ... y lucharemos ....

Mujer: ¡ .... yo! El futuro de mis hijos .... y ruego a Dios que
....

D) Entre los varios problemas que afectan la vida moderna hay también el de la mujer, casada y con hijos, que trabaja fuera de casa. Algunos opinan que éste es un derecho de la mujer; otros afirman que la mujer sólo tiene que pensar en la casa y en la familia.

Imagine el diálogo entre ellos.

E) La caza es hoy causa de violentas discusiones. Hay quien la considera un deporte sano en directo contacto con la Naturaleza, mientras que otros la consideran una verdadera «matanza» de animales, un delito, una amenaza para la Naturaleza, un negocio infame.

Imagine el diálogo entre ellos.

F) Un grupo de amigos están expresando sus opiniones a favor y en contra de:

   – la religión;
   – el aborto;
   – el arte moderno;
   – la libertad de prensa;
   – los horóscopos;
   – la familia;
   – la dictadura.

Imagine el diálogo entre ellos.

3. Sustituya las palabras, frases o partículas en cursiva por otras equivalentes que usted conozca y que puedan reemplazarlas en el texto.

4. Complete las frases de los grupos siguientes con una de las voces indicadas en cada uno de ellos:

A) *saber* (1) / *conocer*

   1. ¿ .... (vosotros) tocar el piano?
   2. ¿ .... (ustedes) a aquellos señores?
   3. Habla tú, que yo no .... hablar en público.
   4. Nadie .... quién ha ganado el primer premio.
   5. No .... (nosotros) si llega mañana o pasado mañana.
   6. ¿ .... (tú, saber) que llevo un montón de tiempo aquí y prácticamente no .... (yo, conocer) a nadie?

B) *por qué* (2) / *porque* / *porqué*

   1. No se explica el .... de su conducta.
   2. Quisiera saber .... no me llamaste ayer.

3. ¿No se formó el gobierno .... nadie alcanzó la mayoría absoluta?
4. .... no le felicité el día de su santo, se molestó conmigo.
5. Dinos .... viniste andando: ¿ .... querías dar un paseo?
6. –¿ .... te asomas a la ventana? –.......... quiero ver lo que pasa en la calle.

C) *para* (6) / *por* (6)

1. Este trasto no sirve .... nada.
2. Todo lo que ocurre es .... tu culpa.
3. Estarán aquí .... fines de mes.
4. Se lo vendió .... mil pesetas.
5. .... nosotros este clima es demasiado húmedo.
6. Pregunte .... el jefe de producción.

D) *también* (7) / *tampoco* (34)

1. Ya sabemos a qué hora llegará el tren y .... el número del andén.
2. ¿Tú .... sabes escribir a máquina? ¡Qué lástima!
3. No quieren perros en casa y .... gatos.
4. Mi hermana ha encontrado trabajo y yo ....
5. Despidieron a la mitad de los obreros y .... a algunos de los jefes.
6. –¿Iréis mañana al gimnasio? –No, y .... el miércoles.

E) *en fin* (20) / *finalmente*

1. Después de tantos sufrimientos, ... el pobre pasó a mejor vida.
2. .... : ¿habéis decidido la fecha del bautismo?
3. Tras largas negociaciones .... llegaron a un acuerdo.
4. .... : estoy hasta la coronilla de tus celos.
5. He limpiado puertas, ventanas, radiadores, armarios: .... , toda la casa.
6. .... dimitió de su cargo: ¡ya era hora!

F) *querer* (36) / *gustar*

1. ¡Cuánto te .... (yo), cariño!
2. Le .... (a él) estar tumbado al sol.
3. Os .... (a vosotros) pasear por el campo.
4. No .... (ella) revelar el secreto.
5. Al perro no le .... (a él) estar atado a la cadena.
6. ¿Les .... (a ustedes) esa sinfonía?

5. Forme el derivado de la palabra entre paréntesis y controle luego con el texto:

1. Hoy día, el número de .... (creer, 17) ha disminuido mucho.
2. .... (curar, 21) no es segura al ciento por ciento.

3. Este documento no tiene .... (válido, 53) en el extranjero.
4. Algunas formas de aborto son .... (ley, 53).
5. Le dio un beso puramente .... (símbolo, 53).
6. Se ha registrado .... (retroceder, 60) en la inflación.
7. .... (degenerar, 67) del ambiente es culpa de la insensatez del hombre.
8. Hay quien sueña en .... (retornar, 67) al mundo de la infancia.

6. Observe:

En la frase *yo encuentro que ha hecho muy bien* (6), el verbo HACER podría sustituirse por el verbo ACTUAR.

Sustituya el verbo *hacer* por otro verbo más específico:

1. Como ya he visto la película que *hacen* esta noche, prefiero leer un buen libro.
2. *Hicieron* salir de los almacenes en llamas a todo el mundo.
3. *Hicieron* una foto estupenda del lago.
4. *Has hecho* una paella que es para chuparse los dedos.
5. Señora, últimamente su hijo *se ha hecho* muy simpático.
6. Me *hace* mucha ilusión que pases con nosotros estas navidades.
7. *Hace* de intérprete en el Parlamento europeo.
8. Porque regresé al cuartel más tarde de lo debido, el coronel me *hizo* fregar todos los platos de la cocina.
9. En los últimos capítulos, la novela *se hace* muy interesante.
10. Ese chiste que nos has contando me *ha hecho* mucha gracia.
11. *Haremos* revisar el motor a nuestro mecánico de confianza.

7. Observe:

En la frase *pues igual se despenaliza la eutanasia* (62), DESPENALIZAR es un verbo prefijado constituido por el prefijo DES- + PENALIZAR

Existen estos otros prefijos con el significado que se indica:

DES- (contrario)	IN- (+ p, b>IM-) (negación)
MAL-(mal)	PRE-(anterioridad)
RE-(de nuevo)	SOBRE-(superioridad)
SUB-(inferioridad)	SUPER-(superioridad)

Prefije los verbos siguientes:

1. No hay que .... (calentar) nunca el café.
2. Su manera cortés de presentarse .... (disponer) favorablemente a todo el mundo.
3. El padre fue condenado por .... (tratar) a su esposa e hijos.

4. Este líquido especial sirve para .... (permeabilizar) los zapatos y otras prendas de vestir.
5. Tiene un gran complejo de inferioridad y tiende a .... (valorarse).
6. Para este fin de semana el servicio meteorológico .... (ver) intensas nevadas en todo el norte del país.
7. Nos ha hecho este favor para reparar la ofensa que nos hizo y para ..... (agraviar, a nosotros).
8. Ha .... (valorar) sus capacidades y ha fracasado clamorosamente.
9. Nostradamus .... (decir) los acontecimientos históricos que ocurrirían en el futuro.
10. La parálisis le ha .... (movilizar) en una silla de ruedas.
11. He .... (rayar) las partes más relevantes del contrato con este marcador amarillo.
12. Hoy tenemos que .... (hacer) las camas porque hay que airear los colchones.
13. Quiero .... (leer) esta novela porque me ha gustado mucho.
14. A fuerza de .... (gastar) el patrimonio familiar se ha arruinado.
15. Estos proyectos de ustedes .... (suponer) la existencia de infraestructuras adecuadas.
16. Estas cajas que contienen objetos frágiles es mejor no .... (ponerlas).
17. Con lo que ha escrito en este artículo el periodista ha tratado de .... (acreditar, a nosotros).
18. Los gastos de reestructuración .... (pasar) con creces el presupuesto que nos hizo el arquitecto.
19. Según algunos, la penalización de la droga serviría para .... (alentar) el consumo de la misma.
20. En Yugoslavia .... (existir) todas las condiciones negativas que han llevado a la guerra civil.
21. Si usted quiere .... (arrendar) el apartamento a otra persona tiene que advertir por escrito al propietario.
22. Los bomberos mandaron .... (alojar) el hotel inmediatamente.
23. De momento hemos .... (utilizar) toda el ala derecha del edificio.
24. El asesino confesó que había .... (meditar) el delito.
25. Las fuertes ráfagas de viento han .... (posibilitar) la escalada.
26. En los edificios del casco antiguo no se han construido nuevos áticos porque está prohibido .... (edificar).
27. ¡Ya .... (sentir) yo que iba a ocurrir una desgracia!
28. Con tantos mimos y concesiones no ha hecho sino .... (criar) a sus hijos.
29. .... (comenzar) las manifestaciones obreras como años atrás.

8. Observe:

A) • ¿*Lo* sabíais que Miguel [...] (1).
   • y el médico tiene el deber de decír*melo* (39).

Transforme sustituyendo las partes en cursiva por los pronombres-complemento:

1. ¡Encienda usted *la lámpara de pie!*
2. No sé si decir *a Pedro lo ocurrido.*
3. Prohibieron *a ellos entrar en la iglesia sin mangas.*
4. Enviaremos *a vosotros el paquete* por correo certificado.
5. Dijeron *que la mudanza sería el día 27.*
6. ¡Devolved *a nosotros la tarjeta de crédito!*

B) • ¿Lo *sabíais* que Miguel! [...] (1).

Conjugue el verbo entre paréntesis en el tiempo y modo adecuados:

1. Que yo .... (saber), no .... (ellos, poder) asistir porque no ....
   (ellos, estar) inscritos.
2. Cuando .... (vosotros, ser) mayores, ... (vosotros, tener) la libertad
   de hacer lo que os .... (dar) la gana.
3. ¿Qué les .... (ellos, traer) de su último viaje?
4. No creo que ustedes .... (caber) en esta aula.
5. ¿ .... (tú, venir) mañana a clase?
6. .... (yo, tener) mucha suerte en aquella ocasión.

C) • ¡No me *digas!* (2).

Transforme en imperativo negativo (*¡no cantes!*):

1. ¡Cerrad la puerta!
2. ¡Venid antes de las ocho!
3. ¡Pon la radio!
4. ¡Escribe en letra de imprenta!
5. ¡Decidle la verdad!
6. ¡Hervid la leche!

D) • no tenemos derecho a hacer de ella *lo que* nos dé la gana... (8-9).
   • en *lo del* médico yo creo que Ernesto tenía razón (31).

Complete con *el, lo, la, los, las* + *que / de:*

1. He lavado las cortinas del salón y me faltan .... el dormitorio.
2. –¿Has leído este artículo sobre el cáncer? –No, he leído .... habla de
   ecología.
3. .... el otro día no me hizo ninguna gracia.
4. .... nos interesó del congreso fue la intervención del físico ruso.
5. –¡Acérqueme las copas!: –¿ .... el agua o .... el vino? – .... pre-
   fiera.
6. Arreglaron el tejado de nuestra casa y .... la casa de al lado.

E) • Eso ya me parece *mejor* (23)

Diga el adjetivo comparativo de superioridad de la palabra entre paréntesis:

1. Estos zapatos son buenos, pero éstos son .... (bueno).
2. .... (malo) para ti si no has venido: no sabes lo que te has perdido.
3. Ellos viven en el piso .... (de abajo), pero les hubiera gustado vivir en un ático.
4. Este vino es de calidad .... (bueno).
5. Los resultados han sido .... (grande) a las expectativas.
6. Mi hermano .... (pequeño) todavía no anda.

9. Complete con la preposición y controle luego con el texto:

1. Le tuvieron .... vida en un pulmón de acero (5).
2. Nadie tiene derecho .... insultarme .... este modo (9, 38).
3. Disponga usted .... mí para cualquier cosa que necesite (16).
4. Soy .... la opinión que hay que intentarlo a toda costa (18).
5. Tengo una idea fija .... la cabeza (25).
6. Se alojaron .... la primera posada que encontraron (28).
7. Vosotros partís .... una falsa premisa (29).
8. ¿No se dan cuenta .... que este pobre hombre trabaja como un negro? (46).
9. Estos resultados no corresponden .... lo previsto (61).
10. .... el mismo modo que tú te diviertes jugando al fútbol, yo me divierto leyendo (61).

10. Observe:

A) • Ya _hace_ tiempo _que habla_ de eso (2).

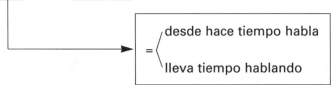

$$= \begin{cases} \text{desde hace tiempo habla} \\ \text{lleva tiempo hablando} \end{cases}$$

Según ello, transforme:

1. Desde hace unos días está resfriado.
2. Lleva un mes yendo a clase de conducción.
3. Desde hace un montón de tiempo aquí llueve.
4. Lleva estudiando en la universidad más de seis años.
5. Desde hace varias semanas vengo diciéndoles lo mismo.
6. Llevamos una hora esperándote.
7. Lleva dos años encerrado en la cárcel.
8. Desde hace diez años viven en el extranjero.

B) • A ver si *uno* no puede ser del parecer... (17-18)

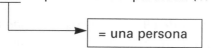

= una persona

Según ello, transforme:

1. En estas condiciones, una persona no sabe por quién votar.
2. Hay momentos en que una persona se pregunta cómo han podido pasar ciertas cosas.
3. Frente a tantas acusaciones falsas, una persona no sabe cómo defenderse.
4. Con tanto ruido una persona duerme muy mal.
5. Con ese mal tiempo a una persona le pasan las ganas de salir.
6. Una persona no siempre tiene ganas de bromear.
7. Con ese calor sofocante una persona desearía estar en el Polo Norte.

C) • ¡qué *vamos a hacerle!* (56).

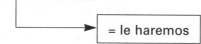

= le haremos

Según ello, transforme:

1. Han anunciado que el tren saldrá con media hora de retraso.
2. Podarán los árboles en febrero.
3. Encuadernaremos los números de esta revista por años.
4. Llamaremos al técnico para que revise la impresora.
5. Aquí en el recibidor colgaré un tapiz antiguo.
6. Si no te estás quieto, te daré un cachete.
7. ¿Presentaréis querella por lo ocurrido?
8. ¿Te doctorarás en septiembre?

D) • Hay que cambiar la ley *de modo que* cada cual *pueda* actuar [...] (57).

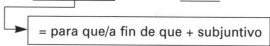

= para que/a fin de que + subjuntivo

Según ello, complete usando una de estas fórmulas:

1. Te presto mi plancha ....
2. Le ocultaron la verdad ....
3. Hablaba en voz muy alta ....
4. Iba de puntillas ....
5. Insonorizó todo el piso ....
6. Pongo insecticida ....
7. Enciendo la chimenea ....
8. Abono el terreno ....

11. Observe:

• no tenemos derecho a hacer de ella *lo que nos dé la gana...* (8).
• el hombre tiene derecho a morir *cuando es su voluntad* (18-19).

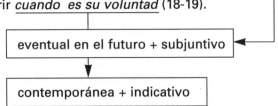

Según ello, conjugue en indicativo o subjuntivo:

1. Cuando .... (ellos, dar) las seis en el reloj de la plaza, se levanta de la cama.
2. Mientras no .... (tú, comer) la verdura, no te daré la carne.
3. No levantarán la casa hasta que les .... (ellos, conceder) el permiso de construcción.
4. Haremos lo que .... (nosotros, poder) para presenciar la ceremonia.
5. Mientras .... (él, ducharse) canta o silba.
6. En cuanto le .... (ustedes, pagar), podrá abonar la letra de cambio.
7. Si .... (vosotros, comprar) demasiada fruta, se os pudrirá.
8. Mientras no .... (ellos, instalar) la calefacción, tendremos que usar la estufa.
9. Podremos dar una vuelta en barca cuando el mar .... (estar) más tranquilo.
10. Cuando .... (usted, oír) la señal, marque el número de teléfono.

Ejercicios de escritura: hacia la redacción

1. Conteste en unas pocas frases:

1. ¿Qué piensa Pepe de la eutanasia?
   ....

2. ¿Qué motivos contrarios aduce Juan?
   ....

3. ¿Quiénes representan la posición intermedia? ¿Cómo la argumentan?
   ....

2. Conteste expresando sus opiniones:

1. ¿Con cuál de los personajes está usted de acuerdo y por qué?
   ....

2. ¿Qué piensa de lo que dicen sobre la legislación?

....

3. ¿Qué piensa del modo cómo se desarrolla la discusión?

....

3. Complete con las partes que faltan, y controle luego con el texto:

–Lo que .... es que la ley todavía .... un modo de pensar .... que no .... al pensar de .... Del mismo modo que en el pasado .... el suicidio, y luego el aborto y .... cosas, pues .... se despenaliza la eutanasia, ¡pero si es .... !
–Yo .... un poco las ideas de Pepe, pero lo de la despenalización .... me parece .... a abusos...
–¡ .... que sí! ¡Hay que ver dónde .... el mundo! ¡Cuando yo .... que lo que llaman progreso es .... , una degeneración, un retorno a .... ! (60-68).

4. Ponga las comas y controle luego con el texto:

–¿Tendré derecho a expresar mi opinión sí o no?
–Claro que lo tienes pero hablas como si tu opinión fuera una verdad universal como si todos tuviéramos que pensar como tú.
–Yo considero que la vida pertenece a Dios y que es Él quien debe disponer de nuestras existencias...
–Eso tú lo ves así porque eres creyente católico o lo que sea. A ver si uno no puede ser del parecer que la vida nos pertenece y que el hombre tiene derecho a morir cuando es su voluntad.
–Yo creo que hay que matizar en fin que hay eutanasia y eutanasia. Si efectivamente la medicina no puede garantizar la curación entonces los médicos o la familia decide... (12-22)

5. Según los elementos que le proporciona el texto:

• defienda o ataque el suicidio;
• defienda o ataque el aborto.

6. Escriba una redacción sobre uno de los siguientes temas:

• A favor o en contra de la eutanasia.
• Medicina y eutanasia.
• La libertad de opinión
• Libertades civiles y políticas.
• El progreso.

13 ¿Por dónde habrá entrado...?

Policía 1: La puerta está cerrada con llave. Por aquí el asesino no ha entrado, *esto es seguro.*

Jefe: *Puede que* haya entrado, como puede que no. Abramos la puerta y entremos de una vez...

5 Policía 1: Yo soy de la opinión que ha entrado por el balcón, porque queda muy bajo, a *un par de* metros del jardín...

Jefe: Déjese de *conjeturas* sobre cómo ha entrado y cómo no ha entrado. Inspeccionen el cadáver.

Policía 2: Jefe, el cadáver está aquí, en la cama. No hay señales de *violencia nin-* 10 *guna.* Parece como si estuviera durmiendo, el pobre. Mire, aquí *encima de* la mesita de noche hay un tubo de *grageas,* somníferos, seguro... Yo creo que se trata de un suicidio...

Jefe: Yo no creo que se trate de ningún suicidio. Esto es lo que quiere hacernos creer el homicida.

15 Policía 1: ¿A qué hora habrá *fallecido?*

Jefe: Yo supongo que lo habrán matado poco antes de *medianoche...*

Policía 2: Oiga, jefe, aquí en la mesita de la sala hay un cenicero lleno de *colillas.*

Policía 1: ¿Será que el asesino antes de cometer el delito...?

Jefe: No, *opino* que el asesino desea *despistarnos* haciéndonos creer que la 20 víctima estaba muy nerviosa, lo cual explica...

Policía 2: El reloj está parado a las siete y media, ¿qué querrá decir esto?

Policía 1: Pues yo supongo que es que se le acabó la cuerda a esta hora...

Policía 2: Yo imagino que hay intencionalidad en esto, ¿qué opina usted, jefe?

Jefe: Vayamos *por partes* y por su orden. *A ver,* usted que tanto meditaba 25 sobre el balcón, ¿está abierto, forzado o qué?

Policía 1: Pues está cerrado, ¡qué *raro!* ¿verdad? *Para mí* que el asesino tenía la llave; habrá sido un amigo íntimo o un pariente de la víctima...

Jefe: Yo sospecho que ha entrado por el balcón, lo ha cerrado y se ha marchado por la puerta, *eso es todo.*

30 Policía 1: ¡Qué *genio* es usted, jefe!

Jefe: Controlen si en el jardín se ven huellas. Y usted, tome las huellas *digitales* de las manivelas del balcón y de la puerta...

Policía 1: Yo *me figuro* que ese *pillo* de asesino llevaba guantes.

Policía 2: ¡Y qué tiene de extraño eso! ¡Todos los asesinos del mundo llevan 35 guantes!, ¿verdad, jefe?

Policía 2: Jefe, aquí hay *una nota firmada* por la víctima...

Jefe: El truco de siempre: «Desesperado de la vida...»

Policía 2: Pues sí, dice eso...

Policía 1: Jefe, la alfombra de la sala está movida, la mesa no está centrada y
40   la copa que hay encima de ella está volcada. A mi juicio aquí hubo
            una discusión y luego tal vez *llegaran a las manos...*

Jefe: Es posible que haya sido como usted dice. Pero el asesino ha sido
            muy *preciso* en todo y me parece extraño que no haya *ordenado* estas
            cosas antes de irse. *Seguramente* lo ha hecho *adrede*, para simular una
45   *riña* justamente...

Policía 1: Quién sabe... Todo puede ser, desde luego.

Jefe: Sigan inspeccionando. Yo, mientras, hablo con la vecina de aquí delante.

Policía 1: Antes yo hablé con la portera...

Jefe: *¡Ahora me lo dice!* ¿Qué le ha dicho?

50 Policía 1: Que ella *anoche* no vio que entrara nadie en la casa, *salvo a* la vícti-
            ma, que llegó más tarde que de costumbre. Dijo que ella tenía sus
            opiniones, y que para ella el asesino es una señorita que venía de vez
            en cuando, que a ella no le gustaba *nada* porque tenía un aspecto...
            sospechoso...

55 Jefe: ¡Cuánta imaginación! ¡Aquí *nos atenemos a* los hechos, señores, única y
            exclusivamente a los hechos! ¿Entendido?

Ejercicios orales

1. Conteste brevemente con sus propias palabras:

   1. ¿Qué observa y qué opina el primer policía al entrar en la casa donde se ha
      cometido el crimen?
   2. ¿Qué nota el segundo policía al ver el cadáver?
   3. ¿Qué opina el jefe de los comentarios y conjeturas que hacen los dos policías?
   4. ¿Qué conjeturas hacen sobre cuanto observan en la sala de estar?
   5. ¿Que comentarios hacen sobre las huellas digitales?
   6. ¿Qué conjeturas hacen sobre el desorden que encuentran en la sala?
   7. ¿Qué dicen los policías sobre la vecina y sobre la portera?

2. Ampliemos el tema con situaciones similares:

   A) Nuevos inquilinos han alquilado un piso en un edificio. De ellos no se saben
      muchas cosas, y dos señoras, que viven en el piso de abajo, hacen conjetu-
      ras y suposiciones.

   Complete las partes que faltan del diálogo:

Señora 1: ¿ .... tú de los nuevos inquilinos?
Señora 2: Bueno, ... Pero .... hijos porque se oyen muchos ruidos.
Señora 1: .... pequeños, ya que ....
Señora 2: .... jóvenes. .... treinta años.
Señora 1: No, ... más. ¿ .... el marido? Le he visto salir con una car-
           peta y .... abogado o ....
Señora 2: Y ella .... porque sale sólo ....
Señora 1: .... mucho dinero: ¿has visto qué coche .... ?
Señora 2: Sí, y .... extranjeros: de vez en cuando ....
Señora 1: De todos modos, ... porque se les oye gritar.
Señora 2: ¿No .... los hijos?
Señora 1: No, no .... por ellos. Todos los niños ....
Señora 2: ¿No .... que acabarán por separarse? ¡Está .... ahora!
Señora 1: En absoluto: .... un matrimonio joven siempre ....
Señora 2: Entonces, ¿ .... de aquel señor .... cuando el marido no
           está?
Señora 1: .... un amigo de familia o ....
Señora 2: No. Yo .... que el marido no ....
Señora 1: Anda, ¡no .... demasiadas cosas! .... un buen matrimonio.
Señora 2: Yo .... algo raro allá arriba. ¿No .... interesante subir con
           una excusa cualquiera y .... ?
Señora 1: No, ... falta de educación y ....

B) Dos padres están muy preocupados porque a las dos de la madrugada su
   hijo, que ha salido en coche con algunos amigos, no ha vuelto todavía.

   Complete las partes que faltan del diálogo:

Madre: ¡ .... alguna desgracia!
Padre: Ya .... yo que dándole el coche ....
Madre: .... estropeado, porque nunca llegó tarde.
Padre: No, eso no. .... de algún amigo.
Madre: No. .... llamado para avisarnos.
Padre: También .... sin gasolina, pero .... ayuda a alguien.
Madre: .... a la policía, si no ....
Padre: ¿No .... a un hospital?
Madre: .... que no. En caso de accidente de coche, nos ....
Padre: ¿No .... algo raro en él últimamente?
Madre: Ah, no sé. La verdad es .... media novia, porque ....
Padre: .... mal. Pero nos .... presentado o ....
Madre: .... , siendo tan tímido y callado, no ....
Padre: .... por lo menos con la madre .... confianza.
Madre: ¿No .... el padre? En el fondo ....
Padre: .... porque no estoy casi nunca .... ¿No .... a su amigo
         Pedro .... ?
Madre: ¿A esas horas? .... Vamos a despertarlos a todos.
Padre: Entonces, lo mejor ....
Madre: Sí, ... también lo mejor ....

C) Miguel siente un gran malestar en todo el cuerpo. Va a un médico para una consulta pero éste no consigue averiguar bien qué clase de enfermedad padece.

Complete las partes que faltan del diálogo:

Miguel: ...., doctor. Llevo algunos días ....
Doctor: Puesto que usted ...., ... algo del hígado.
Miguel: .... también, porque cuando como huevos o ....
Doctor: Sí ...., pero no me explico el dolor de cabeza, ya que ....
Miguel: Yo .... de la presión arterial que .... para mi edad.
Doctor: No, ... eso. .... trabajando demasiado y ....
Miguel: Entonces, ¿ .... estrés de trabajo?
Doctor: .... De todos modos, no .... porque esa fiebrecita ....
Miguel: .... del tiempo: hay una humedad espantosa y yo ....
Doctor: Ah, ¿tiene reuma también? .... un chequeo completo.
Miguel: .... nada. Pero, ¿ .... absolutamente necesario?
Doctor: .... sí. Y .... un poco de culpa .... el humo: por lo visto, usted ....
Miguel: .... razón, pero .... sin el humo.
Doctor: ¿No .... si después de beber un poco más de lo normal .... ?
Miguel: No, ...
Doctor: .... el clima de esta ciudad ....
Miguel: ....
Doctor: Pues lo primero .... es cambiar de clima; ....

D) En un lugar remoto, unos expedicionarios hablan de un pueblo completamente abandonado por sus habitantes, pero notan que todo está en orden. Imaginan los varios porqués de ese abandono total: pestilencia, contaminación atómica, emigración en masa...

Imagine el diálogo entre ellos.

E) Al volver a casa después de las vacaciones, los señores Pacheco se encuentran con la casa revuelta, sin que falte ningún objeto de valor. Consideran lo que ven cambiado de sitio, sucio, roto..., y se preguntan lo que habrá podido pasar durante su ausencia: ladrones, despecho de los vecinos, hijos y amigos de los hijos haciendo juerga...

Imagine el diálogo entre ellos.

F) El coche de Pablo tiene algo raro porque a veces no arranca, gasta demasiada gasolina, hace ruidos extraños, las luces no siempre se encienden, pierde aceite... Lo lleva, pues, a un taller y habla con el mecánico.

Imagine el diálogo entre ellos.

G) Ángeles y Julio han ido a cenar a un restaurante chino y están comentando los varios platos que les están sirviendo cuyos ingredientes no llegan a identificar.

Imagine el diálogo entre ellos.

3. Sustituya las palabras, frase o partículas en cursiva por otras equivalentes que usted conozca y que puedan reemplazarlas en el texto.

4. Complete las frases de los grupos siguientes con una de las voces indicadas en cada uno de ellos:

A) *seguro* (2) / *seguramente* (44)

1. No es ...., pero .... le habrán envenenado.
2. ¿Es .... que la leche es el alimento más completo?
3. Todavía no lo he decidido bien, pero .... invertiré dinero en terrenos.
4. Ganará el Oscar por la mejor dirección: ....
5. Nadie lo sabe ...., pero .... la heredera universal será la amante.
6. .... vendrá mañana, de todas formas, me lo confirma esta noche.

B) *de una vez* (4) / *tal vez* (41) / *de vez en cuando* (52-53).

1. Sólo se ven ....
2. Díselo .... y no lo pienses más.
3. Llegarán .... en el tren de las cinco.
4. .... le gusta ir a la ópera.
5. Está tan vieja esta falda: ¡tírala .... !
6. .... haya muerto por un infarto.

C) *antes de* (16) / *antes* (48)

1. .... hacía Medicina, ahora Farmacia.
2. Las familias de .... la guerra eran más numerosas que las de hoy.
3. Si puedes, ... venir, cómprame el periódico.
4. Reflexionad mucho .... hablar.
5. Ve al abogado, pero .... llama para ver si puede recibirte.
6. .... conducir era menos peligroso que ahora.

D) *tanto* (24) / *tan*

1. ¡No comas .... : estás ya .... gordo!
2. Esta película es .... buena que de buena gana la vería otra vez.
3. ¡No habléis .... , que me aturdís!

4. Después de .... esforzarse, no ha conseguido ningún resultado.
5. ¿Sigues poniendo azúcar en el café? ¡Has puesto ya .... !

E) *estar* (39) / *ser* (42)

1. Las calles .... regadas todas las noches.
2. La ropa .... recién lavada.
3. El jardín .... rodeado por una tapia.
4. Las casas andaluzas .... encaladas todos los años.
5. La manivela del balcón .... rota: por lo visto .... forzada.
6. El grifo ya .... arreglado.

F) *pero* (42) / *sino*

1. Yo no doy clases de inglés, ... mi hermano sí.
2. No pienso sacarle la muela .... simplemente curársela.
3. Os dejo salir, ... no volváis demasiado tarde.
4. No le regalo el pañuelo de cuello, ... se lo puedo prestar.
5. No sólo es limitado .... también holgazán.
6. Lo que te han contado no es la verdad .... pura mentira.

5. Diga la forma contraria de la palabra entre paréntesis y controle luego con el texto:

1. Seguramente a esta hora el estanco está .... (abierto, 1).
2. Dejen .... (salir, 3) a los pasajeros.
3. Por la edad que tiene, aquel chico es verdaderamente .... (alto, 6).
4. El gato se puso .... (debajo de, 10) la butaca.
5. .... (después de, 16) salir, avísenme.
6. La botella está completamente .... (vacío, 17).
7. Al oír aquellas palabras, se puso .... (tranquilo, 20).
8. Es .... (normal, 34) que haga tanto calor en este período del año.
9. Lo que dices es .... (mentira, 35).
10. ¡Enciende los faros de .... (detrás, 47)!

6. Acentúe y controle luego con el texto:

–Quien sabe... Todo puede ser, desde luego.
–Sigan inspeccionando. Yo, mientras, hablo con la vecina de aqui delante.
–Antes yo hable con la portera...
–¡Ahora me lo dice! ¿Que le ha dicho?
–Que ella anoche no vio que entrara nadie en la casa, salvo a la victima, que llego mas tarde que de costumbre. Dijo que ella tenia sus opiniones, y que para ella el asesino es una señorita que venia de ve en cuando, que a ella no le gustaba nada porque tenia un aspecto... sospechoso...

–¡Cuanta imaginacion! ¡Aqui nos atenemos a los hechos, señores, unica y exclusivamente a los hechos! ¿Entendido? (46-56).

7. Observe:

• Yo supongo que lo habrán *matado* poco antes de medianoche...(16)

Los verbos siguientes expresan distintas formas de quitar la vida:

DEGOLLAR	SOFOCAR
ESTRANGULAR	ENVENENAR
DISPARAR	EJECUTAR
ACUCHILLAR	FUSILAR
AHORCAR	DECAPITAR

Complete con el verbo adecuado:

1. Seguro que le han .... con la bufanda que la policía encontró al lado del cadáver.
2. El pistolero se .... de la rama de un árbol con su mismo lazo.
3. La autopsia reveló que la víctima había sido .... con los somníferos que estaban en la mesita de noche.
4. Le .... con una almohada mientras estaba durmiendo.
5. A primeras horas de la mañana el asesino fue .... en la silla eléctrica.
6. Durante la Revolución francesa muchos nobles fueron .... con la guillotina.
7. Después de violarla, los muchachos .... a la joven con diez navajazos.
8. Todos los rebeldes fueron .... a la madrugada en el paredón de fusilamiento.
9. La policía .... al aire para amedrentar y ahuyentar a los manifestantes.
10. Al ver el cuello de la víctima todo ensangrentado, dedujeron que le habían ....

8. Observe:

• tome las huellas *digitales*... (31-32) (dedo → digital)

Forme el adjetivo relacionado con la palabra entre paréntesis:

1. El boxeador le dio un puñetazo .... (muerte).
2. Cuando los novios entraron en la iglesia, el órgano tocó la marcha .... (boda).
3. Están transmitiendo los resultados .... (parte) del referéndum.
4. En los regímenes .... (dictador) no existe la libertad de imprenta.
5. Le han sometido a una intervención .... (riñón) que ha durado seis horas.
6. La tuya ha sido una idea verdaderamente .... (genio).
7. Es un paisaje .... (invierno) muy sugestivo.
8. Existen varias asociaciones que se preocupan del respeto .... (ambiente).

9. La exposición de armaduras es en el palacio .... (rey).
10. Les une una amistad .... (hermano).
11. El examen .... (boca) sólo se puede sostener cuando se ha superado el examen escrito.
12. El otorrinolaringólogo me ha recetado unas gotas .... (nariz) para la sinusitis.

9. Observe:

A) • Parece como si *estuviera durmiendo* (10).

Conjugue el verbo entre paréntesis en el tiempo y modo adecuados, usando *estar + gerundio:*

1. Me .... (ellos, poner) el teléfono en casa.
2. .... (él, contradecirse) todo el tiempo que habló.
3. Si no .... (ellos, hacer) obras en la calle, no habría este ruido.
4. Parece que algunos precios .... (disminuir).
5. Os .... (yo, pedir) explicaciones sobre lo que .... (vosotros, tramar).
6. Espere un momento, señorita: .... (ellos, traer) ahora mismo la correspondencia.

B) • Yo no creo que se trate de *ningún* suicidio (13).

Complete con *alguien, nadie, algún-o-a-os-as:*

1. No tengo .... intención de seguir trabajando en esta empresa.
2. –¿Ven .... solución para este caso? –De momento, no vemos ....
3. –¿Han llegado ya .... de los participantes? –Sí, han llegado ....
4. –¿Se le ocurre a .... una idea mejor? –Sí, ... de nosotros tenemos .... ideas.
5. Yo aquí no veo .... indicio de cambio.
6. Este chiste no tiene gracia ....

C) • ¿qué *querrá* decir esto? (21).

Conjugue el verbo entre paréntesis en futuro *(cantaré):*

1. Ya .... (vosotros, ver) que nadie .... (querer) venir.
2. Estamos seguros de que .... (ellos, pelearse) a la primera ocasión.
3. ¿ .... (vosotros, ponerse) el traje de noche para ir a la fiesta?
4. Les .... (valer) mucho su ayuda.
5. Como siempre .... (él, salirse) con la suya y .... (él, hacer) lo que quiera.
6. ¿Qué le .... (nosotros, decir) al juez?

D) • llegó *más* tarde *que* de costumbre (+) (51).

Complete con la forma comparativa que se indica entre paréntesis:

1. El clima del norte de España es .... húmedo .... el del sur de Inglaterra (=).
2. Comió .... bombones .... había en caja (=).
3. El concierto de anoche fue .... aburrido .... el del mes pasado (+).
4. El diccionario de latín cuesta .... el de francés (–).
5. Este año ha hecho .... frío .... el año pasado (–).
6. Hoy hemos recibido .... llamadas .... ayer (=).

E) • *tome* las huellas digitales. (31-32)

Conjugue en imperativo afirmativo y negativo:

1. ¡.......... (usted, dejar) las llaves en el coche, por favor!
2. ¡.......... (vosotros, levantarse) a una hora decente!
3. ¡.......... (nosotros, sentarse) en segunda fila.
4. ¡.......... (tú, ponerse) el sombrero!
5. ¡.......... (ustedes, reducir) la velocidad, por favor!
6. ¡Milagros, por favor, ... (usted, encender) la luz!
7. ¡.......... (tú, decir, a mí) lo que ocurrió ayer!
8. ¡.......... (vosotros, traer) las sillas aquí fuera!
9. ¡.......... (tú, salir) de esta habitación!
10. ¡.......... (nosotros, pedir) un préstamo al banco!

10. Complete con la preposición y controle luego con el texto:

1. Se me olvidó cerrar la maleta .... llave (1).
2. El pájaro entró .... la ventana (5).
3. La primera gasolinera está .... dos kilómetros de aquí (6).
4. La papelera está llena .... papeles (17).
5. El despertador se ha parado .... las seis (21).
6. No mezclen todos los ingredientes: vayan metiéndolos .... orden (24).
7. .... nosotros, esta salsa es demasiado picante (26).
8. El profesor está desesperado .... sus alumnos (37).
9. Hablé .... él la semana pasada (47).
10. Como .... costumbre, se dejó convencer por sus amigos (51).

11. Observe:

A) • Déjese de conjeturas sobre <u>*cómo*</u> ha entrado y <u>*cómo*</u> no ha entrado (7).

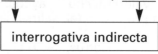

interrogativa indirecta

Según ello, transforme libremente usando *qué, cómo, cuál-es, cuánto-s-a-as:*

1. No digas a nadie el dinero que tienes en el banco.
2. Explíqueme el uso de este aparato.
3. Díganos su nuevo numero de teléfono.
4. Declare lo que lleva en la maleta.
5. Diga su nombre y su dirección.
6. Nadie sabe la manera de resolver el problema.
7. Desconocemos las personas que son responsables de este homicidio.
8. Nadie conoce sus proyectos para el futuro.

B) • Yo *creo* que *se trata* de un suicidio... (11-12).
   • Yo *no creo* que *se trate* de ningún suicidio (13).
   • *no vio* que *entrara* nadie en la casa (50).

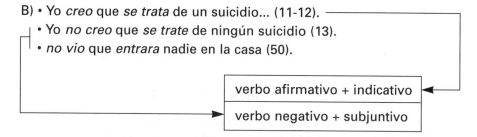

Según ello, conjugue el verbo entre paréntesis en el tiempo y modo adecuados:

1. No considero que .... (ella, tocar) tan mal el violín como sostiene la crítica.
2. ¿Le parece a usted que este vestido me .... (él, sentar) bien?
3. Yo no estoy convencido de que estos atletas .... (estar) preparados para una competición mundial.
4. Veo que .... (tú, estar) muy atareado.
5. Parece que el pobre .... (padecer) de una enfermedad crónica.
6. Los guardianes observan que la conducta de los prisioneros .... (mejorar) mucho.
7. No vemos que .... (él, hacer) tantos progresos como dicen.
8. Todas las mañanas oyen que .... (ellos, pasar) a recoger la basura.

C) • ¿qué *querrá* decir esto? (21).
   • ¿A qué hora *habrá fallecido?* (15).

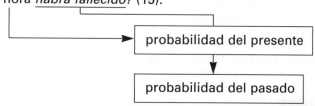

Según ello, transforme:

1. Aquí hay probablemente unas cien personas.
2. El pueblo está a oscuras: probablemente ha habido un apagón.
3. Probablemente tenían dificultades económicas y por eso vendieron algunos terrenos.
4. Probablemente ese chalé vale mucho.
5. Probablemente se quitó la vida en un momento de desesperación.
6. Probablemente se casaron muy jóvenes.
7. A juzgar por la humedad del terreno, probablemente ha llovido mucho.
8. No se siente bien: probablemente algo le ha sentado mal.

D) • *Es posible* que *haya sido* como usted dice (42).

   • me *parece extraño* que no *haya ordenado* estas cosas (43-44).

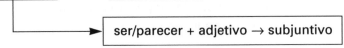

ser/parecer + adjetivo → subjuntivo

Según ello, una las dos frases transformándolas:

1. ¿Todavía no le han pagado?: nos parece extraño.
2. El portero electrónico no funciona en esta casa: es normal.
3. Anita es cruel: nos parece imposible.
4. ¿No ha madurado todavía la fruta?: es increíble.
5. Se ha comportado con tanta generosidad: es meritorio.
6. ¡Han obtenido la medalla de oro: es estupendo.
7. Os aseguráis contra todo tipo de infortunio: nos parece oportuno.
8. Ahorramos un poco: es necesario.

12. Observe:

   • *Dijo* que ella *tenía* sus opiniones (51-52) (< *dice* que ella *tiene*).

Según ello, traslade al pasado:

1. Asegura que vive en una pensión baratísima.
2. Me doy cuenta que ríes cuando estoy hablando.
3. Supongo que la bicicleta tiene una rueda deshinchada.
4. Vemos que el pescado no está fresco.
5. Notan que se ha teñido el pelo de rubio.
6. Dice que su empleo le aburre.
7. El cirujano asegura que hay que operar.
8. ¿Crees que dice la verdad?
9. Reconozco que la culpa no es suya.
10. Por lo que nos dicen, sabemos que nos has traicionado más de una vez.

Ejercicios de escritura: hacia la redacción

1. Conteste en unas pocas frases:

    1. ¿Qué supone el Policía 1?

    ....

    2. ¿Cuáles son las objeciones y las opiniones del Jefe?

    ....

    3. ¿En qué estado encuentran el piso de la víctima?

    ....

2. Conteste expresando sus opiniones:

    1. ¿Cómo le parece el Jefe?

    ....

    2. ¿Cómo le parecen los dos Policías?

    ....

    3. ¿Qué piensa usted del asesinato?

    ....

3. La criada de la víctima arregla el piso cuando ya se han llevado el cadáver.

    Diga en orden lógico todo lo que hace.

4. Complete con las partes que faltan, y controle luego con el texto:

    –Jefe, aquí hay una nota .... por ....
    –El .... de siempre: «.......... de la vida...»
    –Pues sí, dice eso.
    –Jefe, ... de la sala está movida, la mesa no está .... y la copa que hay
    .... ella está .... A mi juicio aquí hubo .... y luego tal vez llegaran
    ....
    –Es posible que .... como usted dice. Pero el asesinato ha sido muy ....
    en todo y me parece .... que no haya ordenado .... antes de ....
    Seguramente lo ha hecho .... , para simular .... justamente...
    –Quién .... Todo .... ser, desde luego.
    –Sigan .... Yo, mientras, hablo con .... de aquí delante.
    –Antes yo .... con la portera...
    –¡Ahora .... dice! ¿Quién le ha .... ?
    –Que ella anoche no vio que .... en la casa, ... la víctima, que llegó más
    tarde que .... Dijo que ella tenía .... , y que para ella .... es una seño-
    rita que ...., que a ella no .... porque tenía un aspecto .... (36-54)

5. Según los elementos que le proporciona el texto:

   • reconstruya el desarrollo y las supuestas causas del delito;
   • escriba el proyecto de un delito protagonizado por usted mismo.

6. Escriba una redacción sobre uno de los siguientes temas:

   • Lo que habrá pasado en la oficina durante mi ausencia.
   • Lo que probablemente será la vida humana en el futuro.
   • Investigando acerca de un delito.
   • Un relato de terror.

14 Perdone, tiene usted razón...

Julián: ¿Qué es este ruido, Teresa? ¿De dónde viene?

Teresa: Son *los de* arriba, como siempre. Son *martillazos*.

Julián: ¡Martillazos a estas horas! ¡Pero si son las siete y media de la mañana! Eso no se puede *tolerar*. Subo arriba *en seguida* y se lo digo claramente:

5   que *estoy harto* de su radio, de su televisión, de la pelota de los niños, de *las juergas* nocturnas... ¡Se me acabó la paciencia!

Teresa: No vayas, créeme. Es buena gente en el fondo. Nos enemistamos con ellos y tampoco *sacamos nada*.

Julián: *¡Ni hablar!* ¡Hay que acabar con esto! Desde que ha venido esa gente,

10   esta casa se ha convertido en un infierno. Esto es un abuso, como ven que *uno no se queja*... ¡Si no tienen educación, se la enseño yo!

Teresa: Oye, ya que subes, diles que tengan un poco de cuidado cuando tienden la ropa, que la tienden *chorreando*...

Julián: *¡Encima* la ropa chorreando...! ¿Por qué no lo dijiste antes?

15 Teresa: Como sé que *te enfadas* tanto...

Julián: ¡Claro que me enfado! Ya verán lo que les digo hoy...

Teresa: Diles también que cuando riegan las plantas, toda el agua cae a mi balcón...

Julián: ¡Sólo faltaban las plantas! Cuando digo yo que hay que darles una

20   señora lección...

            [sube al piso de arriba, llama a la puerta y sale una señora]

Julián: Oiga, ¿les parece a ustedes *correcto* dar martillazos a estas horas?

Señora: ¿Por qué? ¿Qué hora es?

Julián: Son las ocho menos cuarto de la mañana. Ustedes me han despertado.

25   Eso es falta de *consideración*... Una vergüenza.

Señora: Pues sí que lo siento, créame. Nosotros somos tan *madrugadores* que no nos dimos cuenta. Nada, estábamos clavando cuatro clavos, para estos cuadros...

Julián: Si yo no digo... Ustedes son libres de clavar todos los clavos que quie-

30   ran, pero hay que ver a qué hora...

Señora: Sí, claro está, si tiene usted toda la razón...

Julián: *Por cierto,* que muchas veces se oye la televisión de ustedes como si estu- viera en mi casa.

Señora: *¡No me diga!* ¿Oyen ustedes nuestra televisión? ¡Qué raro! En las casas

35   modernas se oye todo...

Julián: Sí, pero si ustedes tuvieran *la amabilidad* de bajar un poco el volumen...

Señora: Por supuesto, *descuide.* Se lo digo a los niños...

Julián: A propósito de niños. ¿No podrían jugar a la pelota en el patio? Hay tanto sitio... Claro que uno se *hace cargo,* porque los niños ya se sabe...

40 Señora: Sí, *hay que* tener un poco de paciencia. Los ruidos son inevitables. De todos modos, no se preocupe... ¿Molestamos en algo más?

Julián: Si *tengo que* ser sincero, hay noches que ustedes con sus amigos...

Señora: En esto tiene usted toda la razón de quejarse, tienen que *perdonarnos.* Se habla, se ríe, se bebe un poco... *sin querer,* sabe usted... ¿Hay algo

45 más? Hable usted con toda *franqueza...*

Julián: No, no, nada más. Disculpe si les he molestado... Son ustedes muy amables...

Ejercicios orales

1. Conteste brevemente con sus propias palabras:

    1. ¿Por qué está tan enfadado Julián?
    2. ¿Qué tiene intención de hacer?
    3. ¿Cómo intenta disuadirle su mujer?
    4. ¿Qué quejas añade Teresa a las de su marido?
    5. ¿Cómo se desenvuelve el diálogo entre Julián y la señora del piso de arriba?
    6. ¿Cómo se disculpa la señora de los ruidos que molestan a Julián y a su familia?
    7. ¿Cómo reacciona Julián ante la actitud de la señora?

2. Ampliemos el tema con situaciones similares:

    A) Ángeles se queja con su colaboradora doméstica porque no hace bien su trabajo.

    Complete las partes que faltan del diálogo:

    Ángeles: ...., chica, ¡no me parece que esta casa ....!
    Colaboradora: Sí, ..., pero .... y no ....
    Ángeles: El suelo .... y en el cuarto de los niños ....
    Colaboradora: Es que con ellos en casa ....
    Ángeles: ¿Y la cocina? ¿No ves ....?
    Colaboradora: Perdone, es que .... y no pude ....
    Ángeles: Oye, ¿te parece a ti .... este cuarto de baño ....?
    Colaboradora: Pues sí, pero los niños querían .... por eso ....
    Ángeles: ...., de momento estás .... Te ayudaré ....
    Colaboradora: Es .... De veras que ....

B) Ana se queja con su marido de su vecina de casa, que les ocasiona distintas molestias.

Complete las partes que faltan del diálogo:

Ana: ¡Ya .... ! .... somos amigas, se permite ....
Marido: Es .... Los canarios .... porque en cuanto ven la luz .... ,
            y el perro, nada más .... se pone en seguida .... Todas las
            mañanas, a las cinco, se oyen .... y por la noche no se puede
            dormir porque ....
Ana: ¿Y has visto .... las escaleras cuando llueve? Ese animal ....
            y deja ....
Marido: No hablemos de los niños: ¡siempre .... !
Ana: .... terremoto: ¡fíjate que ayer me parecía que .... !
Marido: ¿Hoy .... ?
Ana: .... : vino, ... , a pedirme ....
Marido: .... , hay que acabar .... Hoy mismo .... al administrador
            ....
Ana: Bueno, no .... En el fondo ....
Marido: .... Pero con sus animales ha convertido la casa .... ¡Hay
            que .... !
Ana: Bueno, vayamos ....
Marido: ¡ .... ! Tú nunca .... , pero yo .... ¡Le enseñaré yo .... !

C) El mes pasado hice un viaje a Túnez organizado por la agencia «Sol y Playa», pero quedé decepcionado de varias cosas, así que he decidido quejarme con el empleado de la agencia.

Complete las partes que faltan del diálogo:

Empleado: .... , ¿ .... ?
Yo: ¡ .... ! Fui a Túnez con .... , pero todo ....
Empleado: ¿De qué .... usted? ¿No ha quedado .... ?
Yo: .... En primer lugar, el viaje .... y en cambio .... Al
            llegar, me encontré con que no .... en el hotel y tuve que
            .... doble.
Empleado: .... , pero el hecho es que participaron .... y tuvimos que
            ....
Yo: ¿Y las comidas? Nos habían asegurado que .... y en cambio
            resultó ....
Empleado: .... mucho. Eso no .... de nosotros, sino ....
Yo: Ustedes me dijeron que las excursiones .... ¡Todo lo con-
            trario: .... !
Empleado: .... , es usted quien .... Yo le dije que .... y ....
Yo: A parte de eso, el hotel .... , las habitaciones .... y ....
Empleado: Ya .... : no .... Usted .... de quejarse. Si quiere, ...
Yo: .... Disculpe .... : es usted .... y desde luego no ....

D) Redacte una carta abierta a un periódico en la que se queja de la situación de su ciudad: limpieza, transportes, circulación...

Redacte la respuesta del alcalde, el cual se excusa y explica el porqué de esta situación.

E) Miguel ha tenido en casa varios operarios –fontanero, electricista, pintor, albañil– que tenían que hacer algunas obras de reestructuración, pero ha quedado completamente insatisfecho del trabajo, y se queja con ellos.

Imagine el diálogo entre ellos.

F) Pilar ha comprado en una tienda varias cosas para la casa que han resultado ser de escasa calidad: la plancha no calienta bien, los cuchillos no cortan, la olla de presión no cierra bien... Vuelve a la tienda para quejarse con la dependienta, una chica joven que ella tutea.

Imagine el diálogo entre ellas.

3. Sustituya las palabras, frases o partículas en cursiva por otras equivalentes que usted conozca y que puedan reemplazarlas en el texto.

4. Complete las frases de los grupos siguientes con una de las voces indicadas en cada uno de ellos:

A) *ser* (1) / *estar* (5)

1. .... (él) especialista en geriatría.
2. Nosotros .... seis hermanos.
3. Cuando se conocieron, ... (ellos) muy jovencitos.
4. La portera de mi casa .... viuda.
5. No .... (nosotros) de acuerdo con lo que usted .... (decir).
6. ¿No .... (tú) cansado de hacer siempre el mismo trabajo?

B) *haber que* (9) / *necesitar*

1. .... decírselo con mucho tacto.
2. .... (nosotros) dependienta que sepa hablar inglés.
3. Cuando estaba nervioso, ... tener mucha paciencia con él.
4. Para leer .... (ustedes) más luz.
5. En 1968, ... tomar medidas drásticas contra el paro.
6. Para tocar bien un instrumento, ... (vosotros) muchas horas de ejercicio.

C) *desde* (9) / *de*

1. Estoy tratando .... ponerme en contacto contigo .... las siete ....
   la mañana.
2. Aquellos chicos vienen .... Roma en bicicleta.
3. El pobre es sordomudo .... nacimiento.
4. Les estamos llamando .... una cabina telefónica.
5. Te conozco .... hace mucho tiempo.
6. Estas naranjas llegan .... Valencia.

D) *convertirse* (10) / *ponerse*

1. El vino puede .... en vinagre.
2. De pronto .... (él) furioso.
3. Con el pasar del tiempo .... (ellos) en unos delincuentes.
4. Cuando se lo reprocharon, ... (ellas) coloradas.
5. La preocupación acabó .... en una pesadilla.
6. Después del incendio, la casa .... en un montón de cenizas.

E) *tener* (12) / *haber*

1. El médico dijo que no .... (él) ninguna posibilidad de salvarse.
2. .... (él) redactada casi toda la tesis.
3. El presidente .... más o menos cincuenta años.
4. .... (él) subido al tren en marcha.
5. ¿ .... huevos en esta tarta?
6. Mi casa .... dos cuartos de baño.

F) *darse cuenta* (27) / *enterarse*

1. .... (nosotros) por radio de la catástrofe atómica.
2. Tú no .... de que eres muy pesado.
3. No .... (él) de que un idioma no se aprende en cuatro días.
4. Nadie la puede ver, pero ella no ....
5. ¿ .... (vosotros) de que estáis molestándonos?
6. Han dicho algo por los altavoces, pero no .... (yo) de nada.

G) *por cierto* (32) / *ciertamente* / *cierto*

1. .... , ahora que estamos hablando de física, ¿qué sabes de los neu-
   trones?
2. Es .... : mañana habrá otra perturbación.
3. .... el equipo ganará la copa.
4. No será un santo, pero .... no es un asesino.
5. –¿Has comprado un nuevo abrigo? –.......... : lo necesitaba.
6. Eso que dices, que .... viene muy al caso con lo que estamos hablando, es muy interesante.

5. Forme el derivado de la palabra entre paréntesis, y controle luego con el texto:

1. Daban .... (martillo, 2) a la pared.
2. Han subido otra vez el precio del pan: esto sí que es .... (abusar, 10).
3. Conduce sin poner suficiente .... (cuidar, 12).
4. Hablar con la boca llena es .... (faltar, 25) de .... (educar, 11).
5. En la empresa, a Pepe le tienen mucha .... (considerar, 25).
6. Los campesinos son muy .... (madrugar, 26).
7. Es persona de gran .... (amable, 36).
8. Admiro su .... (franco, 45).

6. Observe:

A) • ¿De dónde *viene*? (1)
   • ¿Por qué no lo *dijiste* antes? (14).

   Conjugue el verbo entre paréntesis en el tiempo y modo adecuados:

   1. ¿.......... (tú, ponerse) a su completa disposición?
   2. Ayer no .... (ella, poder) acompañarte porque .... (ella, decir) que
      .... (ella, tener) un compromiso.
   3. No .... (yo, querer) que .... (tú, salir) a estas horas de la noche.
   4. ¿ .... (vosotros, traer) aceite del pueblo?
   5. No .... (nosotros, creer) que .... (valer) la pena discutir con ellos.
   6. En aquella ocasión, no .... (ustedes, saber) qué contestar.

B) • y *se lo* digo claramente (4).

   Transforme sustituyendo las partes en cursiva por los pronombres-complemento:

   1. Muestro *a ustedes los cuadros de la colección privada.*
   2. Dijeron *a vosotros lo que había que hacer.*
   3. Vendió *a mí la parcela* a un precio razonable.
   4. Prestaron *a nosotros la máquina de escribir.*
   5. El dentista sacó *al paciente la muela del juicio.*
   6. El notario entregó *a usted el contrato.*

C) • ¡*Se me* acabó la paciencia! (6).

   Conjugue el verbo entre paréntesis en el tiempo de indicativo adecuado, completándolo con el pronombre personal-complemento:

   1. Ayer .... (a él, romperse) la llave en la cerradura.
   2. .... (a mí, ocurrirse) una idea fenomenal.
   3. El niño .... (a nosotros, ponerse) enfermo.

4. .... (a ella, escaparse) el gato.
5. .... (a vosotros, volcarse) la jarra del agua sobre la mesa.
6. .... (a usted, caerse) los papeles al suelo.

D) • *No vayas, créeme* (7).

Conteste afirmativa y negativamente:

1. ¿Ponemos la radio?   (nosotros)
2. ¿Se lo digo?   (usted)
3. ¿Voy ahora?   (tú)
4. ¿Os ayudamos?   (vosotros)
5. ¿Les traigo un recuerdo de México?   (usted)
6. ¿Cerramos la ventanilla?   (ustedes)

E) • ¡Hay que acabar con *esto!* (9).

Complete con *este-o-a, aquel-lo-la, éste-o-a, aquél-la:*

1. –¿De quién es .... bolso? –.......... es mío, pero .... ¿de quién es?
2. ¿Me das otro vaso?: .... que me diste está roto.
3. Cuéntanos otra cosa: .... ya nos lo has contado mil veces.
4. .... libro es ameno: .... que leí la semana pasada era aburrido.
5. .... que están transmitiendo por radio no me interesa nada.
6. ¡ .... sí que fue divertido!

7. Observe:

• ¡*Martillazos* a estas horas! (3) (martillazo = golpe de martillo)

Complete con uno de los siguientes sustantivos de golpe:

PORTAZO	CODAZO
FLECHAZO	PISTOLETAZO
BALONAZO	PLUMAZO
PORRAZO	ARAÑAZO
CAÑONAZO	LATIGAZO
PUÑETAZO	CABEZAZO

1. Los guardia civiles ahuyentaron a los manifestantes a ....
2. El futbolista recibió .... en la cabeza y perdió los sentidos.
3. Los corredores se echaron a correr al oír .... de salida.
4. Nuestro enamoramiento fue un auténtico ....
5. El gato sacó las uñas y me dio .... en la mano.
6. Los chavales se peleaban dándose .... y patadas.
7. Dio un par de .... al caballo y éste se puso al galope.
8. San Sebastián fue martirizado a ....

9. Borraron su nombre de la lista de ....
10. Se abrió paso entre la multitud a ....
11. Me di .... en la frente con el canto de la encimera de la cocina.
12. El taxista le advirtió que cerrara la puerta despacio evitando ....
13. Anunciaron el nacimiento del príncipe heredero con varios ....
14. Me daría de .... contra la pared por la tontería que he hecho.

8. Observe:

En la frase *Nos enemistamos con ellos y tampoco sacamos nada* (7-8), el verbo SACAR podría sustituirse por los verbos CONSEGUIR/LOGRAR.

Sustituya el verbo *sacar* por otro verbo más específico:

1. Esta editorial *saca* veinte libros al año.
2. *Saca* cuanto antes las entradas para el teatro.
3. El vino se *saca* de la uva.
4. De todo lo que se ha dicho estos días en este congreso se *saca* que el problema es insoluble.
5. La sal marina se *saca* del agua del mar.
6. No *saques* para nada la cuestión del aborto porque seguro que se te echan encima.
7. Seguro que de esta iniciativa no vamos a *sacar* gran cosa.
8. La SEAT *saca* muchos automóviles al día.
9. ¿Qué has *sacado* insultándole? Nada, sólo enemistarte con él.
10. Le *sacaron* todos los dientes de delante.

9. Complete con la preposición y controle luego con el texto:

1. Los señores .... al lado de nuestro piso son muy simpáticos (2).
2. Estoy harto .... el bochorno de estos días (5).
3. Con su conducta, se ha enemistado .... todo el mundo (7).
4. Hoy día la preocupación por la salud se ha convertido .... una obsesión (10).
5. La estatuilla de marfil cayó .... el suelo y se rompió en mil pedazos (17).
6. Oye, llaman .... la puerta de servicio (21).
7. –¿Dónde está el señor director? –Está .... su despacho (33).
8. Los señores clientes tengan la amabilidad .... pagar en caja B (36).
9. Juegan .... el ajedrez todas la noches (38).
10. No se molesten .... ir a buscarlos a la estación (41).

10. Observe:

A) • *como* ven que uno no se queja... (10-11).

causal

Según ello, una las dos frases transformándolas:

1. No has comprado el periódico: por tanto, lo compraré yo.
2. Es Pascua: por tanto, hay que hacer una limpieza a fondo de la casa.
3. No me han visto: por tanto, no me han saludado.
4. Oigo mal: por tanto, tendré que hacer un control del oído.
5. Se nos ha roto el secador: por tanto, compraremos uno nuevo.
6. No le he dado los caramelos: por tanto, se ha echado a llorar.
7. Padece del corazón: por tanto, se fatiga fácilmente.

B) • *diles* que *tengan* un poco de cuidado [...] (12).

imperativo indirecto + subjuntivo

Según ello, una las dos frases transformándolas:

1. Le aconsejo: siéntese más cerca de la pantalla.
2. Os rogamos: soltad al pájaro.
3. Te ruego: dame un cigarrillo.
4. Les pidieron: aten al perro.
5. Dile: ven mañana.
6. Aconsejadle: ponte la bufanda y los guantes de lana.
7. Os ordenamos: salid de esa habitación.
8. Pídanles: déjenos entrar.

C) • Ustedes son libres de clavar todos los clavos que *quieran* (29-30).

eventual en el futuro

Según ello, conjugue el verbo entre paréntesis:

1. Te lo contaré cuando .... (tú, venir) a verme.
2. Mientras .... (hacer) este calor, no quitaremos el aire acondicionado.
3. Te advierto para que .... (tú, tomar) las medidas necesarias.
4. Pueden coger el primer autobús que .... (él, llegar).
5. Le cuidaré yo misma hasta que .... (venir) la enfermera.
6. Aunque mañana .... (ser) día laborable, nosotros haremos fiesta.
7. Os dejo este anillo para que .... (vosotros, tener) un recuerdo de mí.
8. Cuando el reloj .... (dar) las doce, brindaremos al nuevo año.

D) • se oye la televisión de ustedes *como si estuviera* en mi casa (32-33).

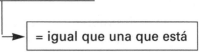

= igual que una que está

Según ello, transforme:

1. Se echó a gritar igual que uno que está loco.
2. Pilar habla con un acento igual que una que es extranjera.
3. Levantó la voz igual que uno que tiene razón.
4. Se comporta como uno que es el dueño de la casa.
5. Me lo dijo igual que uno que me está acusando.
6. Corrían igual que uno que le persiguen.
7. A su edad conduce una vida igual que uno que tiene veinte años.
8. Se abriga igual que uno que vive en el Polo.

11. Observe:

• *si* ustedes *tuvieran* la amabilidad de bajar un poco el volumen... (36).

Según ello, conjugue el verbo entre paréntesis en el tiempo adecuado:

1. Si no .... (tú, obedecer), se lo digo a tu padre.
2. Si .... (él, estar) presente esto no habría ocurrido.
3. Si te .... (eso, gustar) tanto, te lo regalo.
4. Si .... (vosotros, ser) más prudentes, quizá habríamos evitado el escándalo.
5. Si .... (usted, tener) la cortesía de echarme una mano, se lo agradecería muchísimo.
6. Si no .... (tú, desear) pelearte con él, no vayas.
7. Si .... (ustedes, tener) tarjeta de crédito, podrían pagar con ella.
8. Si .... (usted, temer) marearse, no se quede en el camarote.
9. Si .... (él, saber) nadar, no se habría ahogado.
10. Si .... (nosotros, saber) hacerlo, se lo haríamos con mucho gusto.

Ejercicios de escritura: hacia la redacción

1. Conteste en unas pocas frases:

1. ¿De qué se queja Julián con respecto a sus vecinos?
   ....

2. ¿Cómo se disculpa la señora del piso de arriba?

....

3. ¿Cómo reacciona la esposa de Julián a las molestias de los vecinos y a la actitud del marido?

....

2. Conteste expresando sus opiniones:

1. ¿Qué tipo de personalidad revela Julián?

....

2. ¿Qué tipo de personalidad revela Teresa?

....

3. ¿Qué tipo de personalidad revela la señora del piso de arriba?

....

3. Haga una frase con cada una de las formas intercaladas siguientes, usándolas con el significado equivalente al del texto:

1. *créeme* (7)   2. *¡ni hablar!* (9)   3. *encima* (14)   4. *nada* (27)
5. *claro está* (31) 6. *por cierto* (32) 7. *¡no me diga!* (34) 8. *descuide* (37)

4. Complete con las partes que faltan y controle luego con el texto:

–¿Qué es este ...., Teresa? ¿ .... viene?
–Son .... arriba, como siempre. Son ....
–¡Martillazos .... ! ¡Pero si son las siete y media .... ! Eso no se puede .... Subo .... en seguida y .... claramente: que estoy .... de su radio, de su televisión, de la pelota de los niños, de las juergas .... ¡.......... la paciencia!
–.........., créeme. Es buena gente en .... Nos enemistamos .... y tampoco .... nada.
–¡Ni .... ! ¡Hay que .... esto! Desde que .... esa gente, esta casa se .... en un infierno. .... es un abuso, ... ven que uno no se queja .... ¡Si no ...., se la enseñó yo!
–¡Oye, ... subes, diles que tengan un poco de .... cuando tienden ...., que .... chorreando.
–¡Encima la ropa chorreando! ¿ .... no lo dijiste.......... ?
–Como sé que te .... tanto ...
–¡ .... que me enfado! .... verán lo que les digo hoy.
–Diles también que cuando .... las plantas, toda .... cae a mi ....
–¡Sólo .... las plantas! Cuando digo yo que .... darles una señora .... (1-20).

5. Observe:

   • *Desde que ha venido esa gente,* esta casa se ha convertido en un infierno (9-10).
   • diles que tengan un poco de cuidado *cuando tienden la ropa* (12).

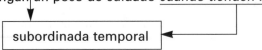

   Según ello, haga cinco frases con cada una de las formas indicadas.

6. Según los elementos que le proporciona el texto, escriba:

   • un pequeño diálogo en el que usted se queja con los porteros de su casa por las deficiencias del servicio;
   • un pequeño diálogo en el que el jefe de una oficina se queja con sus empleados.

7. Escriba una redacción sobre uno de los siguientes temas:

   • La manía de quejarse.
   • El derecho a quejarse.
   • «Muy señor mío: Lamentamos que el envío...»
   • Escriba la respuesta que presupone la carta anterior.
   • Sociabilidad y convivencia
   • Yo, y los demás.

15 ¡Qué cara dura!

Mercedes:	¡Qué susto, José! *¡Menudo golpe! ¡Por poco éste nos mata!*
José:	¡Éste es un solemne idiota que de conducir no tiene ni idea! ¡Ahora *va a oírme!*
José:	Oye, ¿eres ciego o qué? ¡Aquí tienes un stop *como una catedral* y te sales disparado como un loco!
El Otro:	Cálmate un poco y no levantes la voz, que por una carretera como ésta no es el caso de ir a la velocidad que ibas tú...
José:	¡Ahora resulta que la culpa es mía! ¿Has oído, Mercedes? ¡Qué cara dura tiene éste!
El Otro:	A mí no me insulta nadie, así que *medir las palabras* y no gritar tanto.
José:	¡Qué palabras! Tú eres *un incompetente,* un peligro para toda la humanidad, que es una vergüenza que den a uno así el carnet de conducir, a *un retrasado mental...*
Mercedes:	¡Por Dios, José, *no te pongas así!*
José:	¡Que no me ponga así! Se para en el stop, cuando uno pasa se pone en marcha, te *destroza* el coche y aún quiere tener razón...
El Otro:	Bueno, no exageremos, porque el coche no está destrozado ni mucho menos. Por un par de *rasguños* no hay *para tanto.*
José:	¡Rasguños los llama! ¿Has oído, Mercedes? Si al menos se disculpara, *¡qué va!* ¡Qué desfachatez que tiene el tío este! Estas dos abolladuras en la puerta y en la carrocería de la rueda las he hecho yo, *¿a qué sí?*
El Otro:	Yo no, desde luego. Justo este arañazo de aquí... quizá... Mira, no te pases de listo porque se te ve el truco...
José:	¿Qué insinúas, sinvergüenza? ¿Has oído, Mercedes? ¡Si no te rompo la cara es por puro milagro!
El Otro:	¡Cuidado con las amenazas, amigo! Si no te denuncio, y vamos a ver quién tiene razón.
José:	¡Con que tú me denuncias! ¡Esta sí que es buena! ¿Has oído, Mercedes? ¡Qué insolencia! *¡En mi vida* he visto cosa igual!
Mercedes:	Lo mejor, José, es que llamemos a la policía. Con gente así no se puede discutir.
El Otro:	Ha sido él quien ha empezado a insultar. ¿Qué necesidad hay de llamar a la policía?
José:	Claro que sí que la hay, con *un granuja* como tú...
El Otro:	Mira que te doy un puñetazo que te giro la cara...
José:	Pruébalo y verás...

Mercedes: ¡Por Dios, José, no os peleéis!

José: Dame el carnet de conducir y dime cómo te llamas.

El Otro: ¡Yo no te doy el carnet ni nada!

40 José: ¡Qué insolencia! Mercedes, toma nota del número de matrícula de
            su coche y vamos corriendo al Seguro a denunciar el accidente.

El Otro: ¡Haz lo que te dé la gana y vete *a la porra!*

José: A la porra irás tú, ¡idiota, grosero, sinvergüenza, desgraciado...!

Mercedes: José, por Dios, cálmate un poco, hijo... Mira, que éste ya *se ha largado...*

Ejercicios orales

1. Conteste brevemente con sus propias palabras:

   1. ¿Por qué se ha asustado Mercedes?
   2. ¿Qué dice José al automovilista que ha cometido la infracción?
   3. ¿Cómo reacciona este último a sus insultos?
   4. ¿Qué insinúa el automovilista a propósito de los desperfectos presentes en el coche de José?
   5. ¿En qué consisten las amenazas de ambos?
   6. ¿Cómo interviene Mercedes en el asunto?
   7. ¿Cómo reaccionan José y el automovilista ante la propuesta de Mercedes?
   8. ¿Cómo se insultan los dos automovilistas?
   9. ¿Cómo termina el altercado?

2. Ampliemos el tema con situaciones similares:

   A) Miguel, tras haber buscado mucho, encuentra un sitio donde aparcar su Seat, pero un joven le precede y aparca allí su utilitario.

   Complete las partes que faltan del diálogo:

   Miguel: ...., tú, ¿no ves que .... ?
   Joven: ¿ .... ? Si yo ....
   Miguel: No, ... Llevo aquí largo rato, pues ....
   Joven: ¡Váyase ...., y .... !
   Miguel: ¡Un poco de respeto .... !
   Joven: ¡Ah, mira .... ! A su edad ....
   Miguel: Si yo .... Ahora voy a ....
   Joven: ¡Eso sí que .... ! Se pone como ....
   Miguel: Si fuera tu padre ....
   Joven: Y yo, si usted no fuera tan ....
   Miguel: Es que tus padres a lo mejor no ....

Joven: ¿Con qué derecho ....? .... que si pierdo la paciencia ....
Miguel: ¡ ....! ¡En mi vida ....!
Joven: ¿Pues ....?
Miguel: Con gente así, ... Antes los jóvenes ....
Joven: Los tiempos .... A su edad, en vez de ...., debería ....
Miguel: ¡ ....! ¡Eres ....!
Joven: De todos modos, yo ....

B) Ayer fui a una tienda de comestibles, pero quedé muy molesta porque me sirvieron muy mal. Vuelvo, pues, para quejarme.

Complete las partes que faltan del diálogo:

Yo: ¡Mire qué ....!
Tendero: ¿De qué ....?
Yo: Pedí carne tierna y resulta que ....
Tendero: Es usted que .... Mi carne .... y nadie ....
Yo: ¡Ahora ....! ¡Como cocinera .... y no me ....! ¡Porque también las patatas .... y las demás ....
Tendero: Tengo miles de clientes y .... Además, no .... porque la voy a ....
Yo: ¿ .... eso? Si no me devuelve ....
Tendero: ¡ ....!
Yo: ¡Llamemos a ....!
Tendero: .... a quien le dé la gana. Yo tengo .... Mi servicio ....
Yo: ¡ ....! ¡Se lo diré a mi marido y ....!
Tendero: ¡Hay gente que ....!
Yo: ¡ ....! ¡A una señora ....! ¡No volveré jamás a su tienda y ....!

C) Luisa y María están en el parque con sus hijos. De pronto, los niños se pelean y riñen, y vuelven llorando a sus respectivas madres, que los defienden.

Complete las partes que faltan del diálogo:

Luisa: Oiga, ¡mire qué ....!
María: Bueno, ¿ ....? ¿No ve que mi pobre ....?
Luisa: Ahora no me venga .... Su hijo ....: le ha cogido .... y ....
María: Su hijo es .... ¡Por poco no ....!
Luisa: ¡ ....! ¡Mire cómo ....! ¡Ha cogido su cubo y ....! ¿ .... la educación?
María: ¿Se la enseña usted a su hijo? Quejarse ....: menos mal que yo soy ...., no quiero ....
Luisa: Ahora resulta ....
María: Eso no lo sé ....
Luisa: ¡Si no fuera ...., no sé lo que ....!
María: Es que con cierta gente, ... La falta de educación ....

Luisa: ¡Justo usted .... ! ¿Qué necesidad .... ? Si usted fuera .... ,
          seguramente ....
María: ¡Insularme a mí! No vuelva .... que su hijo ....
Luisa: ¡Eso .... ! ¡Vámonos, hijo, que aquí .... !

D) Hay una larga cola en Correos, pero un señor quiere pasarse de listo y va
   directamente a la ventanilla haciendo caso omiso de los demás. Las personas de la cola se quejan por su falta de educación y se levanta un altercado.

   Imagine el diálogo entre ellos.

E) Un viejecito sube al autobús y nota que algunos jóvenes siguen sentados
   sin cederle el puesto. Empieza a insultarles y ellos contestan muy vivaz-
   mente, riéndose de él.

   Imagine el diálogo entre ellos.

F) En un departamento del tren hay dos niños terribles que están molestando
   a los demás pasajeros mientras los padres permanecen indiferentes.
   Alguien empieza a quejarse, pero los padres defienden a sus hijos.

   Imagine el diálogo entre ellos.

F) Usted tiene un marido muy celoso: no la deja salir sola, duda de su conducta, piensa que siempre está mintiendo. Una noche se ponen a discutir
   por algo que ha ocurrido durante el día; todo se transforma en una feroz riña
   con graves amenazas.

   Imagine el diálogo entre ellos.

3. Sustituya las palabras, frases o partículas en cursiva por otras equivalentes
   que usted conozca y que puedan reemplazarlas en el texto.

4. Complete las frases de los grupos siguientes con una de las voces indicadas
   en cada uno de ellos:

   A) oír (3) / sentir

      1. ¿ .... (ustedes) las últimas noticias del telediario?
      2. .... (yo) comunicarle que el libro está agotado.
      3. Se .... en la lejanía las esquilas del ganado.
      4. .... (ella) un dolor extraño en el pecho.
      5. .... (usted): ¿por qué ha aparcado aquí el coche?
      6. Lleva un aparatito para sordos porque no .... (él) bien.

B) *carretera* (6) / *calle* / *camino*

1. .... que va de mi pueblo a la ciudad está flanqueada por álamos.
2. En el mapa que tengo están indicados todos .... que llevan a la cumbre de la montaña.
3. En las barriadas, los muchachos a menudo juegan por ....
4. .... del pueblo son muy estrechas.
5. Ésta es .... nacional número 52.
6. Correos está en la primera .... a la derecha.

C) *culpa* (8) / *falta* / *fallo*

1. Me echan siempre .... de todo.
2. Su dictado tiene diez ....
3. La caída del avión ha sido debida a .... humano.
4. Ella no tiene ninguna .... si su marido es un sinvergüenza.
5. Si has perdido el tren, no es .... mía.
6. Levantar la voz es .... de educación.

D) *ponerse* (15) / *meterse*

1. No .... (vosotros) en lo que no os importa.
2. .... (yo) nervioso cuando llego tarde a una cita.
3. Tenía mucho sueño y .... en la cama a las 9 de la noche.
4. .... (él) en una situación muy comprometedora.
5. ¡ .... (usted) el abrigo antes de salir!
6. ¡No .... (tú) tan pesado!

E) *aún* (16) / *aun*

1. ¿ .... estáis comiendo?
2. .... sintiéndolo mucho, no podré asistir al banquete.
3. .... no ha llegado el verano.
4. .... cuando le amenazaron, siguió impasible.
5. Acudieron al entierro todos los parientes, ... los que vivían en el extranjero.
6. ¿ .... no me has entendido?

F) *tomar* (40) / *coger*

1. Todas las mañanas .... (yo) el autobús para ir a la oficina.
2. –¿Cómo .... (él) la noticia de su jubilación anticipada? –La .... (él) muy mal.
3. ¡ .... vosotros mismos las copas y servíos!
4. El pobre .... una pulmonía y se murió al cabo de una semana.
5. .... (él) una pastilla para dormir, pero no pudo .... el sueño.
6. ¡ .... (ustedes) sus maletas y llévenlas a recepción!

5. Forme el sustantivo relativo a la palabra entre paréntesis, y controle luego con el texto:

   1. Este tipo de avión va a .... (veloz, 7) del sonido.
   2. Es una escuela para .... (retrasar, 13) mentales.
   3. Tira esas ollas de aluminio porque están llenas de .... (abollar, 20).
   4. El gato dio .... (arañar, 22) al dueño.
   5. Tus .... (amenazar, 26) me dejan completamente indiferente.
   6. En caso de .... (necesitar, 32), llámenme.
   7. Si no te callas, te doy .... (puño, 35) que lo recuerdas toda la vida.
   8. No le hagas caso porque es .... (desgracia, 43).

6. Observe:

• Aquí tienes un stop *[grande] como una catedral* (4).

Complete con el término de comparación adecuado:

GAMO	PIEDRA
PLOMO	PAN
PLUMA	TOMATE
TAPIA	CABRA
AGUA	BURRO

   1. Hace cosas rarísimas y divertidas: está loco como ....
   2. Esta manta de lana de cachemir abriga mucho y es ligera como ....
   3. Este asunto no tiene vuelta de hoja: está claro como ....
   4. El pobre abuelo repite siempre las mismas cosas: es pesado como ....
   5. No creas que vaya a conmoverse: tiene un corazón duro como ....
   6. Cuando le echaron en cara su comportamiento Luisa se puso colorada como ....
   7. He encontrado una canguro para los nenes que es buena como ....
   8. Estos pobres mineros trabajan como ....
   9. El ladrón huyó veloz como ....
  10. Si no levantas la voz no te oye: es sordo como ....

7. Observe:

• te *destroza* el coche y aún quiere tener razón (16).

Los verbos siguientes indican distintas formas de romper o hacer pedazos:

RASGAR	ROMPER
FRACTURAR	TRITURAR
MACHACAR	AGRIETAR
MOLER	APLASTAR
RALLAR	PICAR
DESMENUZAR	CORTAR

Complete con el verbo adecuado:

1. Con el duro impacto el parabrisas no se ha roto pero se ha ....
2. En esta ensalada podemos .... un poco de atún y un huevo duro.
3. Mientras estaba esquiando cayó al suelo y se .... la pierna.
4. En este viejo molino se sigue.......... el trigo.
5. .... (tú) bien el plátano antes de dárselo a los nenes.
6. Todos los días nosotros .... un poco de pan y lo ponemos en el balcón para los pájaros.
7. ¿Ha .... usted la carne para las albóndigas?
8. Podemos .... esta sábana para hacer vendas.
9. La criada dejó caer la bandeja al suelo y se .... todos los vasos.
10. No .... (tú) el pollo con el cuchillo: usa esas tijeras.
11. Este pequeño electrodoméstico sirve para .... el café y para .... nueces y almendras.
12. El peluquero utiliza unas tijeras japonesas para .... el pelo.
13. La fachada del viejo palacio se ha .... en algunas partes y le han puesto algunos puntos de hierro.
14. Tenemos que .... el queso para cubrir los canelones y gratinarlos.
15. Hay que .... bien estos ajos en el mortero.
16. El calor intenso de estas últimas semanas ha .... la tierra de los campos.
17. Leída la carta, la .... y la tiró.
18. Debería .... un poco de cáscara de limón y echarla en la leche para hacer la crema.
19. Antiguamente para hacer el vino, la uva se .... con los pies.
20. Hemos mandado .... piedras para cubrir el senderito de nuestro jardín.
21. El aceite se obtiene .... las aceitunas.

8. Acentúe y controle luego con el texto:

–¡Que susto, Jose! ¡Menudo golpe! ¡Por poco este nos mata!
–¡Este es un solemne idiota que de conducir no tiene ni idea! ¡Ahora va a oirme!
–Oye, ¿eres ciego o que? ¡Aqui tienes un stop como una catedral y te sales disparado como un loco!
–Calmate un poco y no levantes la voz, que por una carretera como esta no es el caso de ir a la velocidad que ibas tu...
–¡Ahora resulta que la culpa es mia! ¡Has oido, Mercedes? ¡Que cara dura tiene ese!
–A mi no me insulta nadie, asi que medir las palabras y no gritar tanto.
–¡Que palabras! Tu eres un incompetente, un peligro para toda la humanidad, que es una vergüenza que den a uno asi el carnet de conducir, a un retrasado mental... (1-13).

9. Observe:

A) • ¡Ahora resulta que la culpa es *mía!* (8).

Complete con *mío, tuyo...:*

1. –¿Es .... (de usted) esa cartera? –No, no es ....
2. Esos calcetines .... (de ti) están llenos de agujeros.
3. Tus padres son jóvenes, los .... (de mí), en cambio, ya son mayores.
4. Dos amigos .... (de nosotros) han tenido un accidente en la autopista.
5. Estos cafés no son .... (de ustedes); son de los señores de la mesa de al lado.
6. Nuestra cabina está detrás de la piscina, y la .... (de vosotros), ¿dónde está?

B) • así que *medir* las palabras y *no gritar* tanto (10).

Transforme en imperativo coloquial *(cantar):*

1. ¡Cierren bien la puerta!
2. ¡No fumen durante el vuelo!
3. ¡No digáis palabrotas!
4. ¡No suban por la puerta delantera!
5. ¡No peguen carteles en esta pared!
6. ¡No discutáis todo el tiempo!

C) • A mí no me insulta *nadie* (10).

Complete con *alguien, nadie, algún-o-os-as, ningún-o-a-os-as:*

1. No tengo .... ganas de ver a ....
2. En esta pared pondría .... cuadros y no pondría .... otra cosa.
3. .... de vosotros está haciendo trampa en el juego.
4. –¿Tiene ya el detective .... indicios? –No, no tiene ....
5. .... aquí está mintiendo.
6. –¿Veis a .... en la lejanía? –Yo no veo a ....

D) • las he *hecho* yo, ¿a que sí? (21).
   • ¡En mi vida he *visto* cosa igual! (29).

Complete con el participio del verbo entre paréntesis *(cantado):*

1. Todavía no han .... (volver) de su luna de miel.
2. ¿Qué ha .... (decir) este señor?
3. Me han .... (traer) un jersey de Inglaterra.
4. Ha .... (haber) un atasco terrible en la autopista.
5. Hemos .... (escribir) nuestras memorias.
6. ¿Dónde habéis .... (poner) las llaves del garaje?

E) • ¿Qué necesidad hay de llamar *a* la policía? (32-33).

Complete con la preposición *a* o deje en blanco cuando se requiera:

1. ¿Visteis .... el nuevo director del instituto?
2. El presidente saludó .... el pueblo.
3. ¿Has encontrado .... alguien por la calle?
4. Presentaré .... mi novio a mis padres.
5. No consigo reconocer .... el que lleva gafas.
6. Nosotros tenemos .... muchos conocidos en aquella ciudad.

10. Complete con la preposición y controle luego con el texto:

1. .... poco me atropella una moto (1).
2. La motora va .... una velocidad extraordinaria (7).
3. Este tipo de jabón es bueno .... los que padecen de alergia (11).
4. El camión se paró .... el paso a nivel (15).
5. Lo que te he dicho no es .... enfadarse tanto (18).
6. Si no se murió fue .... pura casualidad (25).
7. Cuidado .... el gas, que es algo muy peligroso (26).
8. Es inútil discutir .... ellos (30).
9. De repente empezó .... disparar como un loco (32).
10. No tengo necesidad .... consejos (32).

11. Observe

A) • ¡Ahora *va a oírme!*(2-3).

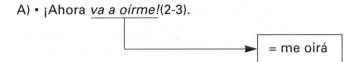
= me oirá

Según ello, transforme:

1. Bajaré al perro ahora mismo.
2. Seguro que nevará esta noche.
3. Construirán un centro comercial en este barrio.
4. Se lo diré inmediatamente.
5. Quitarán la luz de siete a nueve.
6. El próximo mes iremos de vacaciones.
7. No soportará esta dura prueba.
8. Estoy seguro de que perderás el tren.

B) • cuando *uno* pasa o se pone en marcha (15-16).

= una persona

Según ello, transforme:

1. Hoy en día una persona vive mirando el reloj.
2. Esperando tanto tiempo el tranvía, una persona acaba por perder la paciencia.
3. Con todas esas informaciones contradictorias, una persona no sabe qué creer.
4. Una persona aguanta mucho, pero al final explota.
5. Con ese frío una persona se coge una pulmonía como nada.
6. La vida está tan cara que una persona no sabe cómo llegar a final de mes.
7. Viendo el tren de vida que llevan, una persona se pregunta de dónde sacan todo ese dinero.
8. Con tantos fracasos una persona se desanima.

C) • _Lo mejor,_ José, es que llamemos a la policía (30).

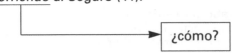

= la cosa mejor

Según ello, transforme:

1. La cosa buena es que nos dieron todo tipo de facilidades.
2. La cosa mejor de este pueblo es que es muy tranquilo.
3. La cosa peor es que te traicione un amigo.
4. La cosa mala es que yo no tengo teléfono.
5. La cosa trágica fue que se murió toda la familia en el incendio.
6. La cosa divertida era que encima quería tener razón.
7. La cosa difícil es hacerlo sin que nadie vea dónde está la trampa.
8. La cosa terrible es que la hayan matado por quinientas pesetas.

D) • vamos _corriendo_ al Seguro (41).

¿cómo?

Según ello, complete libremente:

1. Anda por la calle ....
2. Me afeito ....
3. Sobornaba a todo el mundo ....
4. Habla ....
5. Pasan las tardes ....
6. Contaba sus desgracias ....
7. Llamó a la policía ....
8. Escribió la carta de amor ....

12. Conjugue el verbo entre paréntesis en el tiempo y modo adecuados, y controle luego con el texto:

   –¡Con que tú me .... (denunciar)! ¡Ésta sí que .... (ser) buena!
   ¿ .... (oír), Mercedes? ¡Qué insolencia! ¡En mi vida .... (yo, ver) cosa
   igual!
   –Lo mejor, José, ... (ser) que .... (nosotros, llamar) a la policía. Con
   gente así no se .... (poder) discutir.
   –......... (ser) él quien .... (empezar) a insultar. ¿Qué necesidad ....
   (haber) de llamar a la policía?
   –Claro que sí que la .... (haber) con un granuja como tú...
   –......... (tú, mirar) que te .... (yo, dar) un puñetazo que te .... (yo, girar)
   la cara...
   –......... (tú, probar, eso) y .... (tú, ver)...
   –¡Por Dios, José, no .... (vosotros, pelearse)!
   –......... (tú, dar, a mí) el carnet de conducir y .... (tú, decir, a mí) cómo
   .... (tú, llamarse).
   –¡Yo no te .... (dar) el carnet ni nada! (28-39).

Ejercicios de escritura: hacia la redacción

1. Conteste en unas pocas frases:

   1. ¿Qué suceso ha provocado la discusión?
   ....

   2. ¿De qué acusa José al Otro?
   ....

   3. ¿Cómo reacciona el Otro?
   ....

2. Conteste expresando sus opiniones:

   1. ¿Qué piensa de Mercedes?
   ....

   2. ¿Cómo juzga usted el comportamiento de José?
   ....

   3. Si usted fuera policía, ¿qué haría en esta situación?
   ....

3. Reseñe detalladamente las distintas fases de lo ocurrido: causas y consecuencias de la discusión.

4. Extraiga del texto las expresiones decididamente descorteses o insultantes.

5. Complete con las partes que faltan, y controle luego con el texto:

   –¿Qué insinúas .... ? ¿Has .... , Mercedes? ¡Si no te rompo .... es por puro .... !
   –Cuidado con .... , amigo! Si no, ... , y vamos a ver .... tiene ....
   –¡ .... tú me denuncias! ¡Ésta sí que es .... ! ¿Has oído, Mercedes? ¡Qué .... ! ¡En mi vida he visto .... !
   –.......... , José, es que llamemos .... Con gente así no se puede ....
   –Ha sido él quien .... a insultar ¿Qué .... hay de .... a la policía?
   –.......... que la hay, con un granuja como ....
   –Mira que te doy un puñetazo que .... la cara.
   –.......... y verás.
   –¡Por Dios, José, no os .... !
   –Dame .... de conducir y .... cómo te llamas.
   –¡Yo no .... el carnet ni .... !
   –¡ .... insolencia! Mercedes, ... del número de .... de su coche y .... corriendo al .... a denunciar el accidente.
   –¡Haz lo que .... la gana y vete a .... !
   –.......... irás tú, ¡idiota, grosero, sinvergüenza, desgraciado!
   –José, por Dios, ... un poco, hijo. Mira que éste ya se ha .... (24-44).

6. Según los elementos que le proporciona el texto, escriba:

   • un altercado entre marido y mujer;
   • una riña entre dos desconocidos.

7. Escriba una redacción sobre uno de los siguientes temas:

   • Conducción y comportamiento.
   • Yo al volante
   • «Lo cortés no quita lo valiente» (refrán español).
   • Dime cómo conduces y te diré quién eres.

16 Malas noticias

Núñez: ¡El señor Suárez! *¡Por fin!* Lo decía el otro día al amigo Vilar: *¿Qué se ha hecho del* señor Suárez y su familia, que hace tanto que no les veo?

Suárez: Efectivamente, hemos estado bastante fuera en estos últimos tiempos. Nos han *pasado* tantas desgracias: usted no se puede imaginar cuántas...

5 Núñez: Pero... ¿me equivoco o lleva usted luto?

Suárez: Sí, de mi madre, que en paz descanse...

Núñez: Sí que lo siento. Mi más sincero pésame... Siempre es doloroso...

Suárez: Lo peor ha sido la enfermedad. La hemos tenido en el Clínico varios meses. Y ahora, lo que faltaba, mi mujer...

10 Núñez: *¡Vaya!* ¿Qué tiene, si no es indiscreción?

Suárez: Pues eso, que *no se sabe* lo que tiene. Lleva en el hospital más de quince días, haciéndole análisis de todo tipo y viéndola *montones de* médicos, y nadie *se aclara*...

Núñez: No sabe cuánto lamento estas malas noticias. Si en algo puedo serle

15 útil, ya sabe, yo y mi familia estamos a su entera disposición...

Suárez: Se lo agradezco mucho. Ya sé que son ustedes unos amigos...

Núñez: ¿El resto de la familia por lo menos está bien? *¿Los chicos...?*

Suárez: Sí, gracias a Dios, los chicos no están mal. El pequeño nos dio un disgusto *tremendo,* pero en fin, ya pasó... El mayor ha terminado ya *la*

20 *carrera* de abogado y ahora está haciendo oposiciones a notario...

Núñez: ¡Ambicioso el chico, eh! Que tenga mucha suerte. Dígaselo, que me acuerdo muy bien de él y que le deseo mucha suerte y que le vayan bien las cosas en la vida, que se lo merece, que era muy *listo* y trabajador el muchacho...

25 Suárez: Eso sí, voluntad *no le falta*... Y ustedes, ¿qué tal? Yo hablando de mis cosas y no le he preguntado siquiera por su familia...

Núñez: Vamos tirando. Estamos pasando una temporada bastante buena. En la vida va a épocas: una temporada buena y otra mala, *¡qué se le va a hacer!*

30 Suárez: Estarán ya pensando en las vacaciones...

Núñez: La familia sí, pero yo aquí, trabajando como siempre... Aparte de que a mí la playa *no me prueba nada* y las comidas de los restaurantes me matan... Yo con mi úlcera tengo que *ir al tanto*...

Suárez: No sabía eso de la úlcera...

35 Núñez: Ya hace tiempo. Culpa *del nerviosismo,* las tensiones, que nunca faltan, ¿es verdad o no?

Suárez: Desde luego, éstas nunca faltan...

Núñez: Dicen que *habría que* operar, pero yo no me decido...

Suárez: Esperemos que no tengan que operarle, porque a mi pobre madre...

40 Núñez: ¿Fue... a causa de la operación? Las operaciones, desde luego, *no hacen ninguna gracia*... Y yo en el fondo estoy bien, sólo que cuando menos me lo espero, ¡zas!, ardor de estómago y...

Suárez: En la vida no se puede estar nunca *tranquilo:* cuando no es una cosa, es otra...

45 Núñez: Bueno, señor Suárez, ¡muchos *saludos* a su esposa y que se mejore y se restablezca pronto!

Suárez: *¡Ojalá* sea así! Estoy tan preocupado...

Núñez: No, hombre, no, ya verá que todo pasa...

Suárez: Esperemos... Bueno, muchos recuerdos a su familia y que pasen unas
50   buenas vacaciones. ¡Y a usted, suerte con la úlcera, eh!

Núñez: Muchas gracias, señor Suárez. ¡Mucha suerte también a ustedes, que buena falta les hace! ¡Adiós!

Ejercicios orales

1. Conteste brevemente con sus propias palabras:

    1. ¿Qué le ha ocurrido últimamente al señor Suárez?
    2. ¿Por qué está preocupado por la salud de su mujer?
    3. ¿Qué cuenta el señor Suárez de sus hijos?
    4. ¿Qué recuerdo tiene el señor Núñez del mayor de los hijos del señor Suárez?
    5. ¿Qué comenta el señor Núñez a propósito de sus vacaciones?
    6. ¿Qué problemas de salud tiene el señor Núñez?
    7. ¿Qué es lo que más le preocupa en este momento?
    8. ¿Cómo se despiden los dos amigos?

2. Ampliemos el tema con situaciones similares:

    A) Eulalia encuentra a Encarna, una compañera de universidad que no ve desde hace mucho tiempo.

    Complete las partes que faltan del diálogo:

    Eulalia: ¡ .... Encarna! ¿Cómo .... ?
    Encarna: Ah, muy mal: ....
    Eulalia: ¿Qué .... ? Te veo ....

Encarna: ¡Si supieras! Me duele .... y los médicos ....
Eulalia: ¿Consultaste .... ?
Encarna: Sí, y me dijeron ....
Eulalia: ¡ .... ! Espero ....
Encarna: ¡Lo dudo mucho! Además de todo esto, mi marido ....
Eulalia: ¿Han cerrado .... ?
Encarna: Sí, declararon quiebra y .... Ahora ....
Eulalia: Mujer, si en algo puedo ....
Encarna: Gracias, eres ....
Eulalia: ¿Y tus padres?
Encarna: ¡ .... ! Mi pobre papá ....
Eulalia: ¡Pues eso no lo sabía! ¿ .... ?
Encarna: ¡Fue todo .... !
Eulalia: .... Encarna: ¡no sabes cuánto lamento .... ! Espero ....
Encarna: Yo también ....

B) Felipe llama a Inés para preguntarle por qué no ha ido a su fiesta de cumpleaños.

Complete las partes que faltan del diálogo:

Felipe: .... , ¿está Inés?
Inés: Sí, ¿ .... ?
Felipe: Soy Felipe. ¿Por qué?
Inés: .... , pero no pude ir porque ....
Felipe: ¿Qué .... ?
Inés: Hace una semana ....
Felipe: ¡Un accidente! ¿Cómo .... ?
Inés: .... me atropelló un taxi y .... al hospital.
Felipe: ¡ .... ! ¿Qué .... ?
Inés: Nada grave, pero ....
Felipe: ¡De veras que .... ! ¿Ahora .... ?
Inés: Un poco mejor: puedo ....
Felipe: .... que mejores .... ¿Podría .... ?
Inés: ¡Oh, sí, claro: .... porque me aburro tanto!
Felipe: Pues iré ....
Inés: ¿Y tú, ... ?
Felipe: .... de gripe, pero ....
Inés: Espero que .... Adiós.

C) Mi marido y yo fuimos a Roma porque nos encantan Italia y el arte, pero no todo ha resultado como esperábamos.

Complete las partes que faltan del diálogo:

Esposa: ¡ .... ! ¡Por fin en Roma!
Marido: Sí, ... Vamos a la Oficina de Turismo ....
         [en la Oficina de Turismo]

Empleado: Buenos días, ¿ .... ?
Marido: .... en español.
Empleado: .... : de momento no la tenemos. Quizás ....
Marido: ¡ .... ! De todos modos, ... Adiós.
           [...]
Esposa: ¡Mira el Coliseo: .... !
Marido: Sí, pero me parece ....
Esposa: Es verdad. Es una pena ....
Marido: ¿Y estas columnas? Todos estos dibujos y .... : ....
Esposa: ¡ .... la falta de respeto .... ! ¿ .... al Museo?

Marido: .... esté cerrado. Vamos a ....
Policía: ¿ .... ?
Marido: Quisiéremos saber ....
Policía: .... : los sábados por la tarde ....
Esposa: ¡ .... tenemos!
Policía: No .... , porque mañana ....
Marido: ¡Menos mal! ¿Qué podríamos .... ?
Policía: ¿Por qué no van .... ?
Esposa: Me parece .... Gracias.
Policía: De nada y ....

D) El Real Madrid ha ganado el campeonato y dos amigos expresan su pesar porque su equipo ha perdido. Hechan la culpa de lo ocurrido a varios factores y circunstancias. Alguien trata de convencerles de que en la próxima ocasión todo irá mejor.

Imagine el diálogo entre ellos.

E) Sofía e Isabel han tenido un examen muy difícil y han sido suspendidas. Están muy tristes porque habían estudiado tanto, pero sus padres las tranquilizan y consuelan.

Imagine el diálogo entre ellos.

F) Rafael ha llegado tarde al trabajo por una serie de contratiempos: el niño que se ha despertado con fiebre, el coche sin gasolina, la huelga de los taxistas, el chaparrón improviso... Habla de ello con sus compañeros de trabajo.

Imagine el diálogo entre ellos.

3. Sustituya las palabras, frases o partículas en cursiva por otras equivalentes que usted conozca y que puedan reemplazarlas en el texto.

4. Complete las frases de los grupos siguientes con una de las voces indicadas en cada uno de ellos:

A) *por fin* (1) / *en fin* (19)

1. ¡Oh, ... te has doctorado!
2. He perdido el trabajo, pero, ... no pensemos en esto.
3. Lo habían prometido y .... han arreglado la calle.
4. Cada día sales con un nuevo pretexto: .... , ¿se puede saber cuándo piensas dejar libre la habitación?
5. Lo deseaba mucho y, ... , le he conocido.
6. ¿Qué es este llamar continuamente por teléfono? .... , ¿qué quiere usted de mí?

B) *tanto* (2) / *tan* (47)

1. ¡No te canses .... , que te perjudica!
2. Prefiero no subir en aquella escalera .... inestable.
3. ¿Que no le gustan estas joyas siendo .... preciosas?
4. ¿De veras le costó .... como dice el safari?
5. Salgo de aquí porque .... bullicio me marea.
6. No hagáis .... los graciosos, que no nos hacéis ninguna gracia.

C) *llevar* (5) / *traer*

1. Doctor, le .... todas las radiografías que me mandó hacer.
2. Si vas a verles, ... (tú) a tus padres mis recuerdos.
3. ¡No .... (vosotros) animales a esta casa!
4. El juez quiso estudiar todas las pruebas que .... los testigos.
5. .... (él) un bigote a lo Dalí.
6. Cuando vayáis a matricularos, tendréis que .... un documento de identidad.

D) *faltar* (9) / *hacer falta* (52)

1. Aún .... muchas horas para que se ponga el sol.
2. No .... encender la luz: se ve muy bien.
3. .... dinero en caja: alguien lo ha sustraído.
4. No .... que grites tanto: no somos sordos.
5. Estoy tan decepcionado que me .... las ganas de luchar.
6. .... una buena reforma sanitaria.

E) *[ni] siquiera* (26) / *tampoco*

1. Le dejé usar mi celular y .... me dio las gracias.
2. Hicieron una fiesta y .... tuvieron la delicadeza de decírmelo.
3. A mí .... me gustan nada las películas del oeste.

4. Tiene tan poca memoria que .... se acuerda de su número de teléfono.
5. ¿No tiene ascensor su casa? La nuestra ....
6. ¿Ir andando hasta allá? No lo pienso ....

F) *en el fondo* (41) / *al fondo*

1. .... ha actuado de buena fe.
2. La puerta del lavabo está ....
3. .... del mar encontramos ánforas romanas.
4. .... de la calle hay un semáforo.
5. Cuando el huevo se posa .... de un recipiente lleno de agua, quiere decir que está fresco.
6. Habló horas y horas y .... no dijo nada.
7. Allá .... se ve una lucecita.

5. Forme el derivado de la palabra entre paréntesis y controle luego con el texto:

1. No hay que preocuparse: su .... (enfermo, 8) no es grave.
2. Para cualquier información, la señorita está a su completa .... (disponer, 15).
3. Tuvo .... (disgustar, 18) tremendo cuando se le murió el perro.
4. .... (comer, 32) no están incluidas en el precio.
5. Tu .... (nervioso, 35) es sólo cuestión de cansancio.
6. .... (operar, 40) duró cinco horas.
7. Nos amparamos del .... (arder, 40) del desierto bajo las palmeras de un oasis.
8. Dé muchos .... (saludar, 45) y .... (recordar, 49) a su señora madre.

6. Observe:

• –¿me equivoco o lleva usted luto? -Sí, de mi madre, *que en paz descanse* (5).

La fórmula QUE EN PAZ DESCANSE puede abreviarse con q.e.p.d.

Existen otras abreviaturas:

Pº	s.e.u.o.
Sto./Sta.	S.A.
Avda./Av.	Vd./Vds.
P.D.	dcha./izq.
fra.	Srta.
s.f.	Pta./Ptas.
Cía.	rte.
c/	Apdo.

Escriba la abreviatura adecuada:

1. Nuestros amigos viven en la (calle) .... Mallorca, 154, primer piso, segunda puerta (derecha) ......

2. Envíen toda la correspondencia al (apartado de correos) .... 15893.
3. Cuando hay que indicar que un libro no lleva la fecha de edición se escribe ....
4. Hoy se celebra la festividad de (santo) .... Tomás y de (santa) .... Úrsula.
5. Les remitimos a (ustedes) .... la factura de su compra.
6. Es mejor que escribas esta frase después de la firma, en la (postdata) ....
7. Uno de los paseos más importantes de Madrid es el (Paseo) .... de la Castellana.
8. El coste de la instalación es de 60.000 (pesetas) ....
9. Detrás del sobre se escribe el nombre y la dirección del (remitente) ....
10. El nombre de la empresa es Angel González y (Compañía) ....
11. No se publica el texto de la ley sin el (visto bueno) .... del ministro.
12. El palacio real se encuentra en la (Avenida) .... de los Reyes Católicos.
13. En la respuesta indiquen por favor el número de la (factura) ....
14. Vivimos en el tercer piso, segundo piso (izquierda) ....
15. Este libro está editado por la editorial Gómez (Sociedad Anónima) ....
16. En la factura se indica el importe total seguido de la sigla .... , que significa "salvo error u omisión".

7. Observe:

• ¡...que *se mejore* y se restablezca pronto!(45-46) (mejorarse < mejor).

Complete con el verbo relacionado con el adjetivo entre paréntesis:

1. Muchos países del tercer mundo en vez de .... (rico) se han ..... (pobre).
2. El discurso del presidente sólo ha servido para .... (grave) la situación.
3. Ha empezado una nueva dieta para .... (delgado).
4. Hay que .... (espeso) esta salsa con un poco de harina.
5. Desde que se ha casado ha .... (gordo) mucho.
6. Piensan .... (largo) el metro hasta el barrio de la Merced.
7. A nadie le gusta .... (viejo).
8. El año pasado nuestros vecinos .... (blanco) la fachada de la casa.
9. La crisis del paro .... (peor) día tras día.
10. La muerte de su amiga le .... (triste) muchísimo.
11. El Quijote .... (loco) con la lectura de los libros de caballerías.
12. Sería bueno que tú .... (húmedo) un poco la ropa antes de plancharla.
13. Cuando le contaron lo del accidente, ... (pálido).

8. Acentúe y controle luego con el texto:

–Si que lo siento. Mi mas sincero pesame... Siempre es doloroso...
–Lo peor ha sido la enfermedad. La hemos tenido en el Clinico varios meses. Y ahora, lo que faltaba, mi mujer...
–¡Vaya! ¿Que tiene, si no es indiscrecion?
–Pues eso, que no se sabe lo que tiene. Lleva en el hospital mas de quince dias, haciendole analisis de todo tipo y viendola montones de medicos, y nadie se aclara...

–No sabe cuanto lamento estas malas noticias. Si en algo puedo serle util, ya sabe, yo y mi familia estamos a su entera disposicion...
–Se lo agradezco mucho. Ya se que son ustedes unos amigos... (7-16).

9. Observe:

A) • Lo *decía* el otro día al amigo Villar (1).

Conjugue el verbo entre paréntesis en el tiempo y modo adecuados:

1. Te lo .... (yo, decir) en serio: no .... (tú, salir) con una impertinencia de las tuyas.
2. Cuando .... (él, oír) aquella tontería, ... (él, reírse) como un loco.
3. Ayer .... (ella, ir) al parque y .... (ella, andar) más de una hora.
4. En la entrevista de anoche, ustedes no .... (saber) qué contestar cuando les .... (ellos, hacer) aquella pregunta embarazosa.
5. Te .... (yo, decir) que .... (tú, ponerse) algo encima antes de salir.
6. Me .... (ellos, describir) con todo detalle el funcionamiento del nuevo electrodoméstico.

B) • Siempre es *doloroso...* (< dolor-oso) (7)
   • que era muy listo y *trabajador* el muchacho... (< trabaja(r)-d-or) (23-24)

Forme el adjetivo derivado de la palabra entre paréntesis:

1. Aquel espectáculo fue verdaderamente .... (horror) y .... (entristecer).
2. Saber que no te ha pasado nada grave es una idea .... (consolar).
3. Han recibido una subvención para su labor .... (investigar).
4. Es persona cobarde y .... (temor).
5. Tenía fama de mujer .... (bondad).
6. Esta explicación tuya resulta muy .... (iluminar).

C) • haciéndole *análisis* de todo tipo (12).

Forme el plural de la palabra entre paréntesis:

1. Esta nota hay que ponerla entre .... (paréntesis).
2. Han construido una serie de .... (chalé) en las afueras de la ciudad.
3. Los .... (chófer) de taxi están haciendo huelga.
4. La policía decomisó una caja llena de .... (revólver).
5. Tus .... (tesis) son completamente infundadas.
6. Los socios de los dos .... (club) se encontraban todos los .... (martes) y .... (viernes).

D) • y nadie *se aclara* (12).

Conjugue el verbo entre paréntesis en el tiempo y modo adecuados:

1. Nosotros no .... (levantarse) nunca antes de las diez porque ....
(acostarse) muy tarde.
2. No .... (vosotros, ofenderse) por lo que os voy a decir.
3. Lamento que ustedes .... (ponerse) tan tensos por una cosa así.
4. ¿ .... (tú, asustarse) porque oíste el trueno?
5. .... (vosotros, largarse) sin saludar a nadie.
6. El gato .... (esconderse) debajo del sofá.

E) • a *mí* la playa no me prueba nada (32).

Complete con el pronombre personal-complemento indirecto:

1. Estos billetes son para .... (tú y Ángela).
2. A .... (Paco) no le llamaron, ¿y a .... (tú)?
3. Hablan de .... (tú y yo) con poco respeto.
4. Está siempre en lucha con .... (ella misma).
5. Tendrás que ir sin .... (yo).
6. Este recado telefónico es para .... , señor.

10. Complete con la preposición y controle luego con el texto:

1. Me gusta estar .... paz con todo el mundo (6).
2. Ha tenido a los niños .... casa por miedo a las radiaciones (8).
3. Deseo seros útil .... algo (14).
4. Estamos .... completa disposición de los señores clientes (15).
5. No hemos ido a la ceremonia, pero .... lo menos les hemos felici-
tado (17).
6. Han convocado oposiciones .... profesor universitario (20).
7. –¿ .... qué estáis hablando? –Estábamos hablando .... el referéndum (25).
8. Pregúntale .... su salud (26).
9. ¿Tienes gastritis? Culpa .... las demasiadas medicinas que tomas (35).
10. El campeón saludó .... sus fans (45).

11. Observe:

A) • que *hace* tanto *que* no les veo (2).

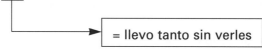

= llevo tanto sin verles

Según ello, transforme:

1. Llevo muchos veranos sin ir de vacaciones.
2. ¿Llevas quince días sin lavarte el pelo?
3. El cazador lleva algunas horas sin ver ni una sola ave.
4. Llevan una temporada sin exportar a Estados Unidos.
5. Llevamos demasiados años sin hacer reformas en la tienda.

6. Llevo un montón de tiempo sin ir al teatro.
7. ¿Llevan ustedes mucho tiempo sin salir del país?
8. Los chicos llevan bastante rato sin alborotar.

B) • usted no puede imaginar *cuántas* [desgracias]... (4).

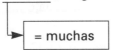

= muchas

• No sabe *cuánto lamento* estas malas noticias (14).

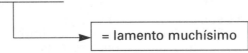

= lamento muchísimo

Según ello, complete anteponiendo una oración principal:

1. Tiene muchos años.
2. Trabaja muchísimo.
3. Sentimos mucho lo ocurrido.
4. Sabe muchas cosas.
5. Ha llovido muchísimo.
6. Este cuadro nos ha costado muchísimo.
7. Vivir aquí tiene muchos inconvenientes.
8. Sufre muchísimo.

C) • nos dio un disgusto tremendo, pero en fin, *ya pasó...* (18-19).

= cosa realizada

• *Estarán ya* pensando en las vacaciones... (30)

= cosa que se está realizando
antes de lo previsto

• *ya verá* que todo pasa... (48).

= cosa que seguro
que se realizará → ya + futuro

Conteste libremente usando *ya*:

1. –¿Ha terminado su hijo la carrera? –Sí, ...

2. –¿Se han casado Jesús y Teresa? –Sí, ...
3. –¿Usted cree que se arreglará este asunto? –Sí, ...
4. –¿Han decidido lo que tienen que hacer? –Sí, ...
5. –¿Me subirán ustedes el sueldo? –Sí, esté usted tranquilo, ...
6. –¿No viene hoy el electricista? –No, hoy no puede pero ....
7. –¿Estás pensando en escribir otro libro ahora? –Sí, ...
8. –¿Habéis solicitado la beca para ir a estudiar a Inglaterra? –Sí, ...

D) • *Que tenga* mucha suerte (21).

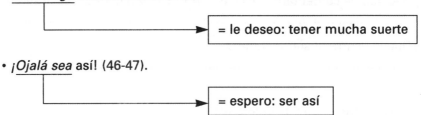

= le deseo: tener mucha suerte

• *¡Ojalá sea* así! (46-47).

= espero: ser así

Según ello, transforme:

1. Te deseo: tú ganar la competición.
2. Esperemos: el tren no llevar retraso.
3. Os deseamos: vosotros pasar felices Pascuas.
4. Espero: no ocurrir nada malo a él.
5. Desean: ustedes divertirse.
6. Espero: tocarme el gordo de la lotería.
7. Le deseamos: salir a usted bien el experimento.
8. Esperamos: él aprobar los exámenes.

12. Observe:

• *Vamos tirando* (27)

Conjugue el verbo entre paréntesis en el tiempo de indicativo adecuado, usando *acabar, seguir, ir + gerundio*:

1. Le reprocharon tantas cosas que .... (él, llorar).
2. .... (ella, decir por todas partes) que se casará pronto.
3. .... (él, trabajar) en la fábrica de siempre.
4. Al final el reo .... (gritar) contra el fiscal.
5. .... (yo, hacer) el deporte que hacía cuando era joven.
6. Empezó con pequeños robos y .... (él, atracar) bancos.
7. El estudioso .... (sostener) la misma teoría de años atrás.
8. .... (ellos, preocuparse) de lo que siempre les ha preocupado.
9. El famoso filósofo ateo .... (convertirse) al cristianismo.
10. Con las nuevas promesas, los ánimos .... (calmarse progresivamente).

Ejercicios de escritura: hacia la redacción

1. Conteste en unas pocas frases:

   1. ¿Qué le ha ocurrido últimamente a la familia del señor Suárez?

   ....

   2. ¿Qué tipo de comentarios hace el señor Núñez a lo que dice el señor Suárez?

   ....

   3. ¿Qué le ocurre al señor Núñez?

   ....

2. Conteste expresando sus opiniones:

   1. ¿Qué piensa usted del señor Suárez?

   ....

   2. ¿Qué le parecen las respuestas y comentarios del señor Núñez?

   ....

   3. ¿Qué les diría usted al señor Suárez y al señor Núñez si le contaran sus contratiempos y desgracias?

   ....

3. Complete con las partes que faltan y controle luego con el texto:

   –¿ .... de la familia por lo menos está .... ? ¿Los chicos...?
   –Sí, ... Dios, los chicos no están .... El pequeño nos dio .... tremendo, pero en fin, ya .... El mayor ha .... ya .... de abogado y ahora está haciendo .... a notario.
   –¡ .... el chico, eh! Que tenga mucha .... Dígaselo, que .... muy bien de él y que le .... mucha suerte y que le .... las cosas en la vida, que se lo merece, que era muy listo y .... el muchacho...
   –Eso sí, ... no le falta... Y ustedes, ¿ .... ? Yo hablando de .... y no le he .... siquiera por su familia...
   –Vamos .... Estamos pasando .... bastante buena (17-27).

4. Extraiga del texto las expresiones con las que las personas manifiestan: interés, participación, compasión y augurio.

5. Ponga las comas y los dos puntos y controle luego con el texto:

–No sabía eso de la úlcera...

–Ya hace tiempo. Culpa del nerviosismo las tensiones que nunca faltan ¿es verdad o no?

–Desde luego éstas nunca faltan...

–Dicen que habría que operar pero yo no me decido...

–Esperemos que no tengan que operarle porque a mi pobre madre...

–¿Fue... a causa de la operación? Las operaciones desde luego no hacen ninguna gracia... Y yo en el fondo estoy bien sólo que cuando menos me lo espero ¡zas! ardor de estómago y...

–En la vida no se puede estar nunca tranquilo cuando no es una cosa es otra... (35-44).

6. Según los elementos que le proporciona el texto:

   • cuente algún incidente o desgracia de su vida;
   • invente un diálogo en el que usted participa de lo que le cuenta un amigo y trata de aliviarle.

7. Escriba una redacción sobre uno de los siguientes temas:

   • El nerviosismo de la vida moderna.
   • Mi «filosofía» de la vida.
   • Lugares comunes.
   • Malos recuerdos de mi vida.
   • «Querida Concha: ¡no sabes cuántas desgracias me han pasado en estos últimos meses!...»
   • Yo, ante la adversidad.

17 Yo que usted...

John: Oiga, por favor, ¿para ir al centro de la ciudad, qué *tengo que* hacer?

Señor: ¿Va usted en taxi o en autobús?

John: En autobús. Habrá, *supongo*, autobuses que *lleven* al centro, ¿no?

Señor: Sí, pero con todas estas maletas que veo que lleva... Yo le aconsejo que
5   coja usted un taxi. No va a costarle mucho. Ya sabe, en España cuestan poco. Aparte de que el centro no *queda* muy lejos... En fin, *usted
mismo.*

John: Sí, *puede que tenga* usted razón.

Señor: Pues decídase, porque le *advierto* que para la parada de taxis tiene que
10   salir por esta salida de la izquierda y para el autobús por allá, al fondo,
donde está la escalera automática, ¿la ve, *verdad*? Allí tiene también una
boca de metro. Yo, en todo caso, le recomendaría el metro...

John: Sí, pero con las escaleras...

Señor: Entonces lo mejor es que se deje de metros y escaleras y coja el taxi.

15 John: Oiga, ya que es usted tan amable: ¿sabría indicarme un hotel que *esté
bien,* pero no muy caro?

Señor: Pues para eso no sé qué decirle. Sabe, he vivido toda la vida en
Madrid... Yo le aconsejaría que se dirigiera a la Oficina de Turismo.
Aquí mismo en la estación hay una.

20 John: ¿Y si se lo pregunto al taxista?

Señor: No lo haga, créame. El taxista le lleva a un hotel donde le dan *la pasta...,*
sabe usted. Ya me entiende... Yo que usted iría a la oficina que le he
dicho, ya verá que le atienden bien.

John: Perdone si *abuso de* su amabilidad...

25 Señor: Nada, hombre, no faltaría más. Véngase conmigo, que le acompaño: yo
también voy *hacia la misma dirección.*

John: Es que primero tengo que cambiar moneda. ¿Sabe usted si aquí en la
estación *se encuentra* una oficina de cambio?

Señor: Sí, tiene que haber una. Espere... Preguntémoslo a informaciones. De
30   todas formas, yo le digo una cosa, eh: mire que aquí el cambio es muy
malo. Yo le aconsejo, si me permite, que cambie aquí *lo justo* para el
taxi. Mejor dicho, usted lo que tiene que hacer, *vaya,* lo que yo haría
en su lugar es eso: *ahora mismo* vaya a la Oficina de Turismo, coja el
taxi, deje las maletas en la conserjería del hotel y vaya *corriendo* a un
35   banco. ¡Ah, le advierto que a las dos los bancos cierran! ¡*Apresúrese!*

John: Muchas gracias por todo. Ha sido usted muy amable.

Señor: De nada, hombre. *Que lo pase usted muy bien* por aquí. *Adiós.*
John: Adiós.

Ejercicios orales

1. Conteste brevemente con sus propias palabras:

   1. ¿Qué problemas tiene John al llegar a la ciudad?
   2. ¿Qué le aconseja el señor que encuentra en la estación?
   3. ¿Por qué es oportuno que John decida enseguida si quiere coger el taxi, el autobús o el metro?
   4. ¿Qué quiere saber John sobre el hotel?
   5. ¿Qué consejos le da el señor de la estación y a qué se presta?
   6. ¿Cuál es el último consejo que da a John el señor de la estación?

2. Ampliemos el tema con situaciones similares:

   A) Los González, con seis hijos y la abuela, han decidido dejar la ciudad de Madrid y comprar una casa en el campo. Encuentran una, pero necesita ser restaurada y adaptada a las exigencias de la familia. Hablan de ello con un arquitecto que sugiere las reparaciones necesarias y las modificaciones.

   Complete las partes que faltan del diálogo:

   Padre: ¿Qué es lo que usted .... ?
   Arquitecto: En primer lugar, ... el tejado, porque .... Supongo que .... ya que los muros .... Yo que usted, ... persianas: son .... y la luz ....
   Madre: ¿Piensa que las puertas .... o sería mejor .... ?
   Arquitecto: Sin duda .... : ¿no ve cómo .... ? Creo que .... En el interior habría que .... Yo .... calefacción central y también ....
   Abuela: ¡ .... las chimeneas!
   Padre: No quisiera .... , pero si es necesario .... , sigo sus consejos. ¿Piensa que .... ?
   Arquitecto: Desde luego. Los cristales .... y los quicios .... Les sugiero que .... : son estupendos.
   Madre: ¿ .... los cuartos de los niños?
   Arquitecto: .... en el piso de arriba, porque .... En cambio, el de la abuela .... , así que .... y, además .... La cocina .... y el salón ....
   Hijo: ¿ .... una piscina?
   Arquitecto: Sí, el jardín es .... , y se podría ....

Padre: ¡En absoluto, que nos va a .... ! De momento, ... lo
               indispensable, y luego .... ¿Cree usted que los dormitorios
               .... ?
Arquitecto: Yo le aconsejaría que .... , porque .... cuartos de baño.
               Aquí, en la planta baja, yo .... y el garaje ....
Madre: Habrá que .... el suelo, ¿verdad?
Arquitecto: Por supuesto. Está .... : para mí, lo mejor ....
Padre: ¿ .... un presupuesto de las obras?
Arquitecto: Naturalmente: .... lo que haría yo si .... Luego, ustedes
               ....
Padre: Muchas gracias. Y si tiene alguna otra sugerencia, ...

B) Juana está muy preocupada porque últimamente ha engordado mucho. Está
hablando de ello con su madre, una amiga delgadísima, Luisa, y con su marido.

Complete las partes que faltan del diálogo:

Juana: ¡Es horrible, mamá! ¡Mira .... !
Madre: ¡Qué dices, hija! .... así. Pero .... un poco de gimnasia:
         ....
Juana: .... perezosa. ¡ .... delgada como Luisa! ¿Cómo .... ?
Luisa: La verdad es .... Lo único .... régimen.
Juana: ¿ .... coma?
Luisa: .... muchas verduras y carne, pero .... , ... un médico.
Madre: ¡Qué médico y .... ! ¿Quieres .... y acabar en un hospital?
         Sigue mis consejos: ....
Marido: ¡Siempre charlando, las mujeres! ¿Se puede saber .... ?
Luisa: Juana está triste porque .... y nosotras ....
Marido: ¡Cuántas bobadas! A mí .... : las mujeres regorditas .... que
         ....
Luisa: Gracias por la indirecta. Juana, para mí tienes ....
Juana: Bueno, ¿y qué médico .... ?
Luisa: .... el mío: es verdaderamente estupendo y ....
Marido: ¡Nada de todo eso! Si quieres escuchar .... , lo mejor ....
         deporte: mañana te compro una bicicleta y ....
Madre: Eso es. Yo también .... a Juana: ....
Luisa: ¡ .... la comida!
Juana: ¡Basta, por favor! Ya he decidido: ....

C) Ana es casada. Desde hace algún tiempo su marido está algo extraño: se
ausenta frecuentemente de casa con excusas de trabajo, sale de noche, los
domingos dice que los pasa en la oficina... Ana sospecha algo, y pide consejos a su mejor amiga.

Complete las partes que faltan del diálogo:

Ana: ¡Ya no puedo más: .... !
Inés: Si quieres .... , ten un poco de paciencia y ....

Ana: No es cuestión de paciencia.Para mí, ...

Inés: Disculpa si .... : yo, en tu lugar, ...

Ana: ¿Ser más cariñosa? ¡Pero si ya .... !

Inés: Entonces .... te cuides más ....

Ana: No serviría de nada. ¡Mi marido .... si me he cortado el pelo o no! ¿Tú, en mi caso, ... ?

Inés: Yo .... con él. Le ....

Ana: No, creo .... Yo, una vez ....

Inés: .... : tener paciencia y aguantar. A lo mejor ....

Ana: ¿ .... de otra?

Inés: ¡Qué ideas! Pero, en este caso, ... a un abogado: él podría ....

Ana: ¡ .... ! ¡Qué vergüenza! ¿Y los niños?

Inés: ¿.......... director espiritual? Ellos siempre ....

Ana: ¿Lo harías tú?

Inés: No, porque .... mi marido: somos .... Pero, en una situación como la tuya, ...

Ana: De acuerdo. Trataré de .... y seguir ....

D) La señora Pérez recibe inesperadamente la visita de los suegros que se quedan a cenar. Está muy preocupada porque en casa apenas si tiene comida para dos y las tiendas están cerradas. Habla con su vecina para ver cómo puede resolver la situación aprovechando lo poco que tiene en la nevera.

Imagine el diálogo entre ellas y las sugerencias de la vecina.

E) Todos los veranos, en ocasión del éxodo de las vacaciones, se registra un elevado número de accidentes mortales en las carreteras. Un grupo de expertos se reúne para discutir el problema y redactar un programa de sugerencias y medidas a tomar.

Imagine el diálogo entre ellos.

F) El director de un colegio ha convocado a los padres de los alumnos y a los profesores para hablar de los nuevos cursos, que quiere renovar completamente. Se hacen varias propuestas: clases de música, más deporte, introducción del estudio de idiomas extranjeros, menos deberes que hacer en casa, métodos de enseñanza más modernos...

Imagine el diálogo entre ellos.

3. Sustituya las palabras, frases o partículas en cursiva por otras equivalentes que usted conozca y que puedan reemplazarlas en el texto.

4. Complete las frases de los grupos siguientes con una de las voces indicadas en cada uno de ellos:

A) *ir* (1) / *venir*

1. –¿Quieres .... conmigo al gimnasio? –Sí, ... (yo).
2. He hablado con la asistenta y me ha dicho que .... (ella) sobre las siete.
3. ¡ .... (vosotros) a verme un día de esos!
4. El año pasado .... (nosotros) a África.
5. No quiero que Juanito .... con esos golfos.
6. –Enfermera, ¿puedo .... esta mañana? –No, ... (usted) por la tarde.

B) *tener que* (1) / *haber que*

1. No .... ser tan impulsivos: .... reflexionar.
2. .... (yo) llevar el coche al mecánico para un control.
3. .... (tú) prestar mayor atención.
4. .... ahorrar un poco para la vejez.
5. .... (nosotros) decirle una mentira para que no se asustara.
6. Si faltan refrescos, ... bajar a comprarlos.

C) *mucho* (5) / *muy* (6)

1. Ayer estuvo de .... mal humor.
2. Se concentró .... y resolvió el problema .... rápidamente.
3. Hoy el enfermo se encuentra .... mejor.
4. Es .... más divertido jugar al póquer que al dominó.
5. Acudió .... menos público de lo previsto.
6. Me da .... gusto hablar con él porque su conversación es .... amena.

D) *lejos* (6) / *lejano*

1. La discoteca no queda muy .... de aquí.
2. La leyenda se remonta a épocas ....
3. La policía está .... de sospechar del marido de la víctima.
4. Una vez al año hacían una romería a una ermita ....
5. No te pongas tan cerca del hogar, ponte un poco más ....
6. La panadería no está .... de aquí.

E) *tan* (15) / *así*

1. No te pintes .... : pareces un payaso.
2. Está .... preocupado que no ve la situación objetivamente.
3. El nene es .... mono que me lo comería a besos.
4. Es .... cómo tienes que hacerlo.
5. Son .... susceptibles que no se les puede decir nada.
6. Si es .... , abandono la empresa.

F) *estar* (15) / *ser* (36)

1. ¿ .... cierto que las Olimpiadas se celebrarán en Atlanta?
2. .... visto que no podemos contar con él.
3. No .... (él) nunca de acuerdo con lo que proponen los demás.
4. .... curioso que a su edad todavía no sepa hablar.
5. –¿Dónde .... la reunión? –En el despacho del director.
6. Si alguien me busca, díganle que .... (yo) aquí para las nueve.

5. Forme el sustantivo de profesión relacionado con la palabra entre paréntesis:

• ¿Y si se lo pregunto al *taxista*? (20) (taxista < taxi).

1. En este momento .... (ciencia) dedican gran atención a la biogenética.
2. Tenemos .... (jardín) polaco.
3. Enrique es .... (ejecutar) de la empresa.
4. Tintorería necesita .... (planchar) experta.
5. Está prohibido hablar con .... (conducir).
6. .... (carne) de la esquina tiene carne muy sabrosa.
7. Cuando tuve mi primer hijo, vino .... (niño) a cuidarle.
8. Algunos .... (recluir) están en celdas de seguridad.
9. .... (barca) nos transportó a la otra orilla del río.
10. Mi primo Miguel trabaja como .... (dibujar).

6. Observe:

En la frase *el centro no queda muy lejos* (6), el verbo QUEDAR podría sustituirse por los verbos ENCONTRARSE O ESTAR SITUADO.

Sustituya el verbo *quedar/quedarse,* seguido a veces de ciertas preposiciones o adverbios, por otro verbo más específico:

1. ¿Ha *quedado* un poco de sopa de ayer?
2. Para llegar a Santander todavía *quedan* doscientos kilómetros.
3. Si no les pides excusas vas a *quedar muy mal* con ellos.
4. *Se quedó* absorto pensando en lo que había ocurrido.
5. No se vaya, doctor, porque *quedan* tres pacientes por visitar.
6. Sólo *quedan* cinco minutos para terminar el espectáculo.
7. Los socios han *quedado en* reunirse la semana que viene.
8. El embajador *se quedó* en la capital una semana.
9. La oficina *queda* muy cerca de casa.
10. Con lo que dijiste a propósito de la gratitud, *quedaste muy bien*.
11. *Se quedó* manco como consecuencia de la explosión.
12. El hijo adoptivo consiguió *quedarse con* toda la herencia.
13. *Quedamos* a la espera de vuestras noticias.
14. Aunque he hecho muchas compras y he gastado un montón de dinero aún me *quedan* cinco mil pesetas.
15. *Quedaron en* llamarse aquella misma noche.

7. Observe:

A) • Habrá, supongo, *autobuses* que lleven al centro, ¿no? (3).

Transforme en plural:

1. Le dieron una dosis de morfina muy fuerte.
2. Es un reloj japonés.
3. Cayendo se me rompió el esquí.
4. Compré un jersey azul.
5. Me gusta este pastel de almendras.
6. Sigue un régimen alimenticio muy irracional.

B) • Habrá, supongo, autobuses *que* lleven al centro, ¿no? (3).

Complete con *que, el, los, la-s cual-es, quien-es, cuyo-s-a-as:*

1. El chico .... viste es mi primo.
2. .... están hablando no son de aquí.
3. Había muchas personas entre .... reconocí algunas.
4. El pueblo vasco, ... elecciones se celebrarán el próximo domingo, se halla en el norte de España.
5. El cine a .... fuimos anoche se incendió.
6. Los espectadores, ... iban todos de etiqueta, asistieron al estreno.

C) • con *todas* estas maletas que veo que lleva... (4)
   • Muchas gracias por *todo* (36).
   • De *nada,* hombre (37).

Complete con *todo-a-os-as, nada:*

1. Con esas gafas no veo ....
2. .... esos chismes no me interesan para ....
3. Es muy generosa, lo daría .... a .... el mundo.
4. En esta casa .... está estropeado.
5. .... ustedes han sido muy amables conmigo.
6. No tengo .... que añadir a lo que .... ustedes ya han dicho

D) • Yo *le* aconsejo [...] (4).
   • donde está la escalera automática, *la* ve, ¿verdad? (11).
   • ¿Y si *se lo* pregunto al taxista? (20).

Transforme sustituyendo las partes en cursiva por los pronombres-complemento:

1. Dieron *a ti una paliza.*
2. Notifiqué *las notas a los estudiantes.*

3. Vendieron *a usted un billete caducado.*
4. Regalaron *una lavadora a nosotros.*
5. Ponga *los polvos de talco al nene.*
6. Devuelva *a nosotros el martillo.*

E) • Pues *decídase* (9).
   • *No lo haga,* créame (21).

Conteste afirmativa y negativamente:

1. ¿Riño al niño por la travesura que ha hecho?   (usted)
2. ¿Regamos las platas y el césped?   (vosotros)
3. ¿Traigo los helados?   (tú)
4. ¿Copio de nuevo la carta?   (usted)
5. ¿Conducimos más despacio?   (nosotros)
6. ¿Huimos por la escalera de seguridad?   (ustedes)

8. Complete con la preposición y controle luego con el texto:

1. ¿Qué me aconseja usted que coja .... ir al aeropuerto? (1).
2. Preferimos ir .... metro al centro de la ciudad (2).
3. ¿Este autobús lleva .... el estadio? (3).
4. El pájaro salió .... la puertecita de la jaula (10).
5. La habitación número quince está .... el fondo del pasillo (10).
6. Déjate .... divagaciones y vengamos al grano (14).
7. Es inútil que se dirija .... él porque no sabe nada de eso (18).
8. Yo, ... vuestro lugar, no iría a aquella pensión (33).
9. Los pintores han dejado los botes de pintura .... el balcón (34).
10. Gracias .... la cortesía que han tenido ustedes con nosotros (36).

9. Observe:

A) • *Habrá,* supongo, autobuses que lleven al centro, ¿no? (3).

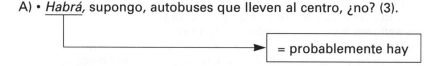

= probablemente hay

Según ello, transforme:

1. Probablemente tiene cuarenta años.
2. Probablemente aquí caben más de viente personas.
3. Es un jarro muy fino: probablemente es de cristal.
4. Probablemente esta joya es muy antigua.
5. Probablemente se ha terminado la carga del bolígrafo.
6. Probablemente me han denunciado.
7. Es alta y rubia: probablemente es sueca.
8. Probablemente le han echado de la fábrica.

B) • *puede que tenga* usted razón (8).

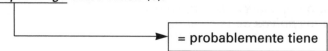

= probablemente tiene

Según ello, transforme:

1. Probablemente iremos mañana.
2. Probablemente le acusarán de homicidio voluntario.
3. Probablemente tiene cáncer.
4. Probablemente este cuadro es falso.
5. Probablemente la empresa le enviará al extranjero.
6. Probablemente hay mucha gente esquiando en esa pista.
7. Probablemente no ha comprendido bien lo que le hemos dicho.
8. Probablemente está entrenándose.

C) • Yo, en todo caso, le *recomendaría* el metro... (12).

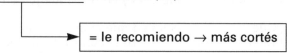

= le recomiendo → más cortés

• Yo que usted *iría* a la oficina [...] (22)

potencial

Según ello, conjugue el verbo entre paréntesis:

1. Yo, en tu lugar, no .... (yo, fumar) tanto.
2. Nosotros más bien .... (ser) de la opinión de aplazar el viaje.
3. ¿Usted le .... (aconsejar) hacer un poco de gimnasia?
4. ¿ .... (tú, tener) su mismo valor en una ocasión parecida?
5. ¿A los señores les .... (apetecer) un buen gazpacho?
6. .... (nosotros, querer) decírselo, pero no sabemos cómo.
7. Perdone, pero yo .... (echar) al arroz un poco más de agua.
8. ¿ .... (ser) usted tan amable de indicarme dónde está una cabina telefónica?

D) • *Que lo pase* usted muy bien por aquí (37).

= deseo-augurio

Según ello, complete usando los elementos entre paréntesis:

1. –Mañana partimos para España. –.......... (ustedes/buen viaje).
2. –El domingo hay una fiesta en el colegio. –.......... (vosotros/divertirse).
3. –Buenas noches a todos, me voy a la cama. –....... (tú/descansar bien).
4. –No me encuentro nada bien. –.......... (usted / aliviarse).
5. –Le van a operar del cerebro. –.......... (Dios ayudar / a él).
6. –¿Mañana debuta usted como tenor? –.......... (usted/tener éxito).
7. –El lunes tenemos un examen. –.......... (vosotros/tener suerte).
8. –El abuelo ha fallecido esta noche. –.......... (él/descansar en paz).

10. Observe:

   • Yo le *aconsejo que coja* usted un taxi (4-5).
   • Pues *decídase* [...] (9).
   • Yo le *aconsejaría que se dirigiera* [...] (18).
   • *Yo que usted iría* a la oficina [...] (22).
   • *usted lo que tiene que hacer* (32).
   • *lo que yo haría en su lugar* es eso (32-33).

Sugiera las soluciones para cada una de las situaciones siguientes, usando una de las fórmulas arriba indicadas:

1. Me duele la cabeza.
2. Se me ha estropeado el aspirador.
3. Llegaremos tarde al trabajo.
4. Destruyen la fauna y la flora.
5. El cielo se está nublando.
6. Me duelen los pies.
7. Están cansados.
8. En esta casa hace un calor espantoso.
9. No tengo apetito.
10. No consigo aprender el francés.
11. Hay un incendio en la casa de enfrente.
12. Mi marido está poniéndose calvo.
13. Se le están muriendo las plantas de dentro.
14. Me han robado el coche.
15. He dejado las llaves en casa.
16. Se ha puesto demasiado gorda.
17. He perdido el pasaporte.

Ejercicios de escritura: hacia la redacción

1. Conteste en unas pocas frases:

   1. ¿Qué es lo que quiere saber y qué necesita John?

   ....

2. ¿Qué consejos le da el señor?

....

3. ¿Con qué criterio el señor da sus informaciones y consejos?

....

2. Conteste expresando sus opiniones:

1. ¿Qué tipo de personalidad revela el señor?

....

2. ¿Qué le parece John a usted?

....

3. ¿Qué consejos le daría usted a John?

....

3. Haga una frase con cada una de las formas intercaladas siguientes, usándolas con el significado equivalente al del texto:

1. ¿no? (3)   2. en fin (6),   3. pues (9),   4. en todo caso (12)
5. ya me entiende... (22),   6. nada (25),   7. mejor dicho (32),   8. de nada (37)

4. Complete con las partes que faltan, y controle luego con el texto:

   –Pues ...., ... le advierto que para .... de taxis tiene que salir por esta .... de la izquierda y para el autobús por allá, ..., donde está la escalera ...., ¿la ve, verdad? Allí tiene también .... de metro. Yo, en todo caso, le .... el metro...
   –Sí, pero con las escaleras...
   –Entonces .... que se deje de metros y escaleras y .... el taxi.
   –Oiga, ya que es usted tan .... : ¿sabría .... un hotel que esté ...., pero no muy .... ? (9-16).

5. Imagine que usted es John y que escribe una carta a su amigo Pepe contándole con todo detalle lo que le ha ocurrido en la estación de Madrid. Siga libremente el texto, transponiéndolo de estilo directo en estilo indirecto:

   Ejemplo: Oiga, por favor, para ir al centro de la ciudad, ¿qué tengo que hacer?
   → *Me dirigí a un señor que estaba allí y le pregunté qué es lo que tenía que hacer para ir al centro de la ciudad.*

6. Según los elementos que le proporciona el texto:

   • usted tiene que operarse de la vista y desea ir a Barcelona: invente el diálogo entre usted, que pide consejos, y un amigo médico que le sugiere y aconseja;
   • sugiera y aconseje a una cliente de su boutique cómo vestirse para cambiar completamente su aspecto.

7. Escriba una redacción sobre uno de los siguientes temas:

   • Sugiera al responsable de su puesto de trabajo los cambios y mejoras que desearía se hicieran.
   • Sugiera a una emisora de televisión modificaciones y mejoras en su programación.
   • Sugiera al Alcalde de su ciudad las mejoras que desearía que se realizaran en ella.
   • La impertinencia de los consejos.
   • La inutilidad / utilidad de los consejos.

18 En «Control de pasaportes»

[Marie y Françoise acaban de llegar a París]

Policía 1: Los pasaportes, por favor.

Marie: ¿Qué?

Policía 1: *Sírvanse mostrar* los pasaportes, por favor.

5 Françoise: Aquí están.

Policía 1: ¿Cuánto tiempo piensan *permanecer* en España?

Françoise: Un año, *más o menos*.

Policía 1: ¿Tienen permiso de trabajo? Hagan el favor de *enseñármelo*.

Marie: No hemos venido aquí para trabajar. Hemos venido para estudiar.

10 Policía 1: Dentro de no más de cinco días deben *personarse* en la Comisaría de Policía para regularizar su estancia en el país. ¿*Queda* claro?

Marie: Le ruego nos disculpe, pero no *entendemos*. Nosotras *en realidad* somos turistas, ¿no?

Policía 1: Señoritas, no puedo explicarles todo eso ahora. ¿No ven *la de gente*

15 que está esperando detrás de ustedes? Hagan el favor de esperar aquí un momento y dejen pasar al siguiente. ¿Ven aquella puerta que dice POLICÍA? Pues vayan allí y se lo explicarán.

Françoise: (Llaman). ¿Se puede?

Policía 2: ¡Adelante!

20 Françoise: *Perdone*. El policía de control de pasaportes nos ha dicho que tenemos que ir a la comisaría para poder *estar* aquí en España un año. Le suplico tenga usted *la amabilidad* de explicarnos qué tenemos que hacer, porque nosotras no sabíamos...

Policía 2: Mañana o pasado (antes de que pasen cinco días) vais a la Comisaría

25 con el pasaporte y con dos fotos *tamaño* carnet. Tenéis que solicitar el permiso de permanencia para tres meses. Os darán un impreso y lo rellenáis. Tenéis que documentar lo que hacéis aquí. ¿Qué *haréis* aquí?

Françoise: Hemos venido para estudiar español en una escuela de idiomas.

30 Policía 2: Pues pedís a la escuela que os haga un certificado que atestigüe...

Marie: Por favor, le suplico hable un poco... más fácil. ¿Qué es eso del... impreso, del relle...?

Françoise: Rellenir...

Policía 2: No, rellenar. ¿Cómo se podría decir? Pues llenar el papel con el

35 nombre, *datos personales* y respuestas, etc., donde hay los puntitos.

Marie: ¡Ah! Ya veo. Y la escuela tiene que dejar un papel que diga que estamos matriculadas y que seguimos el curso tal o cual...

Policía 2: *Eso mismo.*

Marie: ¿Y si no quieren hacerlo?

40 Policía 2: Pues exigís que os lo hagan. Tienen que hacerlo. Pero ya veréis que no tendrán inconveniente en ello.

Françoise: ¿Y cuando *hayan terminado* los tres meses?

Policía 2: Pues pedís a la policía que os renueve el permiso y hacéis otra solicitud, que es otro impreso que *en vez de* decir que pedís permiso, dice

45 que pedís que os sea renovado el permiso...

Françoise: Madre mía, ¡qué complicado!

Policía 2: No, mujer, *no temas.* Lo único es ir en seguida a la escuela y pedir que os hagan el certificado. ¡Ah, y cuando vayáis a la Comisaría no os olvidéis de los documentos y de las fotos!

50 Marie: ¡Uf! *¡Qué lata!*

Ejercicios orales

1. Conteste brevemente con sus propias palabras:

1. ¿Qué les ocurre a Marie y Françoise en el aeropuerto de Madrid?
2. ¿Por qué han ido a España las dos chicas?
3. ¿Qué les sugiere el policía que está en Control de pasaportes?
4. ¿Cómo las recibe el policía que está en el despacho?
5. ¿Qué les dice que tienen que hacer para permanecer en España?
6. ¿Qué tienen que pedir a la escuela?
7. ¿Qué es lo que preocupa y fastidia a las dos chicas?
8. ¿Cómo las tranquiliza el policía?
9. ¿Qué problemas tienen las dos chicas con la lengua española?

2. Ampliemos el tema con situaciones similares:

A) Dos estudiantes extranjeros se han perdido en las afueras de la ciudad y no saben cómo volver a la residencia. Afortunadamente, un coche se detiene a sus señas.

Complete las partes que faltan del diálogo:

John: Perdone, ¿sabe .... ?

Señor: .... del campo de deportes. ¿Dónde .... ?

John: Tenemos que .... , pero no ....

Señor: .... muy lejos de aquí y no es fácil ....

Paul: ¿Podría .... ?
Señor: Lo siento: tengo el coche .... y además no voy ....
John: ¿ .... autobuses?
Señor: .... que no, y tampoco veo taxis.
John: ¿ .... andando?
Señor: Me parece que .... : sois bastante jóvenes y ....
John: ¿Nos podría indicar .... ?
Señor: Lo único que .... hasta aquel puente: luego podéis ....
Paul: ¿Pero no hay cabinas telefónicas? Así ....
John: Aquí no ....
Señor: Si queréis, en cuanto .... llamo un taxi y .... Pero vosotros no ....
Paul: .... , ha sido usted ....
Señor: De nada, siempre .... La próxima vez ....
John: ¡ .... el plano de la ciudad!

B) Es verano y estamos en la playa. Ana y María notan algunas cosas molestas: radios a todo volumen, niños tirando arena, perros en el agua... No pueden menos de hacer algunas observaciones.

Complete las partes que faltan del diálogo:

Ana: Señora, por favor, ¿podría .... ?
Señora: Con tanta gente, ¡ .... !
Ana: Es verdad, pero un poco de educación .... Además, su niño .... de arena.
Señora: Claro que no teniendo niños ....
Ana: Por lo menos, ... la radio: ¡ .... hablar!
Señora: Un poco de música ....
María: .... sordas.
Ana: Déjalo, María, y vamos a .... que hace mucho calor.
María: Yo no voy, ¿ .... perro?
Señor: ¿Qué .... de mi perro?
María: Es que .... en el agua, por higiene y porque algunas personas ....
Señor: ¡No muerde ni nada! ¡Las personas son .... ! Y él también ....
María: Sí, pero no donde ....
Ana: ¡Ay, qué .... !
María: ¿Qué te pasa?
Ana: ¡Ese maldito niño .... el balón! ¿No puedes .... ?
Niño: ¿Y dónde voy que .... ?
Ana: Ahora llamo .... ¡Señor!
Bañista: ¿Qué .... ?
Ana: .... respetar las normas de educación: esa señora .... ; mi amiga no puede bañarse .... ; los niños .... y, por favor, dígale a aquella señora que .... : ¡es indecente hacerlo aquí, delante de todos!
Bañista: Tiene razón, pero yo ....

C) • El otro día me encontré en el parabrisas del coche una multa con este ruego:

> LE ROGAMOS ESPERE A RECIBIR EN SU DOMICILIO
> LAS CORRESPONDIENTES INSTRUCCIONES

• Al salir del restaurante, leí en la factura este ruego:

> LES DAMOS LAS GRACIAS POR SU VISITA, Y SI ALGO
> NO HA SIDO DE SU AGRADO, ROGAMOS
> LO COMUNIQUEN A LA DIRECCIÓN
>
> Muchas gracias

• Al efectuar el pago de la mercancía, me entregan una factura en la que leo:

> ROGAMOS REPASEN LA FACTURA ANTES
> DE ABONARLA, POR SI EL CAJERO HUBIESE
> COMETIDO ALGÚN ERROR INVOLUNTARIO.

• En el recibo del banco leo:

> NOTA: En el sistema de teleproceso no se precisa hoja de reintegro en cantidades de hasta 50.000 pesetas. Se ruega la presentación del documento nacional de identidad.

Según ello, imagine los posibles ruegos para estas otras situaciones:

- en el boletín de suscripción a una revista: no escribir a mano...
- en el aeropuerto: a los pasajeros antes del embarque...
- en el recibo de una tintorería: advertencias relativas a las prendas...
- en un hospital: para evitar todo lo que puede causar molestia a los pacientes y para hacer observar el reglamento...
- en una biblioteca: para que la gente no entre en la sala de lectura con determinados objetos, no hable ni estropee los libros...
- en un hotel: instrucciones para reclamaciones, necesidades...

3. Sustituya las palabras, frases o partículas en cursiva por otras equivalentes que usted conozca y que puedan reemplazarlas en el texto.

4. Complete las frases de los grupos siguientes con una de las voces indicadas en cada uno de ellos:

A) *detrás de* (15) / *detrás* / *atrás*

1. ¡Vayan ustedes para .... y dejen pasar a la policía!
2. .... el supermercado hay un amplio aparcamiento.
3. Las personas más altas que se pongan ....
4. Frente a cualquier responsabilidad, no se echa nunca ....
5. Coloque usted las escobas ....: la puerta.
6. Parecen amigos del alma y luego se critican ....

B) *adelante* (19) / *(de) delante (de)*

1. –¿Qué tal las obras? –Bueno, siguen ....
2. No es oportuno decir ciertas cosas .... los niños.
3. Los más bajos se sentaron en los pupitres ....
4. El maestro les explicará más .... el álgebra.
5. –¿Dónde aparco el coche? –Apárcalo allí ....
6. Esta falda tiene los pliegues .... más grandes que los de detrás.

C) *tener que* (20) / *haber que*

1. .... advertir a los clientes que las rebajas terminan este sábado.
2. .... (ellos) pagar los impuestos para fines de mes.
3. ¡No .... ser tan pesimista!
4. No .... (nosotros) abandonarle en este momento.
5. .... comunicárselo cuando no haya más remedio.
6. .... ir al banco a sacar dinero porque .... (nosotros) pagar el alquiler.

D) *pedir* (30) / *preguntar*

1. ¿ .... (tú, a él) cuándo se jubila?
2. Os .... (ellos) que les llevarais a la estación.
3. Cuando vaya a la agencia de turismo, ... (usted) por la señorita María.
4. Ayer el profesor me .... en clase y contesté muy bien.
5. Les .... (nosotros) un favor: ¿podrían no fumar?
6. No nos .... (vosotros) lo que no podemos haceros.

E) *en vez de* (44) / *en cambio*

1. .... sembrar trigo sembró cebada.
2. Años atrás había mucha contaminación, ahora, ... , la situación ha mejorado un poco.
3. .... reírte como un idiota, sería mejor que prestaras atención a lo que dice.
4. Prefiero usar miel .... azúcar.

5. Ponga la maceta al lado de la butaca; el ramo de flores, ... , póngalo sobre el piano.

6. .... quejaros todo el tiempo, haced algo de provecho.

F) *en seguida* (47) / *pronto*

1. ¡Chicos, sentaos a la mesa que la comida está lista y vamos a comer .... !

2. No me gusta esperar demasiado: trata de llegar ....

3. Llamamos a la policía y ésta llegó ....

4. –¿Se sabrán .... los resultados de las elecciones? –Sí, dentro de unas horas.

5. Terminó el concierto y el público .... se puso a aplaudir.

6. Acaban de conocerse y dicen que se casarán .... : probablemente dentro de medio año.

5. Forme el sustantivo derivado de la palabra entre paréntesis:

• ¿Tienen *permiso* de trabajo? (8) (permiso < permitir).

1. Durante su .... (estar) en París, frecuentó la Sorbona.

2. Tenemos que hacer .... (controlar) de los pulmones.

3. Durante mi .... (permanecer) en la cárcel, me dediqué a .... (estudiar).

4. Para sacar dinero del banco, tienes que rellenar este .... (imprimir).

5. Estuvieron esperando casi una hora en .... (parar) del autobús.

6. Aquella actriz tiene .... (mirar) encantadora.

7. Si ustedes quieren .... (emplear), deben traernos .... (certificar) de buena conducta.

8. .... (abrir) al público de esta oficina es a las ocho y .... (cerrar) a mediodía.

6. Observe:

• Dentro de no más de cinco días deben *personarse* en la Comisaría de Policía (10-11) (personarse < persona)

• Pues pedís a la escuela que os haga un certificado que *atestigüe...* (30) (atestiguar < testigo).

Se pueden formar muchos verbos a partir de sustantivos con los prefijos *a-*, *en-* o *em-* y los sufijos *-ar, -er, -ir,* o bien sólo con estos últimos.

Forme el verbo derivado del sustantivo entre paréntesis:

1. Finalizado el concierto, los músicos .... (funda) los instrumentos y se fueron.

2. Para poder comprar la casa se ha .... (deuda).

3. Este fin de semana hemos decidido .... (barniz) la librería del despacho.
4. Se ha .... (ruina) con el juego de la ruleta.
5. No se puede pasar por esta calle porque están .... (piedra) la calzada.
6. Esta obra de teatro pretende .... (lección) a los espectadores.
7. Me .... (pena) mucho ver tantos mendigos por la calle.
8. Hemos .... (paquete) los regalos de Navidad con papel dorado.
9. No es fácil .... (raíz) en un país extranjero.
10. Cortándome he .... (sangre) la toalla.
11. Hemos .... (apuesta) por este caballo inglés porque nos han asegurado que ganará la carrera.
12. No toque usted este jarrón de porcelana porque se ha .... (grieta) y podría romperse.
13. El torero .... (puño) la espada y mató al toro de una sola estocada.
14. Los excursionistas .... (campo) al lado del río.
15. Se ha .... (pariente) con los duques de Béjar.
16. Hay que .... (aire) bien estas habitaciones porque han estado mucho tiempo cerradas.
17. El jinete .... (silla) el caballo y montó sobre él.
18. Hay que .... (botella) este vino cuanto antes.
19. Le .... (garra) por el cuello del abrigo y le dio un puñetazo.
20. El médico le ha .... (consejo) que dé un paseíto todos los días.

7. Acentúe y controle luego con el texto:

–¿Y si no quieren hacerlo?
–Pues exigis que os lo hagan. Tienen que hacerlo. Pero ya vereis que no tendran inconveniente en ello.
–¿Y cuando hayan terminado los tres meses?
–Pues pedis a la Policia que os renueve el permiso y haceis otra solicitud, que es otro impreso que en vez de decir que pedis permiso, dice que pedis que os sea renovado el permiso...
–Madre mia, ¡que complicado!
–No mujer, no temas. Lo unico es ir en seguida a la escuela y pedir que os hagan el certificado. ¡Ah, y cuando vayais a la Comisaria no os olvideis de los documentos y de las fotos!
–¡Uf! ¡Que lata! (39-50).

8. Observe:

A) • Hagan el favor de enseñár*melo* (8).

Conjugue el verbo entre paréntesis en el tiempo y modo adecuados, completándolo con los pronombres-complemento:

1. Mira esos zapatos y .... (tú, probarse, los zapatos): yo ya no puedo .... (llevar, los zapatos).

2. Si no vivís nunca en esta casa, ... (vosotros, vender, la casa).
3. Si no pueden venir, ... (ustedes, decir eso, a nosotros).
4. Tienes las manos sucias: ¡ .... (tú, lavarse, las manos).
5. Éste es el regalo para Juana: .... (nosotras, dar, a ella, el regalo) el día de su cumpleaños.
6. Es mejor .... (contar, a ellos, lo ocurrido) todo.

B) • Dentro de no *más de* cinco días [...] (10).

Complete con *más de / más que:*

1. Estos pantalones me costaron .... cinco mil pesetas.
2. Hace mucho .... fresco .... lo que pensábamos.
3. No nos ha quedado .... esta propiedad.
4. En mi biblioteca hay .... veinte mil libros.
5. Es muy jovencito: no tendrá .... veinte años.
6. Si quiere algo no tiene .... decírmelo.

C) • *Hagan* el favor de esperar aquí (15).

Conjugue el verbo entre paréntesis en imperativo afirmativo: *(¡vive!)*

1. Camarero, ¡ .... (traer) una cerveza, por favor!
2. .... (vosotros, decir) claramente lo que os preocupa.
3. ¡ .... (nosotros, huir) por el tejado!
4. .... (ustedes, dormir) un rato porque les veo muy cansados.
5. .... (tú, tener) cuidado en el metro que no te roben la cartera.
6. .... (ustedes, saber) que aquí tienen ustedes su casa.

D) • Tenéis que documentar *lo que* hacéis aquí (27).

Complete con *el, lo, la, los, las + que:*

1. .... hicieron fue muy incorrecto.
2. Aquel director de cine es .... rodará la película.
3. –¡Dame el periódico! –¿Cuál? –......... compré esta mañana.
4. Esta asistenta es muy buena: es .... me indicó la agencia de colocación.
5. Estos disquetes son .... están defectuosos.
6. Estas pastillas son .... me ha recetado el médico.

E) • ¿Cómo se *podría* decir) (34).

Conjugue el verbo entre paréntesis en futuro *(cantaré)* o condicional *(cantaría):*

1. .... (tú, tener) que ser más severo con tus alumnos.
2. No .... (yo, querer) relacionarme con aquel individuo por nada del mundo.
3. Ten por seguro que se lo .... (yo, decir).
4. Estoy seguro de que este armario tan grande no .... (él, caber) en esta habitación.
5. ¿Qué les parece: .... (ustedes, poner) la calefacción en la escalera?
6. Ustedes no .... (salir) de aquí antes de haber dicho la verdad.

9. Complete con la preposición y controle luego con el texto:

1. Acaban .... preguntar por ti (1).
2. Llegaron .... un acuerdo tras varias horas de negociación.
3. A causa del atasco, permanecieron .... la autopista tres horas (6).
4. Para matricularte en la universidad tienes que personarte .... la secretaría de la Facultad (10).
5. Hazme el favor .... bajar un poco la radio (15).
6. Tuvimos un accidente en la carretera y fuimos .... el puesto de primeros auxilios (21).
7. Ha venido .... ayudarnos (29).
8. Mis sobrinas estudian .... un colegio de monjas (29).
9. No tengo inconveniente .... que nos reunamos en mi casa (41).
10. Se olvidó .... devolverme la cinta magnetofónica que le presté (49).

10. Observe:

A) • *acaban de llegar* de París (1).

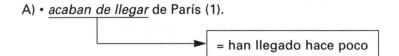

= han llegado hace poco

Según ello, transforme:

1. He visto a Pepe ahora mismo.
2. Habían llegado hacía poco cuando sonó el teléfono.
3. Han dado hace poco por radio la noticia del terremoto.
4. Hacía poco que habían levantado el edificio cuando se derrumbó.
5. Has llegado hace poco y ya quieres salir de nuevo.
6. Le han quitado hace poco la escayola.
7. He limpiado hace poco los cristales.
8. Habíamos puesto hacía poco la mesa cuando llegaron los invitados.

B) • Le *ruego* nos *disculpe* (12) (≠ sujeto).

   • *dejen pasar* al siguiente (16) (= sujeto).

verbos de orden + infinitivo/subjuntivo

Según ello, conjugue el verbo entre paréntesis:

1. ¡Déjame .... (yo, estar) en santa paz!
2. Os pido .... (vosotros, apoyar, a mí) en esta situación.
3. Le ruego .... (usted, enviar, a ellos) el recibo de la mercancía.
4. La cocinera aconsejó a la señora .... (ella, probar) la salsa mahonesa.
5. El profesor exige a los alumnos .... (ellos, asistir) a sus clases.
6. Sírvanse no .... (ustedes, fumar) en la zona no fumadores.
7. Dijeron a los huelguistas .... (ellos, entrar) en la fábrica.
8. Le suplico .... (usted, dejar, a mí) pasar delante porque tengo prisa.

C) • *¡Qué* complicado! (46).

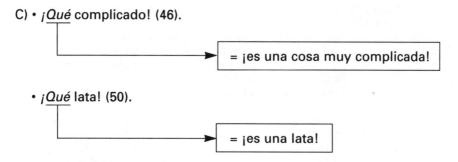

= ¡es una cosa muy complicada!

• *¡Qué* lata! (50).

= ¡es una lata!

Según ello, transforme:

1. ¡Es muy difícil este crucigrama!
2. ¡Es estupenda esta vajilla!
3. ¡Es horroroso este crimen!
4. ¡Es anticuado este corte de pelo!
5. ¡Los dos hermanos son muy parecidos!
6. ¡Esta casa es muy tranquila!
7. ¡Es muy mala esta película!
8. ¡La carne hoy día es muy cara!

D) • *Lo único* es ir en seguida a la escuela (47).

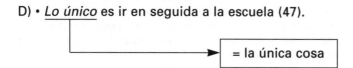

= la única cosa

Según ello, transforme:

1. La cosa buena será ver cómo se defiende.
2. La cosa divertida sería llegar a la otra orilla nadando.
3. La cosa más interesante es hacer pesca submarina.
4. La cosa rara es que no aparezca el arma del delito.
5. La cosa irritante es que siempre quiere tener razón.
6. La cosa más ridícula es que lleve minifalda.

7. La cosa lamentable es que no se haga nada para evitar la contaminación del ambiente.
8. La cosa más triste es que haya fallecido tan joven.

11. Observe:

• cuando *vayáis* a la Comisaría [...] (48).
• ¿Y cuándo *hayan terminado* los tres meses? (42).

Según ello, conjugue el verbo entre paréntesis:

1. Entraré allí sólo cuando .... (ellos, marcharse) porque no deseo encontrarme con ellos.
2. Cuando .... (tú, irse) me quedaré completamente solo.
3. En cuanto .... (él, enterarse) del incendio, le va a dar un ataque.
4. Hasta que no .... (secarse) del todo la ropa, la dejaré en el balcón.
5. Cuando .... (vosotros, saber) algo, decídmelo.
6. Cuando .... (ellos, interrogar) a todos los testigos, el juez interrogará al acusado.
7. Cuando .... (yo, estar) embarcado, te saludaré desde el puente.
8. Construirán la casa cuando .... (ellos, levantar) los cimientos.
9. Se enfadará mucho cuando le .... (ellos, decir) lo que ha pasado.
10. No ponga las alfombras hasta que .... (usted, limpiar) bien el suelo.

12. Traslade al pasado según el ejemplo:

El policía dijo: –Sírvanse mostrar los pasaportes. (4) .... →
→ *El policía dijo que nos sirviéramos mostrar los pasaportes.*

1. El policía nos preguntó: –¿cuánto tiempo piensan permanecer en España?/ –¿tienen permiso de trabajo? → ....
2. Nos dijo: –hagan el favor de enseñarme el permiso de trabajo → ....
3. Yo contesté: –no hemos venido para trabajar, hemos venido para estudiar → ....
4. Yo le dije: –le ruego nos disculpe pero no entendemos bien el español / –nosotras en realidad somos turistas → ....
5. El policía nos dijo: –deben personarse en la Comisaría de Policía/ –no puedo explicarles todo eso ahora/ –hagan el favor de esperar aquí un momento / –¿ven aquella puerta que dice POLICÍA?: vayan allí y se lo explicarán → ....
6. Yo expliqué al Policía 2: –el policía de Control de pasaportes nos ha dicho que tenemos que ir a la Comisaría para poder estar en España un año → ....
7. Yo le supliqué: –tenga usted la amabilidad de explicarnos lo que tenemos que hacer → ....
8. El Policía 2 nos aconsejó: –vais a la Comisaría con el pasaporte/ –tenéis que solicitar el permiso de permanencia/ –os darán un impreso y lo rellenáis/ –tenéis que documentar lo que hacéis aquí → ....

Ejercicios de escritura: hacia la redacción

1. Conteste en unas pocas frases:

   1. ¿Qué les ocurre a Marie y Françoise al controlar sus pasaportes?

      ....

   2. ¿Por qué han venido a España?

      ....

   3. ¿Qué les dicen que tienen que hacer los dos policías?

      ....

2. Conteste expresando sus opiniones:

   1. ¿Qué piensa usted de Marie y Françoise?

      ....

   2. ¿Cómo le parecen a usted los dos policías?

      ....

   3. ¿Qué piensa usted de todas estas exigencias burocráticas?

      ....

3. Complete con las partes que faltan, y controle luego con el texto:

   –Mañana o .... (......... que pasen cinco ....) vais a la Comisaría con
   .... y con dos fotos tamaño .... Tenéis que .... el permiso de ....
   para tres meses. Os darán un .... y lo .... Tenéis que .... lo que
   hacéis aquí. ¿Qué haréis aquí?
   –Hemos venido .... español en una escuela de ....
   –Pues pedís a la escuela que os haga .... que atestigüe...
   –Por favor, le .... hable un poco más ....
   –¿Qué es .... , del relle...?
   –Rellenir...
   –No, ... ¿Cómo se podría decir? Pues .... el papel con .... , datos per-
   sonales y respuestas donde hay ....
   –¡Ah! ya veo. Y la escuela .... dejar un papel que .... que estamos ....
   y que .... el curso tal o cual.
   –Eso ....
   –¿ Y .... quieren hacerlo?
   –Pues exigís que os .... Tienen que hacerlo. Pero ya .... que no tendrán
   inconveniente ....
   –¿Y cuándo .... los tres meses?
   –......... pedís a la policía que os .... el permiso y hacéis otra........., que es

otro .... que en vez de decir que pedís el permiso dice que pedís que os .... el permiso.

–Madre mía, ¡qué .... ! (24-46).

4. Según los elementos que le proporciona el texto:

- dígale a un cliente de su Autoescuela lo que tiene que hacer para sacar el carnet de conducir;
- dé instrucciones a la camarera del hotel en que usted se aloja para poner remedio a varias deficiencias (el cuarto huele a cerrado, hace frío, no se enciende una lámpara ...) y obtener algunas cosas que le hacen falta (perchas en el armario, planchar unos pantalones...).

5. Escriba una redacción sobre uno de lo siguientes temas:

- El afán de mando.
- Libertad y obediencia.
- La «virtud» de la obediencia.
- Responsabilidad personal y obediencia.

19 En el museo

Ayer por la mañana, como llovía *a cántaros,* decidimos aprovechar el mal tiempo para visitar el Museo de Arte Moderno. *Nada más llegar, nos encontramos con* la primera sorpresa, o mejor, el primer letrero, porque el Museo, *más que* una exposición de cuadros y esculturas, parecía una exposición de avisos: «No fumar», «Está *terminantemente* prohibido tocar los objetos», «Prohibido entrar: sala en restauración», «No *se permite* sentarse en estos asientos», «Las salas A y B permanecen cerradas al público hasta nueva orden», «No se permite *sacar* fotografías o filmar», «Sírvanse hablar en voz baja...»

El primer letrero era el siguiente: CERRADO. *Sin más.* Tratamos de *averiguar* por qué estaba cerrado y nos dirigimos a un guardia:

—¿Sabe usted por qué está cerrado?

—Los lunes por la mañana los museos están siempre cerrados. Vuelvan esta tarde. Se abre a las tres.

A las tres en punto estábamos ya *delante del* portal. Seguía lloviendo *sin parar.* En cuanto entramos, nos asaltó un conserje:

—¡Pongan los paraguas en los paragüeros! Usted con este paraguas chorreando: ¿no ve que está mojando todo el suelo?

Nos *sorprendió* negativamente el tono con que nos hizo la observación.

Fuimos al guardarropa a dejar los paraguas. Nos dieron un disco con un número para poderlos retirar a la salida.

Nos dirigimos a la taquilla para sacar las entradas. Como yo soy estudiante universitaria, pedí que me hicieran el descuento del cincuenta por ciento. La señora de la taquilla me pidió que mostrara el carnet de estudiante. Lo había *olvidado* en casa. *Me vi obligada* a pagar la tarifa entera. ¡Mala suerte!

Cuando ya subíamos las escaleras, oigo una voz que dice:

—Señorita, ¡el bolso! ¡Déjelo aquí!

—No sabía que no se puede ir con el bolso...

—No con un bolso *de esas dimensiones.* ¡Parece un saco! Tiene que dejarlo aquí en el guardarropa.

De repente el conserje, *mientras* me estaba hablando, *se dio cuenta de* que Luis llevaba la máquina de fotografiar *en bandolera.*

—Sabe usted que *no se pueden* hacer fotos, ¿verdad?

—No, no lo sabía.

—Pues hay un letrero que lo dice *muy bien.*

—No lo he visto. ¿Hay que dejarla también en el guardarropa?

—No, *no hace falta.* Basta con que no haga fotos.

—*Descuide.*

Llegados al primer piso, donde se encuentran las distintas salas,

75 otro letrero: «Sígase la dirección que indican las flechas».

Bueno, el Museo *habrá sido* interesante, no lo *discuto*. Pero con tantas órdenes, prohibiciones y consejos y
80 con eso de que uno no puede siquiera decidir en qué orden ver los cuadros y las salas, la verdad es que, *por el momento,* se *me han pasado las ganas* de repetir el experimento.
85 He dicho *para mis adentros:* «Al Museo, no volverás».

Ejercicios orales

1. Conteste brevemente con sus propias palabras:

   1. ¿Qué es lo que les sorprendió mayormente a María y a sus amigos cuando llegaron al museo?
   2. ¿Cuál fue el primer letrero que encontraron?
   3. ¿Qué explicación les dio el guardia urbano a propósito de ese primer letrero?
   4. ¿Qué les dijo el conserje cuando volvieron al museo por la tarde?
   5. ¿Por qué se dirigen al guardarropa?
   6. ¿Qué le sucede a María en la taquilla?
   7. ¿Cuáles son las otras observaciones sobre el bolso y la máquina fotográfica que les hacen los empleados del museo?
   8. ¿Por qué a María no le ha satisfecho la visita al museo?

2. Ampliemos el tema con situaciones similares:

   A) Julio se encuentra en la Puerta del Sol de Madrid y se dirige a un señor porque no conoce el camino para ir a la Telefónica.

   Complete las partes que faltan del diálogo:

   Julio: Perdone ...., ¿podría ....?
   Señor: Hombre, tengo mucha prisa, ...
   Julio: Disculpe, ¿ ....?
   Señora: Lo siento, no soy .... y tampoco yo ....
   Julio: Oiga, por favor, ¿ ....?
   Policía: Claro que sí. No queda ....: ¿ .... aquel cruce?
   Julio: ¿ ....? ¿ .... la fuente?
   Policía: No, el que está .... Bueno, cuando llegues allí, ... y luego ....
   Julio: ¿Y la Telefónica ....?
   Policía: No, cuando .... la calle Preciados, ...
   Julio: ¿Y después?
   Policía: Verás un cine muy grande: tienes que .... y meterte por ....
   Julio: ¿Y cuando esté ....?
   Policía: Entonces .... la Gran Vía y ....
   Julio: ¿ .... reconocer el edificio?

Policía: No puedes equivocarte: es ....
Julio: Bien, ...
Policía: ¡Un momento! Ahora son .... y seguro que ....
Julio: ¿Pues qué puedo .... ?
Policía: Justo aquí detrás hay .... : desde allí ....
Julio: ¡Y era tan simple!

B) Asimismo, imagine el diálogo entre un turista y un transeúnte que le explica el camino para ir desde la Puerta del Sol hasta[1]:

– la Plaza Mayor;
– el Palacio Real;
– el Teatro Real;
– la Catedral de San Isidro;
– la Puerta de Toledo;
– el Centro Cultural Reina Sofía;
– el Museo del Prado;
– la Puerta de Alcalá;
– la Plaza del Descubrimiento;
– la Plaza de España;
– la Estación de Atocha.

C) La señora Paloma, al volver de la compra, se encuentra con el piso en desorden a pesar de que tiene una asistenta todo el día.

Complete las partes que faltan del diálogo:

Paloma: Oiga, ¿es que no .... ?
Chica: No, ya .... de los niños y ahora pensaba ....
Paloma: ¡Primero la cocina: .... y .... !
Chica: ¿ .... la lavadora?
Paloma: Claro que sí. Pero antes ....
Chica: ¿ .... con los zapatos?
Paloma: .... ¿Ya ha descongelado .... ?
Chica: Aún no: .... tiempo.
Paloma: Bueno, lo .... Mientras tanto, usted .... del salón que están llenos de polvo.
Chica: Antes pensaba .... : con la lluvia de ayer ....
Paloma: Entonces, ... las cortinas y .... también.
Chica: ¿En la lavadora? .... a la tintorería.
Paloma: ¡Con lo que cuesta! No, ...
Chica: ¿ .... la comida para .... ?
Paloma: Sí, por supuesto. ¿Ha planchado .... ?
Chica: No, porque todavía .... : lo haré en cuanto ....
Paloma: ¡Usted siempre .... para la tarde! Si están aquí los niños, ...
Chica: No se preocupe que dentro de ....
Paloma: Espero que .... si no, ¿para que .... ?

[1] Para hacer este ejercicio ayúdese con el plano de Madrid que aparece en la pág. 8.

D) Juan está hablando con su médico porque tiene varias molestias; lo consulta con él y escucha sus órdenes y consejos:

Complete las partes que faltan del diálogo:

Médico: Vamos a ver, ¿qué .... ?
Juan: Me siento .... y esta mañana, cuando me he levantado ....
Médico: Puede ser la presión: .... No, es .... ¿Qué .... anoche?
Juan: Bueno, cené .... y luego ....
Médico: ¿De juerga, eh? ¿Te duele .... ?
Juan: No, sólo ....
Médico: ¿Has trabajado .... ?
Juan: Sí, tengo un montón de trabajo y ....
Médico: Pues no .... y .... Te voy a dar .... , pero .... con las
           medicinas porque .... : ....
Juan: ¿Y esta tos que .... ?
Médico: .... la camisa, que voy a auscultarte, ... No, no es nada.
           ¿Cuántos .... ?
Juan: Sólo unos diez cigarrillos .... , pero antes nunca ....
Médico: Nada: .... completamente.
Juan: ¿Sería una buena idea .... ?
Médico: ¡La sierra, la sierra! ¡.......... el aire puro de la sierra!
Juan: ¡De acuerdo! Me tomaré unos días .... y luego ....
Médico: .... mis consejos y se arreglará todo.

E) Imagine dónde se podrían encontrar o colocar estos carteles:

NO FIJAR CARTELES

EMPUJAD

PROHIBIDO HABLAR
CON EL CONDUCTOR

NO FUMAR

PROHIBIDO EL PASO
DE CAMIONES

NO MOLESTEN

AGÍTESE ANTES DEL USO.
SÍGANSE LAS ADVERTENCIAS

SE PROHÍBE GIRAR A
LA IZQUIERDA

ANTES DE ENTRAR,
DEJEN SALIR

POR FAVOR
arregle la habitación
ahora

F) Imagine qué tipo de avisos, prohibiciones y advertencias se podrían poner en:

- un bosque;
- las proximidades de un hospital;
- un banco recién pintado en un jardín;
- un callejón sin salida;
- un establecimiento donde no se desea la presencia de perros;
- la autopista, poco antes de llegar a la cabina de peaje para el pago;
- los grandes almacenes, delante de las escaleras automáticas;
- una biblioteca para los usuarios;
- una playa para su buen mantenimiento;
- un autobús;
- un taxi;
- un cine;
- una iglesia;
- un ascensor;
- un aula de la universidad;
- un avión.

G) Dolores ha invitado a comer a dos compañeras de curso y les ha preparado un riquísimo «estofado de ternera con patatas». Ellas quieren la receta: Para cuatro personas se necesita: mantequilla y aceite, cubitos de caldo, ternera en un solo trozo, patatas, dientes de ajo, cebolletas, setas, sal, harina, salsa de tomate, especias y vino blanco.

Imagine la secuencia de la receta, especificando la cantidad de los varios ingredientes y proponga otras variantes de la misma.

3. Sustituya las palabras, frases o partículas en cursiva por otras equivalentes que usted conozca y que puedan reemplazarlas en el texto.

4. Complete las frases de los grupos siguientes con una de las voces indicadas en cada uno de ellos:

A) *letrero* (6) / *cartel*

1. Aquel despacho está en venta: he visto .... en el balcón.
2. A lo largo de la autopista hay miles de ....
3. En las puertas del metro hay .... que dicen: «Antes de entrar, dejen salir».
4. .... del cine anuncian el estreno de una película americana.
5. He decorado mi habitación con .... turísticos.
6. La portera ha puesto .... que dice: «Vuelvo en seguida».

B) *parecer-se* (8) / *aparecer*

1. De pronto .... en el cielo una estrella fugaz.
2. Tiene una cara que .... un idiota.

3. Los mellizos .... mucho.
4. Dijeron que vendrían, pero aquí no .... nadie.
5. Con todas esas rejas en las ventanas, este chalé .... una cárcel.
6. La policía buscó mucho, pero el homicida no ....

C) *estar* (10) / *ser* (18)

1. .... (él) muy rico y ahora .... (él) sin un duro porque lo perdió todo en el juego.
2. Las calles .... recién barridas.
3. El recital .... en la sala de actos, pero .... (nosotros) cuatro gatos.
4. Todo .... en saber autocontrolarse.
5. Cuando compré este pescado, todavía no .... (él) muerto.
6. .... natural que se haya emocionado tanto.

D) *tocar* (10) / *sonar*

1. .... el teléfono durante media hora seguida.
2. En algunos pueblos las campanas .... las horas.
3. Cuando llegues, es inútil que .... (tú) el timbre porque no .... (él) bien.
4. .... (ella) la flauta como una profesional.
5. En muchos aviones .... una dulce melodía durante todo el vuelo.
6. Al forzar la puerta .... la alarma.

E) *sacar* (16) / *quitar*

1. ¡.......... (tú) las llaves del bolso!
2. ¡ .... (vosotros) los papeles de encima de la mesa!
3. Se le ocurrió .... a relucir los secretos de familia.
4. ¡ .... (usted) de delante de la puerta esos bultos!
5. Al ver a los atracadores, el joyero .... el revólver del cajón.
6. Tengo que ir al banco a .... dinero.

F) *poner* (32) / *meter*

1. ¡No .... (tú) en el frigorífico la comida aún caliente!
2. ¡ .... (vosotros) los juguetes en su sitio!
3. .... (ellos) a los malhechores en la cárcel.
4. ¿ .... (yo) la ropa sucia en la lavadora?
5. La bibliotecaria .... las fichas por orden alfabético.
6. .... (ellos) al enfermo en una camilla y lo .... (ellos) en la ambulancia.

5. Observe:

• Parecía una *exposición* de avisos (8-9) (exposición < exponer).

Forme el sustantivo derivado del verbo entre paréntesis, y controle luego con el texto:

1. Mañana empezarán .... (restaurar, 12) del edificio.
2. No soporto que nadie me dé .... (ordenar, 15).
3. Hiciste .... (observar, 37) muy oportuna.
4. Pasen ustedes por .... (entrar, 43) principal.
5. Me hicieron .... (descontar, 45) del cincuenta por ciento.
6. Esta calle es .... (dirigir, 75) prohibida.
7. Eso de no fumar es .... (prohibir, 79) paternalista.
8. Me dio .... (aconsejar, 79) que me sirvió para toda la vida.

6. Observe:

• Ayer por la mañana [...] decidimos *aprovechar* el mal tiempo para visitar el Museo (1-3).

Los verbos siguientes indican distintas formas de usar algo o alguien:

USAR/UTILIZAR	APROVECHAR
EXPLOTAR	APROVECHARSE
GOZAR/DISFRUTAR	SERVIRSE

Complete con el verbo adecuado:

1. Podríamos .... este pequeño espacio del garaje (que no se puede utilizar para nada más) para poner las herramientas del jardín.
2. No se puede .... este utensilio porque está estropeado.
3. En esta parte del país se .... las minas de carbón.
4. A pesar de su edad avanzada, ... de buena salud.
5. (yo) .... estos cinco minutos que quedan de clase (durante los cuales no nos da tiempo para hacer algo más largo) para repasar los verbos que ya conocemos.
6. Para comprar un paquete de cigarrillos pueden .... de este distribuidor automático.
7. En algunos sectores de la producción, se .... mano de obra extranjera.
8. Todo el mundo .... de él porque es un bonachón.
9. Para ir al centro de la ciudad es mejor no .... el coche y .... de los medios públicos de transporte.
10. Para subir a los pisos superiores podéis .... del ascensor.
11. El tiempo es oro: hay que .... lo y no echarlo a perder.
12. Para cruzar la calle pueden ustedes .... del paso subterráneo.
13. En el siglo pasado se .... a niños y mujeres en las fábricas textiles.
14. La familia del marqués .... de una renta considerable.
15. .... (yo) esta oportunidad para saludarle muy atentamente.

7. Observe:

• ¡Pongan los paraguas en los *paragüeros*! (32) (paragüero < paraguas).

Forme el sustantivo derivado de la palabra entre paréntesis:

1. Me han robado .... (moneda) que llevaba en el bolso.
2. Mete las gafas de sol ahí delante, en .... (guante) del coche.
3. Dejo en el centro de la mesa .... (sopa) por si quieren servirse un poco más de sopa.
4. No tires la ceniza al suelo: aquí está .... (ceniza).
5. Hemos comprado .... (libro) que ocupa toda la pared del fondo del salón.
6. Estuve consultando .... (ficha) de la biblioteca pero no encontré el libro que buscaba.
7. La carne no la pongas en .... (nieve), ponla en el congelador.
8. Es .... (te) rusa de mucho valor.
9. Me han regalado .... (llave) donde pongo las llaves de la oficina.
10. Pueden ustedes dejar los abrigos en .... (percha) de la entrada.
11. Camarero, tráiganos .... (sal) porque esa carne está muy sosa.
12. Esa .... (jabón) de plástico sólo la uso cuando voy de viaje.
13. Nos han traído de Italia .... (café) para seis personas.
14. El piso consta de cuatro habitaciones, cocina, baño y un pequeño .... (trasto) para poner la escalera, las escobas, los cubos y las herramientas.
15. Este último modelo de coche francés tiene .... (maleta) muy espacioso.

8. Acentúe y controle luego con el texto:

—No sabia que no se puede ir con el bolso...
—No con un bolso de esas dimensiones. ¡Parece un saco! Tiene que dejarlo aqui en el guardarropa.
De repente el conserje, mientras me estaba hablando, se dio cuenta de que Luis llevaba la maquina de fotografiar en bandolera.
—Sabe usted que no se pueden hacer fotos, ¿verdad?
—No, no lo sabia.
—Pues hay un letrero que lo dice muy bien.
—No lo he visto. ¿Hay que dejarla tambien en el guardarropa?
—No, no hace falta. Basta con que no haga fotos (54-71).

9. Observe:

A) • nos encontramos con la *primera* sorpresa, o mejor, con el *primer* letrero (4-6).

Complete con la forma apocopada cuando se requiera:

1. ¿Tienes .... libro interesante para leer (alguno)?
2. ¿Es .... lo que estás comiendo (bueno)?
3. .... día pasaremos por tu casa (cualquiera).
4. Nosotros vivimos en el .... piso (primero).
5. No te cases con él porque es un .... partido (malo).
6. No tengo .... idea de salir (ninguno).

B) • *Prohibido* entrar (11).

Complete con el participio pasado *(cantado)* del verbo entre paréntesis:

1. Ha .... (confundir) el número de teléfono de Eduardo con el mío.
2. Se han .... (distinguir) por su rectitud de conducta.
3. ¿Qué disco has .... (elegir) al final?
4. ¿Cómo se ha .... (romper) el cristal?
5. En clase hemos .... (leer) una novela y luego hemos .... (escribir) un trabajo sobre ella.
6. ¿Nos ha .... (corregir) ya los exámenes?

C) • ¿no ve que *está mojando* todo el suelo? (34-35).

Conjugue el verbo entre paréntesis en el tiempo de indicativo adecuado usando *estar* + *gerundio:*

1. .... (él, roncar) durante toda la noche.
2. Abrió la ventana porque .... (yo, freír) el pescado.
3. Se ve claramente que .... (ellos, mentir).
4. No molestes a tu padre que .... (él, trabajar).
5. Todos .... (reír) largo rato porque contó un chiste muy divertido.
6. Habla más alto porque no .... (yo, oír) nada de lo que .... (tú, decir).

D) • uno no puede siquiera decidir en *qué* orden ver los cuadros (80-82).

Complete con *qué, cuál-es:*

1. ¿ .... es el color que prefieres?
2. Decidnos de .... película estáis hablando.
3. Dinos .... es tu preocupación.
4. ¿ .... son las asignaturas que has aprobado hasta ahora?
5. ¿En .... revista leyó usted esta noticia?
6. –¿Veis aquellos muchachos? –¿ .... ? –Los que están subiendo la montaña.

E) • He dicho para *mis* adentros [...] (85).

Complete con *mi, tu... [el, ...]; mío, tuyo...:*

1. Éstos son .... guantes (de usted).
2. .... amigos (de vosotros) son muy amables.
3. Aquí tienen .... correspondencia (de ustedes).
4. .... bolso (de ti) es de piel; .... (de mí), en cambio, es de plástico.
5. –¿De quiénes son estas revistas? –Son .... (de nosotros).
6. .... marido (de ella) y .... (de ti) son funcionarios del Estado.

10. Complete con la preposición y controle luego con el texto:

    1. Voy siempre a la peluquería los sábados .... la tarde (1).
    2. Se encontró .... un individuo desconocido en su propia casa (5).
    3. Nos sentamos .... las butacas delanteras (13).
    4. Hay gente que tiene la mala costumbre de hablar .... voz alta (17).
    5. Hemos tratado .... consolarle (19).
    6. Pon .... el cajón del armario los pañuelos (32).
    7. Dejad las botas sucias .... el garaje (58).
    8. He comprado una máquina .... escribir electrónica (61).
    9. Suele llegar .... la oficina con media hora de retraso (73).
    10. Me decía .... mis adentros: tengo que vengarme (85).

11. Observe:

    A) • *como* llovía a cántaros, decidimos [...] (1-2).

    = ya que

    Según ello, transforme cuando sea posible:

    1. Ya que no tenía sueño, se quedó mirando la televisión.
    2. No voy a la ópera ya que la obra que dan no me interesa nada.
    3. Ya que está tan débil, será mejor que se quede en cama.
    4. Ya que no había el número suficiente de miembros, no pudo celebrarse la asamblea.
    5. Tendrás que cambiar los cristales de la ventana ya que están rotos.
    6. Ya que veo que está durmiendo, no hago ruido.
    7. No hace falta poner el despertador ya que mañana no tenemos que madrugar.
    8. Ya que es tan sordo, lleva un aparato contra la sordera.

    B) • *Nada más llegar,* nos encontramos con la primera sorpresa (4-5).
      • *En cuanto entramos,* nos asaltó un conserje (30-31).

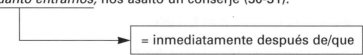

    = inmediatamente después de/que

    Según ello, transforme usando una de las dos fórmulas:

    1. Inmediatamente después que se lo comuniqué, echó a llorar.
    2. Inmediatamente después de arreglar el reloj, se me estropeó de nuevo.
    3. Inmediatamente después que lo supieron, nos lo comunicaron.
    4. Inmediatamente después de salir de casa, empezó a nevar.

5. Inmediatamente después de recibir su recado, me puse en contacto con él.
6. Inmediatamente después de obtener el título de doctor, ganó la beca para Estados Unidos.
7. Inmediatamente después de despegar el avión, se incendió el motor.
8. Inmediatamente después de darme esta mala noticia, me desmayé.

C) • *Seguía lloviendo* sin parar (29-30).

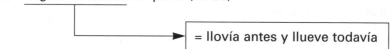

= llovía antes y llueve todavía

Según ello, transforme:

1. Estabais de malhumor ayer y estáis de malhumor todavía.
2. La niña antes jugaba con la muñeca y juega todavía con ella.
3. El perro ladraba hace unos minutos y ladra todavía.
4. Pedían dinero a su padre cuando eran estudiantes y se lo piden todavía.
5. Nuestros políticos robaban y roban todavía.
6. Cuando era joven le gustaban las novelas policíacas y le gustan todavía.
7. Antes ibais siempre a la piscina y vais todavía.
8. Antes comía horrores y como todavía horrores.

D) • *Llegados* al primer piso [...] (73).

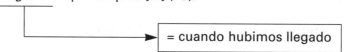

= cuando hubimos llegado

Según ello, transforme:

1. Cuando hubimos hecho los preparativos, nos dirigimos a la estación.
2. Cuando se declaró la guerra, empezó el reclutamiento.
3. Cuando hubo terminado la boda, los novios se despidieron de los invitados.
4. Cuando hubieron concluido las obras, se trasladaron a la nueva casa.
5. Cuando se hubieron tomado todas las medidas de seguridad, recibieron a los Reyes.
6. Cuando hubieron decidido las condiciones, firmaron el contrato.
7. Cuando hubieron apagado el fuego, no quedaban más que cenizas.
8. Cuando hubo terminado la tregua, reanudó la guerrilla.

12. Observe:

• como *llovía* a cántaros, *decidimos* [...] (1-2).

Según ello, conjugue el verbo entre paréntesis:

1. Mientras .... (nosotros, esquiar), ... (venirse) abajo una abalancha de nieve.
2. Cuando .... (estar) zarpando el barco, ... (sobrevenir) la tormenta.
3. Mientras .... (yo, contemplar) el firmamento, ... (yo, ver) pasar un ovni.
4. .... (ella, torcerse) el tobillo mientras .... (ella, bajar) la escalera.
5. .... (él, conducir) a gran velocidad y .... (él, chocar) contra un camión.
6. Mientras .... (nosotros, pasear) por el bosque, me .... (morder) una culebra.
7. Como .... (haber) mucha gente, ... (nosotros, irse).
8. Mientras .... (ello, estar) viendo la película, ... (interrumpirse) la banda sonora.
9. Justo cuando .... (nosotros, salir) del restaurante, ... (nosotros, encontrar) a Jorge y su familia.
10. En tanto que .... (yo, estar) tumbado en la hamaca, me .... (picar) una avispa.

Ejercicios de escritura: hacia la redacción

1. Conteste en unas pocas frases:

    1. ¿Con qué prohibiciones se encuentran los estudiantes al visitar el Museo?

    ....

    2. ¿Qué les ocurre en el Museo?

    ....

    3. ¿Qué efecto les produce el Museo y el personal del Museo?

    ....

2. Conteste expresado sus opiniones:

    1. ¿Qué opina usted de las varias prohibiciones?

    ....

    2. ¿Cómo juzga usted al personal del Museo?

    ....

    3. ¿Qué tipo de personalidad revelan los visitantes?

    ....

3. Complete con las partes que faltan, y controle luego con el texto:

Nos dirigimos a .... para .... las entradas. .... yo soy .... universitaria, pedí .... el descuento del cincuenta por ciento. La señora de la taquilla .... que mostrara .... de estudiante.
Lo había olvidado .... Me vi obligada a pagar .... entera. ¡Mala .... !
Cuando ya .... las escaleras, oigo una voz que .... :
–Señorita, ¡el bolso! ¡ .... aquí!
–No sabía que .... ir con el bolso...
–No con un bolso de esas .... ¡ .... un saco! .... que dejarlo aquí en ....
De repente .... , mientras me .... , se dio cuenta de que Luis .... la máquina de .... en .... (42-62).

4. Ponga las comas y los dos puntos, y controle luego con el texto:

Ayer por la mañana como llovía a cántaros decidimos aprovechar el mal tiempo para visitar el Museo de Arte Moderno. Nada más llegar nos encontramos con la primera sorpresa o mejor el primer letrero porque el Museo más que una exposición de cuadros y esculturas parecía una exposición de avisos «No fumar» «Está terminantemente prohibido tocar los objetos» «Prohibido entrar sala en restauración» «No se permite sentarse en estos asientos» «Las salas A y B permanecen cerradas al público hasta nueva orden» «No se permite sacar fotografías o filmar» «Sírvanse hablar en voz baja»... (1-17).

5. Según los elementos que le proporciona el texto, cuente:

• todo lo que se puede o no se puede hacer en el avión antes, durante y después del vuelo;
• lo que les prohibiría a sus hijos, de tres y nueve años, en su propia casa, en casa de los demás, en la calle...

6. Escriba una redacción sobre uno de los siguientes temas:

• Un día de contratiempos y obstáculos.
• Prohibiciones sin utilidad ni sentido.
• La lógica del Código de Circulación.
• Autoridad y arbitrarismo.
• Libertad y libertinaje.

20 ¿Algún recado para mí?

Jefe:	*¿Qué hay de nuevo?*
Isabel:	Nada *de particular*. Ayer llamó *varias* veces el señor González, el de «Manufacturas Hermenegildo Hermanos».
Jefe:	Le dijo que no estaba, supongo...

5 Isabel: Claro que le dije que no estaba. Como no estaba...

Jefe: *¡Qué importa eso!* En cualquier caso, usted tenía que decir que yo no estaba...

Isabel: Pues ya se lo dije, pero le dije también que usted iba a volver más tarde y que, *en todo caso*, estaría hoy aquí *a eso de* las ocho y media de la mañana...

10 Jefe: ¡Cómo! ¿No leyó usted la nota que le dejé encima de la mesa?

Isabel: Sí, leí la nota, pero pensé que se refería...

Jefe: Pues estaba muy claro. Le decía que si llamaba el señor González había que decir que yo había salido de viaje para un asunto urgente, que no había tenido tiempo de ponerme en contacto con él y que, de todas for-

15 mas, no *regresaría* antes de una semana o diez días...

Isabel: Con todos los González que hay en España, dígame cómo podía yo imaginar que era el de «Manufacturas Hermenegildo Hermanos».

Jefe: Me extraña mucho que me olvidara de decirle que era ese González... Lo que *pasa* es que usted cuando hace las cosas piensa en todo *menos* en lo

20 que hace. *¡Enséñeme* la nota que le dejé: ya verá cómo...!

Isabel: La tiré...

Jefe: Esa manía de tirar..., de tirar... ¿Cuántas veces le he dicho que no hay que romper los papeles y borradores hasta que uno no esté seguro de que todo está en orden? *¡Habrá llamado ya de nuevo* esta mañana, *seguro,*

25 con lo pesado que es este González!

Isabel: Sí, ha llamado a las ocho y media en punto.

Jefe: ¿Y qué le ha dicho, a ver?

Isabel: Pues que usted todavía no había llegado, pero que llegaría *de un momento a otro* porque ayer había dejado dicho que esta mañana antes de ir a

30 la fábrica, *iba a pasar* por la oficina...

Jefe: ¡Otro día déle aún más detalles a ese *pelmazo!* ¿No le he dicho yo *miles* de veces que hay que ser vago, que hay que dar respuestas que *se acomoden a* todo, que hay que decir que sí y al mismo tiempo hay que decir que no...? ¿Cómo se lo tengo que decir, en chino?

35 ¡A ver qué le digo yo ahora a éste! Cuando llame, dígale que estoy en la fábrica, que estoy en una reunión... Dígale lo que *le dé la gana...!*

[ring... ring...]

Jefe: Será él, seguro. ¡Conteste e invente algo... inteligente!
Isabel: Aquí «Exportaciones Julián», dígame.
40   Pues..., sí..., no..., ha estado, pero se ha ido..., o está en una reunión...,
         o en la fábrica..., ahora no sé.
Jefe: ¡Dígale lo del viaje!
Isabel: Espere un momentín. Ah sí, me dice el jefe que le diga que se ha ido
         de viaje, que ha sido *una cosa* urgente y que *por esto* no ha podido *avi-*
45   *sarle*... Antes de marcharse me dijo que si usted llamaba, que le dijera
         que lo *sentía* mucho y que lo disculpara...

Ejercicios orales

1. Conteste brevemente con sus propias palabras:

   1. ¿Quién llamó ayer a "Exportaciones Julián"?
   2. ¿Qué es lo que tenía que decir Isabel al señor González?
   3. ¿Qué decía la nota que le había dejado el jefe?
   4. ¿Qué le reprocha el jefe a Isabel?
   5. ¿Qué le ha dicho Isabel al señor González cuando ha llamado a la ocho y media de esta mañana?
   6. ¿Por qué se enfada el jefe con Isabel?
   7. ¿Qué ocurre cuando el señor González vuelve a llamar en presencia del jefe?

2. Ampliemos el tema con situaciones similares:

   A) Paco ha tenido un accidente de coche y está en el hospital. Juan ha ido a verle y le cuenta a Ana su visita.

      Complete las partes que faltan del diálogo:

      Juan: ¡Pobre Paco! Me ha dicho que .... y todavía no sabe ....
      Ana: ¿Te dijo cómo .... ?
      Juan: Sí. Afirma que .... , pero el otro conductor sostiene que ....
      Ana: Supongo que .... la policía. ¿Qué .... ?
      Juan: Bueno, Paco declaró inmediatamente que .... , pero el policía le dijo que .... , habiendo límite de velocidad. Paco, en cambio sostiene que ....
      Ana: ¿No te dijo si .... ?
      Juan: Por supuesto. Dice que él ....
      Ana: ¿ .... los del Seguro?

Juan: Ellos sostienen que .... , pero los del Seguro del otro afirman que
....
Ana: ¿Hablaste con el médico?
Juan: Sí. Me ha dicho que Paco ....
Ana: ¡Qué susto habrán tenido sus padres!
Juan: Su padre comentó que .... , mientras que su madre ....
Ana: Si vuelves a verle, dile que ....
Juan: Y le diré también que ....

B) Ayer Carmen encontró casualmente a su amiga Pilar y habla de su encuentro con Alfonso.

Complete las partes que faltan del diálogo:

Carmen: Sabes, ayer ....
Alfonso: ¡Qué .... ! ¿Qué te contó?
Carmen: .... , después de terminar sus estudios, ... con un inglés y
que .... algún tiempo en Inglaterra. Me dijo que luego .... y
que .... aquí, en España.
Alfonso: ¿Por qué no te llamó?
Carmen: Dijo que, habiendo perdido mi dirección, ...
Alfonso: ¿Qué más te .... ?
Carmen: Que tiene un hijo .... y que .... otro dentro de poco. También
me preguntó .... nosotros y qué ....
Alfonso: ¿Os veréis otra vez?
Carmen: Insistió mucho en que .... Me dijo que .... por teléfono
para ....
Alfonso: ¿ .... a su marido?
Carmen: No. Le pregunté por él y me contestó que .... , que .... pronto
y ....
Alfonso: ¿Te contó cómo se conocieron?
Carmen: Sí. Me dijo que ....
Alfonso: ¡Qué pequeño es el mundo! Cuando la veas, dile que ....

C) Jorge ha ido al médico porque no se encuentra bien; cuando vuelve a casa,
cuenta a su mujer lo que éste le ha dicho.

Complete las partes que faltan del diálogo:

Mujer: ¿Qué .... ?
Jorge: Me ha dicho que .... , sólo que .... menos.
Mujer: ¿Te recetó algo?
Jorge: Nada de medicinas. Sólo dijo que .... de fumar y beber, que
.... de vacaciones y que ....
Mujer: Yo también te lo dije miles de veces, pero tú sostenías que .... ¡A
ver si ahora .... ! ¿No te habrá dicho por casualidad que .... ?
Jorge: Bueno, sí .... algo delgado, ... comer un poco más, sobre
todo ....

Mujer: ¡Que a ti no te gusta! Ya te lo decía yo que la fruta ....
Jorge: Le prometí que .... todo lo que él .... , pero le dije que ....
Mujer: ¡Eres incorregible! Si el médico te dijo que ....
Jorge: Te prometo que .... De todos modos, recuerda que me aseguró que ....
Mujer: ¿Cuánto tiempo .... ?
Jorge: Dijo que, cuidándome bien, ...
Mujer: Menos mal. ¿Sabes una cosa? Te digo que yo también .... y verás cómo ....

D) Hace pocos días ha habido un mitin entre los representantes de varios partidos para hablar de reformas sanitarias, medidas contra la inflación, el paro y la delincuencia, problemas de enseñanza... Un periodista asistió al mitin y refiere el debate.

Imagine lo que refiere el periodista.

E) El jefe de personal me ha mandado llamar porque está muy descontento de todos: llegamos tarde al trabajo, hacemos llamadas personales, charlamos, trabajamos poco y mal, nos ausentamos con demasiada frecuencia... Yo soy su portavoz.

Imagine lo que les voy a referir a mis compañeros y sus probables contestaciones.

F) Ha habido un robo en la joyería del señor Pérez. Dos transeúntes han visto algo y se lo cuentan al policía, pero sus declaraciones no coinciden.

Imagine el diálogo entre el comisario de policía y el policía, que le cuenta lo que ha conseguido averiguar.

3. Sustituya las palabras, frases o partículas en cursiva por otras equivalentes que usted conozca y que puedan reemplazarlas en el texto.

4. Complete las frases de los grupos siguientes con una de las voces indicadas en cada uno de ellos:

A) *particular* (2) / *privado*

   1. Da clases .... de violín.
   2. No se puede pasar por aquí: es propiedad ....
   3. Nadie conoce la vida .... de aquel actor.
   4. Hemos hecho la excursión en un autocar ....
   5. En su tarjeta de visita hay la dirección del despacho y la ....
   6. Un camino .... lleva al castillo.

B) *en cualquier caso* (6) / *en todo caso* (9), *en otro caso*

1. Si puedes hacerlo tú, bien, ... buscamos a alguien que pueda hacerlo.
2. Nos vemos el domingo, pero .... nos llamamos antes.
3. Yo no puedo ir, ... , siempre que le sea posible, irá mi marido.
4. No tenía tiempo: .... le hubiera atendido personalmente.
5. Prometió que llegaría a las nueve o, ... , no más tarde de las nueve y media.
6. No ha pasado nada grave, pero .... habrá que advertirle.

C) *tener que* (6) / *haber que* (12)

1. .... estudiar a fondo la cuestión.
2. .... (nosotros) arreglar el calentador del agua.
3. En este edificio .... poner una escalera de emergencia.
4. Si viene más gente, ... comprar más bebidas.
5. ¡No .... (tú) correr de este modo por esta carretera!
6. No .... (ustedes) dar explicaciones a nadie.

D) *pues* (8) / *después*

1. Primero vamos a dar una vuelta y .... tomaremos un aperitivo.
2. –¿Sabes cómo funciona este aparato? –.......... no lo sé.
3. Tiene usted un catarro terrible: es necesario, ... , que haga inhalaciones.
4. Pasó la carta a máquina y .... la fotocopió.
5. La peluquera le lavó el pelo y .... le puso los rulos.
6. ¿No te apetece ir? .... no vayas.

E) *encima de* (10) / *encima*

1. El helicóptero pasó por .... la autopista.
2. Pusieron la moqueta directamente .... las baldosas.
3. ¡Mira, las llaves están allí .... !
4. Han puesto una veleta .... el campanario.
5. Hace fresco: ponte algo .... porque puedes resfriarte.
6. Deje usted las bolsas de la compra aquí ....

F) *tirar* (21) / *echar*

1. No .... (usted) la carta al buzón sin sello.
2. Este armario está lleno de cosas inútiles que habría que ....
3. .... (tú) un poquito más de aceite a la sartén.
4. El nene .... el chupete al suelo.
5. .... (nosotros) el ancla en una cala solitaria.
6. Es peligroso .... objetos por la ventanilla.

5. Diga la forma contraria de la palabra en cursiva, y controle luego con el texto:

1. Es demasiado *pronto* para ir a buscarle a la estación (8).
2. Aquel escritor tiene ideas muy *confusas* (12).
3. ¿Cuándo piensas que *llegarán*? (13).
4. *Se marcharon* sin avisarnos (15).
5. Tome las pastillas *después de* las comidas (15).
6. *Me acuerdo* siempre de felicitarle por su cumpleaños (18).
7. Tiene la costumbre de *guardar* todos los recibos (21).
8. Suele proponer soluciones *concretas* (32).
9. ¡Qué ocurrencia tan *tonta*! (38).
10. He decidido *quedarme* (43).

6. Observe:

En la frase *le dije también que usted iba a volver más tarde* (8), el verbo IR seguido de la preposición A tiene valor idiomático. El mismo verbo, seguido de otras preposiciones, verbos o adverbios, adquiere otros significados:

IR POR	IR ADELANTE
IR CONTRA	IR CON
IR A PARAR [A]	IR PARA LARGO
IR MUY/DEMASIADO LEJOS	IR DETRÁS

Sustituya la parte en cursiva con la forma adecuada:

1. –¿Cómo va la nueva actividad comercial? –No podemos quejarnos, *se desenvuelve bien.*
2. Este armario antiguo no *armoniza con* la decoración de esta casa.
3. Si sigues despilfarrando de esta forma, no se adónde *terminarás.*
4. Lo que se ha decidido *se opone a* mis deseos.
5. Con tus sospechas estás *exagerando.*
6. Hace tiempo que *insiste con nosotros* para conseguir un empleo para su hijo.
7. Sabiendo lo mal que funciona la Telefónica, te puedo asegurar que si no encuentras una recomendación, la instalación del teléfono *tardará mucho.*
8. *Ve a buscar* una bombilla porque ésta de la cocina se ha fundido.
9. Esa chaqueta de cuadros no *armoniza con* esa falda de flores.
10. Padece de manía de persecución y cree que todo el mundo *se opone a* él.
11. Estuvimos discutiendo a dónde pasar la tarde y al final *terminamos en* el cine de siempre.
12. Con la lentitud que avanzan las obras, ya veo que la construcción de la autopista *tardará mucho.*
13. El río Ebro *termina en* el Mediterráneo.
14. El puré de patatas *armonizan con* el asado.
15. –¿Cómo van los estudios, María? –*Se desenvuelven bien.*
16. La actriz hace tiempo que *insiste con* el director de cine para obtener un papel de protagonista

7. Observe:

• había dejado dicho que esta mañana antes de ir a la *fábrica*, iba a pasar por la *oficina* (29-30).

Los sustantivos siguientes indican distintos lugares donde se trabaja:

OFICINA	ESTUDIO
FÁBRICA/FACTORÍA	TALLER
DESPACHO	EMPRESA
BUFETE	NOTARÍA
SECRETARÍA	OFICINAS

Complete con el sustantivo adecuado:

1. En París muchos artistas tienen sus .... en Montmartre.
2. IBM .... conocida en todo el mundo.
3. Llevemos el coche a .... porque hay que cambiar los frenos.
4. El notario ha abierto su nueva .... en el centro de la ciudad.
5. En esta .... de cementos trabajan más de mil obreros.
6. Le advertimos que nuestras .... permanecen cerradas durante todo el mes de agosto.
7. Cuando se pone a trabajar en serio se mete en su .... y no sale de él hasta que no le llamamos para la cena.
8. Mientras estudiaba Derecho hacía prácticas en .... de un abogado amigo de su padre.
9. Voy a ir a .... española de turismo para que nos den un plano de la ciudad de Barcelona.
10. Si necesitas un certificado de estudios tienes que dirigirte a .... de tu facultad.
11. Trabaja en .... de construcción.
12. Acabada la escuela de bellas artes, encontró trabajo en .... de un grabador famoso.
13. Para esta reclamación, diríjase al jefe sanitario, cuyo .... se encuentra en el primer piso de este mismo hospital.
14. Trabaja en .... del partido socialista.
15. Una parte de la casa de Picasso estaba destinada a vivienda y otra a ....

8. Acentúe y controle luego con el texto:

–Si, ha llamado a las ocho y media en punto.
–¿Y que le ha dicho, a ver?
–Pues que usted todavia no habia llegado, pero que llegaria de un momento a otro porque ayer habia dejado dicho que esta mañana antes de ir a la fabrica, iba a pasar por la oficina...
–¡Otro dia dele aun mas detalles a ese pelmazo! ¿No le he dicho yo miles de veces que hay que ser vago, que hay que dar respuestas que se acomoden a

todo, que hay que decir que si y al mismo tiempo hay que decir que no...?
¿Como se lo tengo que decir, en chino?
¡A ver que le digo yo ahora a este! Cuando llame, digale que estoy en la fabri-
ca, que estoy en una reunion... Digale lo que le de la gana...! (26-36).

9. Observe:

A) • *Nada* de particular (2).
    • hay que dar respuestas que se acomoden a *todo* (32-33).
    • ¡conteste e invente *algo*... inteligente! (38).

Complete con *algo, todo, nada:*

1. –¿Se lo has contado .... ? –No, aún no le he contado ....
2. –¿Han leído .... sobre este tema? –Sí, y .... muy interesante.
3. No .... lo que reluce es oro.
4. En este asunto hay .... sospechoso.
5. –¿Os pasa .... ? –No, ... ¿por qué?
6. .... lo que dice es un embuste.

B) • *Le* dijo que no estaba, supongo... (4).

Transforme, sustituyendo la parte en cursiva con *le-s, lo-s:*

1. Conozco *a Juan* de toda la vida.
2. ¿Entregasteis el paquete *al portero*?
3. Colgaron *el calendario* en la cocina.
4. Llamaron por teléfono *a ustedes*.
5. No olvide de dar nuestros recuerdos *a sus padres*.
6. Dimos de comer *al perro* las sobras de la cena.

C) • Le *dijo* que no *estaba, supongo*... (4).

Conjugue el verbo entre paréntesis en el tiempo y modo adecuados:

1. En aquella ocasión, le .... (ellos, proponer) que .... (él, ir) con ellos.
2. No .... (ustedes, poder) abandonar el aula antes de que .... (ustedes, terminar) el ejercicio.
3. Cuando .... (nosotros, ver) las fotos .... (nosotros, pensar) en ti.
4. .... (tú, oler) este pescado: ¿no te .... (parecer) que .... (él, oler)
mal?
5. –¿Ayer .... (vosotros, ir) en coche a Valencia? –No, a última hora ....
(nosotros, tener) que coger el tren.
6. .... (ellos, estar) esperando toda la tarde y al final .... (ellos, ponerse) muy nerviosos.

D) • *¡Enséñeme* la nota que le dejé! (20)

Conteste afirmativa y negativamente:

1. ¿Le llamamos mañana?   (ustedes)
2. ¿Me pinto los labios?   (tú)
3. ¿Le doy la mano?   (usted)
4. ¿Ponemos la televisión?   (nosotros)
5. ¿Nos sentamos aquí?   (vosotros)
6. ¿Le digo lo que me ha pasado?   (usted)

E) • *¿Cuántas* veces le he dicho [...]? (22).

Complete con *cuánto-a-os-as:*

1. ¿.......... años tienes?
2. ¡ .... lo siento que te hayan despedido de la fábrica!
3. ¡ .... cara dura que hay por el mundo!
4. No sabemos .... personas asistieron a la manifestación.
5. ¡ .... tiempo sin verle!
6. Dime .... kilos has perdido con esta dieta.

10. Complete con la preposición y controle luego con el texto:

1. El jefe del Gobierno se puso .... contacto .... el Ministro de Trabajo (14).
2. De momento le enviamos un fax: .... todas formas, hoy mismo le enviamos el original por correo (14).
3. Me olvidé .... cerrar la espita del gas (18).
4. Habría que poner .... orden estos cajones (23).
5. Son las siete .... punto (26).
6. Este verano iré .... Austria (29).
7. Antes de regresar a casa, pasa .... casa de tu hermana (30).
8. Escuchaba la radio y .... el mismo tiempo hacía ganchillo (33).
9. Están .... Madrid desde hace dos días (35).
10. Fueron .... excursión a la sierra (44).

11. Observe:

A) • Nada *de particular* (2).

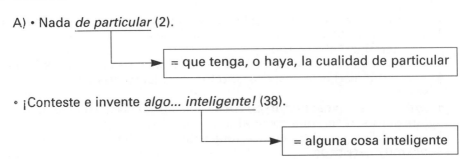

= que tenga, o haya, la cualidad de particular

• ¡Conteste e invente *algo... inteligente!* (38).

= alguna cosa inteligente

Según ello, complete con la preposición *de* o deje blanco cuando se requiera:

1. Deseo beber algo .... frío.
2. Su comportamiento no tiene nada .... gracioso.
3. A veces su mirada tiene algo .... diabólico.
4. El tiempo no promete nada .... bueno.
5. No tiene nada .... extraño su conducta.
6. Cuéntenos algo .... divertido.
7. Encuentro que tienen algo .... ordinario sus gestos.
8. No tienen nada .... geniales sus escritos.

B) • Le dije también que usted *iba a volver* más tarde (8).

= volvería

Según ello, transforme:

1. Me aseguraron que dejarían el país a fines de mes.
2. Nos prometió que nos mandaría una postal desde China.
3. El parte meteorológico afirmó que habría una nueva perturbación en el oeste.
4. Estábamos seguros de que ganaría el primer premio.
5. Aseguró que dimitiría.
6. Preconizó que el año 2000 sería el fin del mundo.
7. Todos creían que expulsarían al disidente.
8. Estaba claro que *se saldría* con la suya.

C) • [...] no hay que romper los papeles y borradores *hasta que* uno *no esté* seguro de que todo está en orden? (22-24)

= no romper sin antes estar seguro

Según ello, transforme:

1. No puedo hacer un diagnóstico sin antes ver las radiografías.
2. No entregaré el proyecto sin antes ellos pagarme.
3. El avión no aterrizará sin antes no recibir instrucciones de la torre de control.
4. No le hicieron el trasplante de corazón sin antes llegar el órgano compatible.
5. No abra la lavadora sin antes haber terminado completamente el lavado.
6. Los corredores no echaron a correr sin antes oír el pistoletazo de salida.
7. No se lo diga sin antes estar seguro.
8. No te compraremos el coche sin antes tú sacar el carné de conducir.

D) • ¡Habrá llamado ya de nuevo [...] *con lo pesado que es* ese González! (24-25).

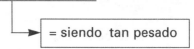

= siendo tan pesado

Según ello, transforme:

1. ¿Te estás aburriendo siendo tan divertida esta película?
2. Hablando tan bajo, es imposible que nos oigan.
3. ¿No os ha gustado el regalo de los tíos siendo tan bonito?
4. Seguro que ganará las oposiciones siendo tan inteligente.
5. ¡Siendo tan bueno y todos aprovechándose de él!
6. ¿Conseguís levantar este bulto siendo tan pesado?
7. ¿Digieres la cebolla siendo tan indigesta?
8. ¿Puedes vivir en esta casa siendo tan húmeda y oscura?

E) • *me dice* el jefe *que le diga* que se ha ido de viaje (43-44).

= me dice: ¡dígale!

Según ello, una las dos frases transformándolas:

1. Te ordeno:¡quítate el sombrero!
2. El oculista me aconseja: ¡lee menos!
3. El juez dice al imputado: ¡cállese!
4. El tendero me sugiere: ¡pague usted en caja!
5. La madre le dice al niño: ¡estáte quieto!
6. Os rogamos: ¡cerrad la puerta despacio!
7. El taxista nos dice: ¡no fumar!
8. El guardia nos sugiere: ¡no pasen por el centro de la ciudad!

12. Observe:

A) • Le *dijo* que no *estaba,* supongo... (4).
   • *había que* decir que yo *había salido* de viaje (12-13).

Según ello, traslade al pasado:

1. Sostiene que él no ha robado el dinero.
2. Os juro que no me ha llamado nadie.
3. Vemos que la ciudad ha mejorado mucho.
4. No se da cuenta de que está molestando.
5. Notamos que has estudiado mucho.
6. Decís que habéis telefoneado varias veces.
7. Reconozco que has tenido mucho valor.
8. ¿Sabes que me he casado?

B) • [dije] que *llegaría* de un momento a otro (28-29).

Según ello, traslade al pasado:

1. Promete que hará de testigo en la boda.
2. Estoy seguro que perderá la competición.
3. Dicen que harán un parque de atracciones.
4. Te informo que las tiendas cerrarán a las ocho.
5. Sentimos deciros que no estaremos con vosotros.
6. Anuncian que transmitirán el partido en diferido.
7. Deciden que reestructurarán la fachada del edificio.
8. El jardinero promete que arrancará los hierbajos.

C) • *Será* él, seguro (38).
   • *¡Habrá llamado* ya de nuevo esta mañana, seguro (24).

Según ello, conjugue el verbo entre paréntesis:

1. Le vi muy serio: .... (él estar) preocupado por algo.
2. Tiene muchas arrugas: .... (ella, ser) bastante vieja.
3. Todavía no han hecho la mili: no .... (ellos, tener) aún veinte años.
4. La casa estaba completamente abandonada: la .... (ellos, vender).
5. La veo muy pálida: .... (ella, tener) alguna enfermedad.
6. Cuando se conocieron, ... (ellos, tener) unos treinta años.
7. El teléfono sigue comunicando: lo .... (ellos, dejar) descolgado.
8. No se puede pasar por este callejón: lo .... (ellos, cerrar) al tráfico.

Ejercicios de escritura: hacia la redacción

1. Conteste en unas pocas frases:

   1. ¿Qué ha ocurrido en la oficina mientras el jefe no estaba?
   ....

   2. ¿Qué le ha dicho y qué le dice la secretaria al señor González que no debía o no debería decirle?
   ....

   3. ¿Qué le reprocha el jefe a la secretaria?
   ....

2. Conteste expresando sus opiniones:

   1. ¿Qué piensa usted de la secretaria?

   ....

   2. ¿Cómo encuentra usted al jefe?

   ....

   3. ¿Cómo se comportaría usted en caso de ser la secretaria?

   ....

3. Complete con las partes que faltan, y controle luego con el texto:

   –¿Qué hay .... ?
   –.......... de particular. Ayer llamó varias .... el señor González, el de «..........
   Hermenegildo Hermanos».
   –.......... que no estaba, supongo...
   –.......... que le dije que no estaba, ... no estaba...
   –¡Qué importa eso! .... , usted .... decir que yo no estaba...
   –Pues ya .... dije, pero le dije también que usted .... más tarde y que, en
   todo caso, ... hoy aquí a eso de las ocho y media ....
   –¡Cómo! ¿No leyó usted .... que le dejé .... la mesa?
   –Sí, ... la nota, ... pensé que se refería ...
   –Pues .... muy claro. Le decía que si .... el señor González había que
   decir que yo .... de viaje para .... urgente, que no .... tiempo de
   ponerme.......... con él y que, de todas formas, no .... antes de una semana
   o diez ....
   –Con .... los González que hay en España, ... cómo podía yo imaginar
   que era .... «Manufacturas Hermenegildo Hermanos».
   –Me .... mucho que .... de .... que era ese González. .... pasa es
   que usted cuando .... piensa en todo .... en lo que hace. ¡ .... la nota
   .... que le .... ! (1-20).

4. Transforme en estilo directo las partes de la lectura que se encuentran en estilo indirecto, según el ejemplo:

   • Le dijo que no estaba, supongo (4) < *Supongo que le dijo: no está.*

5. Según los elementos que le proporciona el texto:

   • deje una nota a su jefe en la que detalla los recados que ha recibido durante
     su ausencia;
   • transforme en una narración en estilo indirecto uno de los diálogos del ejer-
     cicio n.° 2 (pág. 257).

6. Escriba una redacción sobre uno de los siguientes temas:

- Narre un debate que haya seguido por televisión.
- Narre la conversación habida entre usted y sus compañeros de trabajo.
- Narre una discusión o una riña que haya presenciado.

SOLUCIONES A LOS EJERCICIOS

Los ejercicios precedidos de asterisco (*) admiten soluciones distintas de las aquí indicadas.

Algunos ejercicios de léxico admiten tiempos y modos verbales distintos de los que se dan en las soluciones. Por ejemplo, en la frase ..... *siempre mucha gente en el metro*, donde hay que elegir entre *haber/estar*, es posible utilizar varios tiempos del verbo *haber*, como *hay, había, habrá*, etc.

UNIDAD 1

Ejercicios orales

*1. 1. –Que la conocía muy bien porque vivía en su misma casa desde hacía dos años.
  2. –Era joven, de estatura media, rubia y tenía los ojos azules. Sin ser guapísima era muy mona.
  3. –Era muy amable, seria, no hablaba mucho pero era muy afectuosa con los niños. Parecía una persona reservada.
  4. –Era un señor ya mayor, de pelo blanco. Llevaba gafas y era muy elegante. Además era una persona alegre y extrovertida.
  5. –Le vio una madrugada en la portería de su casa. Era el mismo día que mataron a la señora García. Vio sólo que no era muy alto, ni gordo ni delgado. Pudo ver que llevaba un sombrero y una bufanda. También llevaba guantes.
  6. –En ninguna de las fotos ve una cara que se parezca a la del asesino. En la primera, la cara es demasiado redonda y la nariz demasiado grande; en la segunda, se ve a una persona demasiado mayor. La tercera le hace mucha gracia porque se parece mucho a su suegro.
  7. –Porque es un oficio que permite conocer a muchas personas y situaciones diversas y curiosas.

*2. A) Respuesta modelo libre.
  ¹ *edad y características la quiere?*
  ² *tiene cincuenta años y ha trabajado ya en varias casas.*
  ³ *más joven, que sepa jugar con los niños y al mismo tiempo que tenga autoridad.*
  ⁴ *muy bonita y agradable;*
  ⁵ *sus ojos y su expresión,*
  ⁶ *muy dulce y alegre pero al mismo tiempo tiene carácter.*
  ⁷ *persona de toda confianza. Tengo las mejores referencias.*
  ⁸ *encantadora con ellos*
  ⁹ *los niños le adoran.*
  ¹⁰ *ama de casa: es muy limpia, ordenada y parece que sabe guisar divinamente.*
  ¹¹ *simpática, risueña y extrovertida;*
  ¹² *reservada, habla poco, pero es muy discreta y educada.*
  ¹³ *joven, mona, cariñosa con los niños y muy educada.*
  Los ejercicios B, C, D, E y F admiten también respuestas libres.

*3. dice: *sostiene, afirma;*
  bueno: *mejor dicho, es decir;*
  llevaba dos años: *hacía dos años que vivía, desde hacía dos años vivía;*
  mona: *bastante guapa, bastante bonita;*
  supongo: *imagino, me figuro;*
  soltera: *no casada;*
  el cadáver: *el cuerpo muerto;*
  buena: *bondadosa, de buenos sentimientos;*
  de pocas palabras: *callada, lacónica, reservada;*
  cariñosa: *afectuosa, tierna;*
  nenes: *niños, chiquillos;*
  un poco: *algo, un tanto;*
  poco: *escasamente, raras veces;*
  de vez en cuando: *a veces, algunas veces, de cuando en cuando, de vez en vez;*

viejo: *mayor, anciano*;
pelo: *cabello*;
delgado: *no gordo, flaco*;
el contrario: *al revés, todo lo opuesto*;
risueño: *sonriente, alegre*;
exacto: *eso es, exactamente*;
mataron: *asesinaron, quitaron la vida*;
un hombre: *una persona, un señor*;
estoy seguro: *no tengo la menor duda*;

cubría: *tapaba, ocultaba*;
grande: *gorda*;
mayor: *viejo, anciano*;
desde luego: *sin duda, por supuesto*;
gracioso: *cómico, divertido, que hace gracia*;
me recuerda: *me trae a la memoria, me evoca*;
no divague: *no se salga del tema, no ande por las ramas*;
conteste: *responda*;

debe ser: *debe de ser, probablemente es*;
ese trabajo: *ese oficio, esa actividad*;
extraña: *rara, insólita*;
listo: *inteligente, astuto, despabilado*;
en caso de necesidad: *si le necesitamos, de necesitarle, si se presenta la necesidad*.

4. a) 1. mucho
       2. mucho
       3. muy
       4. muy 5. muchos 6. muy
    b) 1. buena
       2. bien
       3. bien
       4. bueno 5. buenas 6. bien
    c) 1. también
       2. tampoco
       3. también
       4. tampoco 5. tampoco 6. también
    d) 1. parece
       2. se parece
       3. parece
       4. parece 5. se parecen 6. parece

5. 1. bajo 2. mona 3. pequeños 4. cariñosos 5. reservada 6. delgado 7. risueña 8. alegre 9. gracioso 10. divertida 11. extraña 12. listo

6. 1. honesto-leal 2. perezoso 3. generoso 4. estúpido 5. sincero 6. sencilla-ingenua 7. cortés-hipócrita 8. arrogante-desdeñoso

7. Controle con el texto.

8. 1. llevar 2. se llevan 3. llevar a cabo 4. se llevan bien 5. se lleva 6. llevar la contraria 7. lleva muy bien 8. se llevan muy mal 9. se lleva 10. lleva 11. lleva muy bien-lleva

9. marido y mujer/ marido *o* esposo/ mujer *o* esposa/ hijos/ hermanos/ madre-padre/ abuela/ suegro/ nuera *o* hija política-yerno *o* hijo político/ cuñada/ tíos/ primos/ nietos/ sobrinos

10. A) a/ 0 / 0 / a/ al/ 0
    B) 1. la camarera 2. la domadora 3. la estudiante-intérprete 4. una francesa- escultora 5. la periodista-la ministra 6. la alemana
    C) 1. obedezco 2. compadecemos 3. agradezco 4. amaneció 5. fallecieron 6. carezco
    D) 1. cómo 2. que 3. cuando 4. qué 5. cuándo 6. dónde.

E) 1. le escribimos 2. le di 3. los vi 4. le cambió 5. las admitieron 6. les dimos

F) 1. cinco y cuarenta y cinco *o* seis menos cuarto 2. siete y media de la tarde 3. ocho y cincuenta *o* nueve menos diez de la mañana-una y cuarto de la tarde 4. doce y media de la noche 5. una y cuarenta y cinco *o* dos menos cuarto de la madrugada 6. nueve y veinticinco-nueve y cincuenta y cinco *o* diez menos cinco de la noche

11. Controle con el texto.

12. A) 1. Dice que se llama María Pérez.
    2. Sostiene que ayer a las ocho estaba en casa.
    3. Afirmaron que no conocían al acusado.
    4. Estoy seguro que la puerta estaba cerrada.
    5. Pensó que era demasiado tarde para echarse atrás.
    6. El juez sospechó que habían traído pruebas falsas.
    7. Dijeron que estaban muy ofendidos.
    8. Asegurasteis que aquella mañana no salisteis del despacho.

   B) 1. me acosté 2. era 3. vieron-saludaron 4. era-sabía 5. conocía-entró 6. te despertaste
    7. tenía-operaron 8. tenían-vendieron

   C) 1. Llevaba cinco años en Bélgica.
    2. Llevaba un mes en el hospital.
    3. Llevaban mucho tiempo encerrados en el ascensor.
    4. Llevaba una hora en la esquina.
    5. El helado llevaba pocas horas en el congelador.
    6. El agua llevaba media hora en el fuego.
    7. Los prisioneros llevaban un año en el campo de concentración.
    8. Llevaba dos horas metido en su despacho.

   D) 1. ¡Qué oscura es esta habitación!
    2. ¡Qué desgracia tan grande que haya fallecido tan joven!
    3. ¡Qué casualidad encontrarnos aquí!
    4. ¡Qué aburrida fue la reunión!
    5. ¡Qué confortable es este sillón!
    6. ¡Qué antiguo es este piano! !
    7. ¡Qué simpatía tiene este muchacho!
    8. ¡Qué horrorosa fue aquella experiencia
    9. ¡Qué gran cansancio tengo!

13. Controle con el texto.

Ejercicios de escritura: hacia la redacción

*1. 1. Era de estatura media, bastante joven, no guapísima pero de aspecto muy agradable. Tenía la piel muy blanca, pelo rubio y ojos azules. Tenía un carácter introvertido. Parecía buena y era cariñosa con los niños.

   2. Era un hombre más bien bajo, moreno, ni gordo ni delgado. No se le veía bien la cara porque llevaba sombrero y bufanda.

   3. Porque en ninguna de las fotos que le enseña el policía ve una cara que se parezca a la del asesino.

*2. 1. Revela ser una persona que le gusta el trato con la gente. Es simpático, hablador y lleno de curiosidad. Tiene entusiasmo y fantasía, tiende a divagar y a hacer comentarios personales. Está encantado de colaborar con la policía y se muestra disponible a seguir colaborando con ella.

2. Es persona de pocas palabras, objetivo, riguroso y concreto en sus investigaciones. Por este motivo la exuberancia y la profusión de comentarios del señor Ruiz no son de su agrado.

3. Encuentro que es un trabajo interesante pero también muy peligroso. Se necesita perspicacia, objetividad y sangre fría.

3. y 4. Controle con el texto.

5. y 6. Respuesta libre.

UNIDAD 2

Ejercicios orales

*1. 1. –Era un coche viejo que estaba en pésimas condiciones. Estaba medio roto y olía muy mal.

2. –La única posada del pueblo se encontraba en una calle muy estrecha. La posada daba la impresión de un lugar sucio y descuidado. Sobre todo la mesa puesta presentaba un aspecto deplorable pues tanto el mantel como los cubiertos estaban sucios.

3. –La cena consistía en dos platos. El primer plato era una sopa muy líquida y que sabía a nada. El segundo plato constaba de una tajada de carne, que era muy rica y bastante tierna, y de una guarnición compuesta por guisantes y patatas. Los guisantes eran muy duros.
En el comedor de la posada los dos amigos notaron un perro muy viejo que estaba al lado de la chimenea y cinco o seis gatos que corrían de un lado a otro. Uno de ellos, muy bonito, era muy salvaje; saltaba por encima de las mesas cuando veía la posibilidad de comer algo.

4. –En el dormitorio hacía mucho frío. Las camas eran muy anticuadas e incómodas pues eran muy altas y se movían al menor movimiento que uno hacía; el colchón era duro y las mantas pesaban mucho y calentaban muy poco. En el dormitorio había un lavabo, pero los grifos no funcionaban bien y salía sólo agua hirviendo del grifo del agua caliente. En esta situación, los dos amigos durmieron muy mal.

5. El desayuno fue otra decepción ya que el café estaba medio frío y los bollos estaban secos porque seguro que eran de algunos días atrás.

*2. A) Respuesta modelo libre.
  [1] *a ti esta pensión?: no parece mal, ¿verdad?*
  [2] *amplia y bonita*
  [3] *muy buen aspecto: es luminosa y está amueblada con gusto.*
  [4] *de la pensión: el comedor, el salón, los cuartos....*
  [5] *como la entrada, me parece que es el lugar que buscábamos.*
  [6] *limpio,*
  [7] *es un ambiente íntimo y familiar. Me gustan mucho las butacas; además todas esas plantas dan mucha alegría.*
  [8] *ya sabes que a mí me gusta comer en un lugar limpio, confortable y tranquilo.*
  [9] *bonito y espacioso es!:*
  [10] *demasiado cerca las unas de las otras, que la gente oiga todo lo que uno está diciendo*
  [11] *estupendo: hay mucho espacio entre las mesas.*
  [12] *los manteles están limpísimos y todo está puesto con mucha gracia: ¿has visto que todas las mesas tiene su jarrito de flores?*
  [13] *están muy limpios*
  [14] *los cubiertos brillan,*
  [15] *Por supuesto, no faltaría más. Pasen ustedes.*
  [16] *un poco pequeño,*
  [17] *es agradable y está bien amueblado.*

[18] *da a ese patio tan bonito y silencioso,*

[19] *seguro que tendremos mucha tranquilidad.*

[20] *Es una lástima que en el cuarto de baño*

[21] *mejor aún, una bañera.*

[22] *es bastante grande, tiene agua fría y caliente y para lo principal es suficiente, ¿ no te parece? Además he visto que justo delante de nuestra habitación hay un cuarto de baño común...*

[23] *a mí no me hace ninguna gracia porque no me gusta tener que salir de la habitación para ducharme: de todas formas,*

[24] *esté bien, que esté limpio y que no lo use mucha gente.*

[25] *es*

[26] *gente lo usa, como tú dices. También depende mucho de la educación de la gente que lo utiliza.*

[27] *muy espacioso*

[28] *muy limpio.*

[29] *precioso.*

[30] *bonito! ¡Mira cuántas flores y qué arboles tan altos y frondosos! Hay también una fuente en el centro con unas sillitas para descansar y tomar el fresco.*

[31] *estaremos divinamente y pasaremos unas vacaciones inolvidables.*

Los ejercicios B, C, D, E, F y G admiten también respuestas libres.

*3. coche de línea: *autocar que hace servicio público;*

destartalado: *descompuesto, medio roto;*

olía muy mal: *apestaba, malolía;*

una posada: *un hostal, un hotel de modesta categoría;*

del pueblo: *de la aldea;*

la dueña: *la propietaria, el ama;*

en seguida: *inmediatamente;*

fondo:*asiento;*

algo:*un poco, un tanto;*

tanta hambre: *tanto apetito;*

sosa: *insípida, sin sal;*

por suerte: *afortunadamente, por fortuna;*

no muy hecha: *poco cocida, algo cruda;*

guarnición: *acompañamiento del plato principal;*

cuarto: *habitación, dormitorio;*

asqueroso: *repugnante, que daba asco o repugnancia;*

tapaba: *cubría, ocultaba, escondía;*

rabo: *cola;*

precioso: *muy bonito, estupendo;*

reluciente: *brillante;*

por poco se nos come: *casi se nos come, fue un milagro que no nos comiera;*

ardiente: *caliente;*

espantoso: *horroroso, terrible;*

como: *en cuanto, apenas;*

así que: *de modo que;*

el lecho: *el cauce;*

pasamos: *transcurrimos;*

sobre: *alrededor de, a eso de, más o menos a;*

fastidiado: *molesto;*

temprano: *pronto, de buena hora;*

decente: *que no estaba mal, como Dios manda;*

tibio: *ni frío ni caliente, templado;*

por lo menos: *como mínimo.*

4. A) 1. ir 2. venís 3. ve 4. voy 5. vamos 6. ir-venga
    B) 1. meta 2. puesto 3. metió 4. pongas 5. pusieron 6. pongo
    C) 1. después 2. pues 3. después 4. pues 5. después 6. pues
    D) 1. la tierra 2. al suelo 3. el suelo 4. tierra 5. el suelo 6. el suelo
    E) 1. trajo 2. llevaron 3. llevaremos 4. traigan 5. trajo 6. llevaremos
    F) 1. ante 2. antes 3. ante 4. ante 5. antes 6. ante

5. y 6. Controle con el texto.

7. 1. chascó 2. crujían 3. silbar 4. crepitar 5. murmurar 6. crujía 7. chascar 8. crujen 9. chirría 10. silbar 11. crujiendo 12. chirriar

8. 1. el hocico 2. lomos 3. los labios 4. el pelo-las uñas 5. la pata 6. la rodilla 7. la muñeca 8. hombros 9. las caderas 10. las uñas 11. las piernas 12. pecho 13. la espalda 14. los codos-manos 15. el tobillo 16. barriga 17. dedos

9. Controle con el texto.

10. A) 1. siento 2. cuenta 3. huela 4. perdió 5. pensáis 6. duerme

B) 1. abuelito 2. muñequita 3. cerquita-prontito 4. camita-cochecito 5. florecillas-animalitos
6. dientecito

C) 1. nada 2. todo 3. algo 4. algo-nada 5. nada 6. todo o nada

D) 1. más que 2. tan alto como 3. menos difícil que 4. más frutos que 5. tanto como o cuanto
6. menos caras que

E) 1. se los entregué 2. se lo trajo 3. se lo presté 4. se los regalaron 5. se los devolveré 6. dádsela.

11. Controle con el texto.

12. A) 1. Restaurados los cuadros,   5. Finalizada la guerra,
2. Dichas estas palabras,   6. Domada la rebelión,
3. Hecha la compra,   7. Terminadas las obras,
4. Terminadas las clases,   8. Franqueadas las cartas,

B) 1. Le pregunté si había comprado el periódico
2. Me dijo si podía prestarle una cebolla.
3. Nos dijeron si sabíamos qué hora era.
4. Os pregunté si había llamado alguien.
5. Le dijimos si quería estudiar con nosotros.
6. Me preguntaron si tenía la tarjeta de lector.
7. Les preguntaron si deseaban la factura.
8. Les dijo el oculista si prefería llevar gafas o lentillas.

C) 1. Llueve tanto que es imposible salir.
2. Estoy tan preocupado que no puedo concentrarme.
3. He escuchado tanto esta sinfonía que me la sé de memoria.
4. Gritó tanto que quedó sin voz.
5. El cuarto era tan oscuro que no se distinguía nada.
6. He escrito tanto que me duele la mano.
7. Se disgustó tanto que le dio un ataque.
8. Eres tan insistente que obtienes siempre lo que quieres.

*D) 1. sin mirar la partitura.   5. sin respirar.
2. sin respetar las señales de tráfico.   6. sin consultar el diccionario.
3. sin pedir permiso ni saludar a nadie. 7. sin hacer ruido.
4. sin preocuparse de los demás.   8. sin apagar el cigarrillo.

E) 1. anunciaron que nevaría 2. aseguró que cogería 3. prometió que nos llamaría 4. dijo que
vendría 5. ya sabía yo que ocurriría 6. estabais seguros de que ganaríais las elecciones 7.
anunció que haría 8. aseguró que el enfermo sanaría

Ejercicios de escritura: hacia la redacción

*1. 1. Es un lugar poco acogedor donde los dos huéspedes se sienten muy incómodos. Ocupan el comedor unas mesas de madera y unas sillas de respaldo muy alto y fondo de paja. En el comedor hay una chimenea.

2. El perro es viejo y un poco repugnante; es de pelo largo y tiene unas orejas grandes. No tiene rabo y está echado junto al hogar. Los gatos parecen hambrientos y uno de ellos, de pelo negro y brillante, sube a la mesa de los dos amigos y por poco les come la carne del plato.

3. El dormitorio es muy frío y no más acogedor que el comedor: el grifo del agua fría del lavabo no funciona, las camas son incómodas, los colchones están llenos de bultos y las mantas son gruesas pero no calientan nada.

4. El desayuno es decepcionante porque el café no está caliente como los dos amigos esperaban y no pueden comer pan tostado con mantequilla como ellos quisieran porque sólo hay suizos y croissants medio secos, que no son siquiera del día.

*2 1. En primer lugar sustituiría las mesas rotas y tambaleantes por otras nuevas. Pondría en las sillas unos cojines para que fueran más cómodas y haría una buena limpieza de toda la posada. Lavaría bien los manteles y los cubiertos. No dejaría que, mientras se come, estuvieran en el comedor el perro y sobre todo los gatos que ocasionan molestias a los huéspedes.
    2. Deseo que sea limpio, confortable, acogedor. Me gustan los hoteles pequeños, con pocas habitaciones y pocos clientes. Deseo que estén en lugares céntricos pero al mismo tiempo que sean silenciosos.
    3. Sí, porque me gustan los animales y porque encuentro que animan el ambiente./ No, porque no me gusta que los animales vivan en el interior de las casas porque encuentro que ensucian y además huelen mal.

*3. El perro era muy joven, bonito y de raza. Tenía el pelo muy corto, ojos inteligentes y expresivos y las orejas cortitas. Era un perro muy alegre y vivaracho. Cuando se acercaba a las personas movía el rabo, que era más bien largo.
    Los gatos daban la impresión de gozar de buena salud y de estar bien alimentados. Caminaban pausadamente por entre las mesas rozando apenas las piernas de los clientes. Se dejaban acariciar y aceptaban los trocitos de comida que se les daba.

4. y 5. Controle con el texto.

6. y 7. Respuesta libre.

UNIDAD 3

Ejercicios orales

*1. 1. –Fueron a la sierra con el fin de encontrar una casita donde pasar el verano y, en caso de gustarles, comprarla.
    2. –Era un paisaje montañoso bastante árido. Por el valle, estrecho y oscuro, pasaba un riachuelo sin agua. En vez de hallar pueblecitos típicos de montaña como esperaban, se encontraron con bloques de pisos muy parecidos a los que están en las periferias de las grandes ciudades.
    3. –Que el paisaje cambiaba totalmente. Pasaron por un bosque muy bonito y, acabado el bosque, llegaron a una extensa llanura donde se divisaban algunos pueblecitos esparcidos aquí y allá.
    4. –El pueblo estaba situado en la cumbre de una colina. Tenía una plaza muy bonita con una fuente en el centro y un mirador desde el que se dominaba un vasto paisaje.
    5. –Se veía un paisaje muy variado pues primero había una llanura cultivada, luego un río de agua transparente y a los lados unas colinas en cuyas laderas había vacas, toros y ovejas al pasto. Al fondo se distinguía la sierra con sus cimas nevadas.
    6. –Era una casita de un solo piso. Delante tenía un pequeño jardín que estaba en estado de abandono y detrás un huerto con un pozo. En la planta baja había la sala de estar y una cocina muy espaciosa mientras que los dormitorios y el baño estaban arriba, en el primer piso. Lo mejor de la casa era el magnífico panorama que se veía desde las ventanas. Por lo demás, estaba en bastante mal estado, especialmente las persianas y el tejado.

*2. A) Respuesta modelo libre.
    [1] ver alguno de los pisos que tenemos en alquiler? ¿Lo necesita en seguida o de momento tiene ya alojamiento? Se lo digo porque por ahora sólo tengo éste libre.

² *vivo en un apartamento con un amigo mío,*

³ *es muy pequeña y oscura,*

⁴ *deseo encontrar algo para mí solo que sea más alegre y sobre todo más tranquilo. ¿Puedo ver este piso libre que usted dice?*

⁵ *aquí delante hay la cocina: es pequeña,*

⁶ *muy luminosa*

⁷ *todo lo que se requiere en una cocina.*

⁸ *la sala de estar?*

⁹ *una librería que no es nueva pero caben muchos libros y el televisor,*

¹⁰ *y cuatro sillas.*

¹¹ *da a un jardín; como ve usted mismo, no hay ninguna construcción delante de la casa,*

¹² *Está enfrente de*

¹³ *bastante silencioso,*

¹⁴ *en parte da a un patio y en parte a un callejón sin salida donde*

¹⁵ *una habitación bonita y suficientemente grande: detesto las estrecheces porque me dan la impresión de aho-garme.*

¹⁶ *así, si algún amigo suyo quiere quedarse una noche, tiene donde dormir.*

¹⁷ *también una escribanía con muchos cajones*

¹⁸ *un buen armario con espejos*

¹⁹ *dos estanterías para*

²⁰ *¿Podría usted mostrarme*

²¹ *Está allá al fondo del*

²² *fría y caliente,*

²³ *un poco chiquita pero en perfecto estado*

²⁴ *también hay una ducha y un bidé. ¿Qué le parece el piso, le gusta?*

²⁵ *está muy bien, no es excepcional pero en el fondo tiene todo lo que necesito: en realidad es lo que yo buscaba.*

²⁶ *Son 50.000 ptas. más los gastos de comunidades*

²⁷ *todos los meses antes del día cinco o, si lo prefiere, puede pagar cada seis meses por adelantado. En este caso, le haría un pequeño descuento.*

²⁸ *me quedo con él. Si usted está de acuerdo, mañana vengo para el contrato. De esta forma, me traslado la sema-na que viene.*

Los ejercicios B, C, D, y E admiten también respuestas libres.

*3. pasado: *último*;
la sierra: *la montaña*;
quiere: *desea*;
pasar: *transcurrir*;
nada: *en absoluto, para nada*;
estaban: *se encontraban, se hallaban*;
peladas: *sin vegetación, desnudas*;
arroyo: *riachuelo, torrente*;
márgenes: *orillas, bordes*;
los alrededores: *las afueras, la periferia*;
seguir adelante: *proseguir, avanzar*;
de pronto: *de repente, improvisa-mente*;
ameno: *agradable, placentero*;
amplia: *extensa, vasta*;

de poca altura: *no muy altas, más bien bajas*;
se distinguían: *se veían, se dis-cernían*;
nos dirigimos: *fuimos, nos enca-minamos*;
en lo alto: *en la parte alta, en la cumbre*;
cuando llegamos: *al llegar, una vez llegados*;
clara: *limpia, transparente, crista-lina*;
caudaloso: *con mucha agua, abun-dante*;
los pastos: *prados*;
la cordillera: *la sierra*;
en seguida: *inmediatamente*;
unos: *más o menos*;

nos encantó: *nos gustó mucho, nos entusiasmó*;
comprador: *una persona que esté dispuesta a comprar, adquisidor, cliente*;
mostraron: *enseñaron, hicieron ver*;
una planta: *un piso*;
dormitorios: *cuartos de dormir, habitaciones*;
como: *igual que*;
chiquitín: *pequeño, menudo*;
a causa de que: *porque, ya que*;
el propietario: *el dueño, el amo*;
estropeado: *medio roto, en malas condiciones*;
sin embargo: *a pesar de eso, no obstante*.

4. A) 1. adelante   2. delante   3. delante   4. delante   5. adelante   6. adelante
    B) 1. de pronto   2. pronto   3. pronto   4. pronto   5. de pronto   6. pronto
    C) 1. pero   2. sino   3. pero   4. pero   5. sino   6. pero
    D) 1. hay   2. están   3. había   4. está   5. hay   6. hay
    E) 1. desde   2. de   3. de   4. de *o* desde   5. desde   6. de
    F) 1. encima   2. arriba   3. arriba   4. encima   5. arriba   6. encima

5. Controle con el texto.

6. 1. del tejado   2. el balcón *o* el terrado   3. una buhardilla   4. la cocina   5. cuarto de baño   6. del techo   7. la pared   8. el pasillo   9. el suelo   10. la ventana *o* el balcón   11. dormitorio   12. del salón   13. garaje   14. el terrado

7. 1. llegó   2. diríjanse   3. te vayas   4. trasladaran   5. correr   6. recorrido   7. me extravié-dirigirme   8. llegado   9. se largó *o* se fue   10. se encaminaron *o* se dirigieron   11. vaya   12. llegues   13. os vais   14. mudarse   15. extraviarse   16. recorrieron   17. se largaron *o* se fueron   18. recorrido   19. corrió   20. marchan   21. encamínate *o* ve *o* vete

8. A) 1. vino-pudimos   2. pidieron-fue posible   3. tuvo-se murió   4. pusisteis-pude   5. dije   6. se cayeron
    B) 1. que   2. quien   3. quienes   4. cuales *o* que   5. que   6. cuales
    C) 1. deshechas   2. incontaminado   3. despeinado   4. increíble   5. inmoral   6. descuidada
    D) 1. algunas   2. algún   3. alguien   4. algunos   5. alguien-nadie   6. ningunos
    E) 1. contadme   2. os avisaron   3. te llamé   4. nos resultó difícil   5. tendrías que lavarte   6. enviadnos

9. Controle con el texto.

10. A) 1. al verle   2. al saber   3. al hacerle   4. al ir   5. al abrir   6. al notar   7. al salir   8. al ver
    B) 1. Las campanas eran tocadas por el sacristán.
        2. El jugador fue expulsado por su conducta.
        3. El libro de medicina fue traducido por un especialista.
        4. Los imputados fueron condenados a tres años de reclusión.
        5. El profesor enfermo fue sustituido por un suplente.
        6. El dictador y su familia fueron desterrados.
        7. El lanzamiento del satélite fue seguido por todo el mundo.
        8. Las aguas del río fueron aprovechadas para regar los campos.
    C) 1. la de   2. los de   3. los de   4. los del   5. lo del   6. las de   7. las del   8. los de
    D) 1. abriendo las persianas   2. escuchando el telediario   3. discutiendo siempre   4. dejando el coche   5. cambiando la funda   6. comprando esta máquina de coser   7. sentándonos cerca de la chimenea   8. metiendo el asado

11. 1. tiene-va   2. duelen-hago   3. estoy-es   4. vamos-nos llevamos   5. habla-levanta   6. da-sigo   7. cerráis-dais   8. se entozudece-exaspera   9. escribe-hace   10. se acuesta-enciende

Ejercicios de escritura: hacia la redacción

*1. 1. Les produce un impacto decepcionante porque se encuentran con un paisaje seco y deprimente. No hay nada de verde e incluso el río, con poquísima agua, da la impresión de estar sucio. Además las construcciones se parecen mucho a las de los barrios-dormitorios de los arrabales de cualquier metrópoli.
    2. El paisaje siguiente es todo lo contrario. Es un paisaje muy verde y algo montañoso. Se ven algunos pueblecitos esparcidos por el monte, de los que sólo destacan los campanarios de las iglesias.
    3. El pueblo donde se paran la narradora y su marido es pequeño y pintoresco; tiene una pequeña plaza y un mirador estupendo desde el que se domina todo el valle. En este pueblo encuentran

una casita en venta que responde a sus deseos y exigencias. No es muy grande, necesita algunas reformas, pero tiene la ventaja de que tiene un jardín muy mono y también un huerto con un pozo. Además la casa, como está situada en lo alto, goza de muy buena vista.

*2. 1. Son personas que aman la naturaleza, la vida al aire libre y la tranquilidad. Desean alejarse un poco del bullicio de la vida ciudadana. Les gusta la vida simple y para disfrutar de las bellezas de la naturaleza están dispuestos a prescindir de algunas comodidades.

   2. Me parece un paisaje que no tiene nada de excepcional pero es agradable y sin duda da el sosiego y la sensación de bienestar que buscan la narradora y su marido.

   3. Yo también me enamoraría de esta casita sin pretensiones pero sin duda muy graciosa. Tampoco a mí me preocuparía el hecho de tener que gastar algún dinero para repararla. Me atrae tanto el jardín como la huerta porque me encanta trabajar un poco la tierra y tener la satisfacción de comer verduras y hortalizas de mi propio huerto./ Yo no compraría jamás una casa en esas condiciones. En primer lugar hoy en día las reparaciones cuestan un dineral, sobre todo cuando se tiene que rehacer un tejado. Preferiría gastar este dinero para comprar una casa nueva. Además a mí eso de pasar las vacaciones en un pueblo tan pequeño e insignificante no me atrae nada porque a mí me gusta la vida mundana y no el retiro.

3. y 4. Controle con el texto.

5. y 6. Respuesta libre.

UNIDAD 4

Ejercicios orales

*1. 1. –Les llama a través del portero electrónico. Contesta Juan y le dice que suba un momento a saludarles. Al principio hay problemas con la puerta, pero Juan sugiere a Pilar que la empuje bien.

   2. –Juan se muestra muy sorprendido porque hacía mucho tiempo que no veía a Pilar. Dice que su esposa estará muy contenta de verla y que justo unos días antes estaban hablando de ella. Pilar cuenta que pasaba por allí por otros motivos y que se le ha ocurrido hacerles una breve visita. Juan le anticipa que Mercedes, una amiga suya, en este momento está en casa hablando con María en la cocina y que va a presentársela.

   3. –Hablan de cómo se encuentran respectivamente. Pilar comenta que María tiene muy buen aspecto quizá porque está muy morena. María le presenta a Mercedes, quien ya conocía a Pilar de oídas porque María le había hablado de ella en otras ocasiones. María le propone a Pilar que se quede a cenar con ellos. Pilar dice que no puede porque tiene mucha prisa y que va a quedarse sólo para tomar un aperitivo con ellos.

   4. –En el salón las mujeres toman un aperitivo: Pilar pide un vino blanco, Mercedes insiste en que María no se moleste, pero ésta trae aceitunas, cerveza y vino. Juan es el único que no toma nada porque dice que si come antes de cenar se le quita el apetito. Pilar hace un poco de broma sobre la gordura de Juan.

   5. –Pilar propone un encuentro en su casa para el próximo domingo. Les anticipa que va a presentarles a su nuevo novio Gumersindo. Quedan en verse a las nueve de la noche de aquel día. Pilar invita también a Mercedes, quien acepta con mucho gusto.

   6. –Juan acompaña a Pilar a la puerta y le recomienda que dé muchos recuerdos a sus padres. Juan le agradece la visita.

*2. A) Respuesta modelo libre.
     [1] *No se qué decirte... Podríamos ir al cine... O no, quizás mejor si vamos a ver aquella muestra de esculturas del Parque del Retiro. En fin, decide tú, porque a mí me da igual...*

[2] *mira, yo casi prefiero ir al cine porque están echando una película que me han dicho que es muy buena.*

[3] *Si a ti de veras te da igual, yo preferiría lo de las esculturas...*

[4] *vayamos allá. He leído en el periódico que son esculturas gigantescas de piedra y hierro y que son de escultores muy célebres. Me hace mucha ilusión. Además cuando estemos cansados, podemos ir a la cafetería del mismo Retiro y tomarnos un refresco.*

[5] *Bueno, yo francamente no estoy para helados en este momento...*

[6] *¿dónde nos sentamos: entramos o nos quedamos aquí fuera? Yo casi entraría porque aquí fuera hace mucho calor y dentro se debería de estar bastante bien porque es un local climatizado.*

[7] *hace mucho calor y veo las mesas no tienen sombrilla...*

[8] *¿la ves?, aquella debajo del árbol.*

[9] *Qué tal! ¿Cómo estás? ¡Cuánto tiempo sin vernos? ¿Qué haces tú por aquí?*

[10] *De veras, ¡cuánto tiempo hace que no nos vemos!¡Y qué casualidad encontrarnos justo aquí un domingo por la tarde!*

[11] *¿Por qué no te sientas, tomamos algo juntos y charlamos un rato, que llevamos mucho tiempo sin vernos? ¡Siéntate!*

[12] *esta noche voy a cenar a casa de unos amigos que viven fuera de Madrid y me esperan para las ocho.*

[13] *Yo he pedido un batido de vainilla y Antonio acaba de pedir un helado.*

[14] *tú, sólo que lo quiero de fresa.*

Los ejercicios A, B, C, D, E y F admiten también respuestas libres.

*3. será: *puede ser;*
un momentín: *un momento, un segundo, un instante;*
¿cómo estáis? : *¿qué tal?, ¿cómo va?, ¿cómo va la vida?;*
sabes: *¿te acuerdas?;*
estará contentísima: *se alegrará mucho, tendrá una gran alegría;*
qué se habrá hecho de: *estará haciendo, qué será de la vida de;*
pasa: *entra, adelante;*
hace falta: *es necesario, es preciso;*
estupenda: *muy bien, con un aspecto excelente;*
morena: *bronceada;*
hará: *debe de hacer,probablemente hace;*

seguro: *sin duda, indiscutiblemente;*
por cierto: *a propósito;*
encantada: *mucho gusto, encantada de conocerte;*
a veces: *algunas veces, de vez en cuando;*
justo: *sólo, nada más;*
con prisas: *deprisa, deprisa y corriendo;*
vale: *está bien:acepto, de acuerdo, okey;*
estupendo: *muy bien, es una idea excelente;*
si no: *de otro modo, de lo contrario;*
muy largo: *tengo muchas cosas que contar, es muy largo de contar;*

de haberlo programado: *si lo hubiera programado, de haberlo sabido antes;*
tu fuerte: *tu mejor cualidad, tu virtud;*
el próximo domingo: *el domingo que viene;*
a eso de: *sobre, aproximadamente a, más o menos a;*
"relámpago": *rapidísima;*
corriendo: *rápidamente, deprisa;*
maja: *guapa, bonita;*
recuerdos: *saludos;*
descuida: *puedes contar con ello, seguro.*

4. A) 1. tomes 2. cogió 3. cojo 4. tomamos 5. coja 6. cogió
    B) 1. eres-soy 2. estamos-es 3. eran 4. será 5. les-está 6. están
    C) 1. cerca 2. cerca 3. cercana 4. cerca 5. cercanos 6. cercano
    D) 1. quedaos 2. queda 3. se quedan 4. me quedan 5. se quedó 6. quédate 7. quedan
    E) 1. tráigame 2. llévale 3. he traído 4. llevar 5. traerle-traer 6. lleva
    F) 1. tampoco 2. también 3. tampoco 4. tampoco 5. también 6. también

5. 1. cazador 2. pescadero 3. joyero 4. oficinista 5. dibujante 6. pescador 7. cajero 8. revisor

6. 1. tire 2. cierra 3. se acuesta 4. entrar 5. se pone 6. ha adelgazado 7. quítate 8. bajar
    9. quitar 10. apagamos 11. termina   acaba 12. me aburrí 13. quitan 14. hemos comprado
    15. murió 16. he negado 17. acortarla 18. ha entristecido

7. 1. irrita 2. molesto-molesta 3. estorban *o* molestan 4. cansa 5. aburre 6. enfadarte 7. irrita/incordia 8. acongoja 9. importunar 10. hastía *o* aburre 11. molesta 12. enfades 13. importunes *o* molestes

8. Controle con el texto.

9. A) 1. nos han invitado 2. la encuentres-salúdala 3. os presto 4. levántale 5. al verle-le pasaba 6. le devuelvo
    B) 1. cerquita 2. ratito 3. florecillas 4. ventanilla 5. trenecito 6. lucecita
    C) 1. no te sientes 2. les ruego 3. enciendan 4. cierran 5. siento-sentís 6. tronó-temblaron
    D) 1. más calor que 2. más de *o* menos de cien mil pesetas 3. menos de lo previsto 4. más blanca que 5. más seguro que el de madera 6. es el más tonto del grupo
    E) 1. oye 2. miren 3. mira 4. escuchad 5. oye 6. mire

10. Controle con el texto.

11. A) 1. Serán las siete.
       2. No habrá estudiado bastante.
       3. Tendrá ganas de hacer broma.
       4. En esta tortilla habrá más de cuatro huevos.
       5. Serán miopes.
       6. El nene sigue haciendo pucheros: tendrá sueno.
       7. El grifo gotea: estará roto.
       8. Gasta mucho dinero: será rico.
    B) 1. ¡Qué frío hace!
       2. ¡Qué buena película!
       3. ¡Qué triste verle tan deprimido!
       4. ¡Qué inteligente es!
       5. ¡Qué repugnantes son esos gusanos!
       6. ¡Qué terrible terremoto!
       7. ¡Qué tontería!
    C) 1. Acaba de tocar el timbre.
       2. Acaban de dar el parte meteorológico.
       3. Acabo de despedirme de él.
       4. Acabo de hablar por teléfono con el fontanero.
       5. Acaba de sacar la leche de la nevera.
       6. Acaban de notificarle que han encontrado la cartera.
       7. Acaban de restaurar la catedral.
       8. Acabo de hacerlo.
    D) 1. Hace horas que no sale del cuarto de baño.
       2. Hacía años que no volvíamos al pueblo.
       3. Hace cuarenta años que no ve a sus parientes.
       4. Hace ya dos días que no fumas.
       5. Hacía varios minutos que no respiraban.
       6. Hace tiempo que no le dirige siquiera la palabra.
       7. Hace años que no renováis el pasaporte.
       8. Hace tiempo que no sabemos nada de ellos.
    E) 1. ¡Cuánto me gustaría estar contigo ahora! 5. ¡Cuánto me duelen estos zapatos!
       2. ¡Cuánto te quiere! 6. ¡Cuánto nos fatigan sus charlas!
       3. ¡Cuánta paciencia hay que tener con él! 7. ¡Cuánto nos gusta este actor!
       4. ¡Cuánto sabe! 8. ¡Cuánto pesa este paquete!

Ejercicios de escritura: hacia la redacción

*1. 1. Porque Pilar, volviendo de casa de la modista, ha pasado por donde viven Juan y María. Como llevaba mucho tiempo sin verles se le ha ocurrido subir a saludarles.

2. Hablan del tiempo que no se han visto y de cómo se encuentran recíprocamente. Luego pasan al salón y toman un aperitivo.

3. Juan acompaña a Pilar a la puerta aunque ésta insiste en que no debe molestarse. Los amigos deciden verse el domingo siguiente en casa de Pilar para cenar juntos y seguir hablando de sus vidas.

*2. 1. Es una chica muy simpática, ocurrente y extrovertida. Le gusta tener muchos amigos e ir a verlos de vez en cuando. Es un poco precipitada, hace un montón de cosas sin programarlas y por tanto va siempre deprisa y corriendo. Por lo visto le gusta la variedad porque cambia con frecuencia de novio.

2. Encuentro que es un matrimonio joven que gusta de mantener relaciones y hacer amistades. Son pues personas abiertas, afables y acogedoras.

3. Es un ambiente medio-burgués, de educación media-superior. Todos ellos revelan ser relativamente jóvenes con un gusto por la vida de relación social.

*3. ¡*Mujer*, no te pongas así, que no vale la pena!

Ha muerto aquel actor, *sabes*, el que el año pasado ganó el Oscar.

Oye, ¿qué le ha pasado a Juan, que está tan triste?

Con todos los enchufes que tiene, ganará las oposiciones, *seguro*.

Ha acabado el campeonato de fútbol; *por cierto*, ¿quién ha ganado la copa?

Si no puedes ir a su boda, *al menos* envíale un telegrama para felicitarle.

–¿Qué te parece si en vez de ir al cine vamos al teatro? –*Vale*.

–Esta noche no me apetece nada salir de casa. –*Bueno*, como quieras.

–¿Nos tomamos un café? –¡*Estupendo!*.

–Niños, hoy no puedo llevaros al parque. –¡Oh, *qué lástima!*

Oye, *maja*, ¿se lo dices a tu marido que os espero el domingo en casa?

4. Controle con el texto.

5. y 6. Respuesta libre.

UNIDAD 5

Ejercicios orales

*1. 1. –Al principio la persona que contesta al teléfono no oye nada de lo que dice Andrée porque ésta está llamando desde una cabina telefónica de París. La señora le dice que hable más alto o que llame otra vez. Luego, al saber que Andrée quiere informaciones sobre los cursos de español para extranjeros, le pasa la secretaría de los cursos.

2. –Quiere saber qué cursos se hacen en invierno y cuánto duran. La secretaria le dice que la persona encargada de ello, el señor Ruiz, en ese momento no está y por tanto le aconseja que escriba una carta; la secretaria le asegura que le contestarán por escrito. Luego le pregunta su nombre y apellidos, pero como no comprende bien lo que le dice, le ruega que deletree su nombre.

3. –Dado que a Andrée se le están acabando las fichas telefónicas, la secretaria le sugiere que llame de nuevo un poco más tarde y así podrá hablar directamente con el mencionado señor Ruiz.

* * *

4. –Andrée pide información detallada sobre la duración de los cursos de invierno destinados a los estudiantes extranjeros. También quiere que le notifiquen el precio de la matrícula y los requisitos de inscripción. Asimismo le interesa saber si durante ese período la escuela organiza conferencias, excursiones y otras actividades culturales y recreativas.

5. –Si la escuela dispone de residencias para estudiantes o si puede facilitar direcciones de familias dispuestas a acoger a estudiantes extranjeros.

* * *

6. –Le cuenta que ha decidido ir a Madrid para seguir un curso de español para extranjeros y que estará allí durante tres meses a partir de después de las fiestas de Navidad. Está muy ilusionada con este viaje y también con la familia donde vivirá durante ese periodo. Piensa que siendo una familia compuesta de padre, madre y cuatro hijos tendrá muchas oportunidades de practicar el castellano.

7. –Su intención es ver a Pilar durante los fines de semana y también a Luisa y a Carmen, dos amigas suyas españolas que no ha vuelto a ver desde hace mucho tiempo. Está segura de que todas juntas organizarán cosas divertidas y que se lo pasarán muy bien.

*2. A) Respuesta de modelo libre.

   1 *¿estoy hablando con el ambulatorio "Virgen de la Merced"?*
   2 *es la centralita del ambulatorio, ¿con quién desea hablar?*
   3 *Espere*
   4 *extensión.*
   5 *En este*
   6 *comunicando. Si puede esperar, permanezca en línea. No cuelgue. Si no, vuelva a llamar dentro de unos minutos... No, espere, ha quedado libre. Se lo paso en seguida.*
   7 *Dígame.*
   8 *María Pérez. Vine a verle con mi marido hace un par de meses, ¿se acuerda?*
   9 *¿Cómo no? ¡me acuerdo perfectamente!: usted estaba poco bien del corazón.*
   10 *ahora? ¿Tiene algún nuevo problema?*
   11 *en este momento no me pasa nada, del corazón estoy bastante bien: tomo las medicinas que usted me recetó y sigo escrupulosamente sus consejos.*
   12 *ahora no está nada bien y eso me preocupa.*
   13 *no ha tenido ánimos de levantarse*
   14 *dolores en todo el cuerpo.*
   15 *termómetro en este momento. Justo el otro día los niños jugando con él lo rompieron. Pero yo le puse la mano en la frente y mi impresión es que fiebre no tenía.*
   16 *se queja?*
   17 *la cabeza, que tiene escalofríos, que no tiene apetito*
   18 *nada, salvo beber un poco de té y algún zumo de naranja.*
   19 *preocupante. Estoy seguro de que se trata de una gripe normal y corriente.*
   20 *pasaré por su casa*
   21 *Muchas gracias,*
   22 *comprar alguna medicina*
   23 *falta. Es mejor que antes le vea. Como mucho, si le sube la fiebre, déle una aspirina.*
   24 *muchas gracias. Con lo que usted me dice me quedo un poco más tranquila. Hasta luego, entonces.*
   Los ejercicios B, C, D, E, F y G admiten también respuestas libres.

*3. hable más alto: *levante un poco la*   casi nada: *muy poco, poquísimo;*   *llame otra vez;*
    voz, grite más;   vuelva a llamar: *llame de nuevo,*   verdad: *¿no?, ¿es así?;*

hable más alto: *levante un poco la voz, grite más;*

casi nada: *muy poco, poquísimo;*

vuelva a llamar: *llame de nuevo, llame otra vez;*

verdad: *¿no?, ¿es así?;*

perfectamente: *muy bien, divinamente;*

quiere: *desea;*

le paso: *le pongo con; la conecto con;*

comunicando: *hablando;*

un rato: *poco, algún tiempo;*

se encarga: *se ocupa, es el responsable;*

siento: *lamento;*

de todos modos: *en cualquier caso, de todas formas, de todas maneras;*

su dirección: *sus señas;*

deletrearme: *decirme (su nombre) letra por letra;*

acabando: *terminando;*

eso de: *la cosa de, el asunto de, la materia de.*

* * *

mandaran: *enviaran, remitieran;*

acerca de: *sobre;*

se celebran: *tienen lugar;*

requisitos: *condiciones;*

matrícula: *inscripción;*

indiquen: *señalen, comuniquen;*

colegio mayor: *residencia universitaria.*

* * *

voy a estar: *estaré, viviré;*

contentísima: *muy feliz, muy ilusionada;*

la ilusión: *la alegría;*

compuesta: *formada, constituida;*

el matrimonio: *marido y mujer;*

jaleo: *confusión, alboroto, jarana;*

tendré ocasión de: *voy a tener ocasión de, podré;*

me cuesta bastante: *me resulta bastante difícil, tengo alguna dificultad;*

estar muy ocupada: *tener mucho trabajo, tener mucho que hacer;*

pues: *porque, ya que, puesto que;*

¡qué cara!: *qué desfachatez, qué morro, qué cara dura;*

de vez en cuando: *algunas veces, de cuando en cuando;*

un montón de: *mucho, tanto;*

¿qué tal?: *cómo estás, cómo va;*

saludos: *recuerdos.*

4. A) 1. oigo 2. siente 3. sentimos 4. oye 5. oye 6. oigo

   B) 1. dentro de 2. al cabo de 3. al cabo de 4. dentro de 5. al cabo de 6. dentro de

   C) 1. pide 2. piden 3. preguntes 4. pido-preguntéis 5. pidieron 6. pedir

   D) 1. agradecemos 2. agrada 3. agrada 4. agradeció 5. agrada 6. agradaría

   E) 1. cerca 2. acerca 3. cerca 4. acerca 5. cerca 6. acerca

   F) 1. seguro 2. seguramente 3. seguro 4. seguramente 5. seguro 6. seguramente

5. A) 1. enviándonos 2. dime 3. os prometo-os gusta 4. ponte-no te pongas 5. nos escribió dándonos 6. veros

   B) 1. vais 2. piden 3. eres 4. traigo 5. mide 6. se mueren-ven

   C) 1. cuáles 2. qué 3. quién *o* quiénes 4. qué 5. cuáles 6. cuál

   D) 1. Les dieron unas dosis de morfina muy fuertes.

   2. Son unos relojes japoneses.

   3. Compramos unos jerseyes azules.

   4. Estos coches-cama están todos reservados.

   5. Estos lápices no son nuestros sino suyos.

   6. Hicimos unos brindis por sus promociones.

   E) 1. sí, suba; no, no suba 2. sí, nademos; no, no nademos 3. sí, comed; no, no comáis 4. sí, ve; no, no vayas 5. sí, pasen; no, no pasen 6. sí, telefonee; no, no telefonee

6. Controle con el texto.

7. 1. alemanas 2. belga 3. danés 4. japonés 5. persa 6. peruana 7. noruego 8. sueca 9. brasileño 10. chinos 11. ecuatoriana 12. filipinos-marroquíes *o* marroquís *o* marruecos 13. italiana 14. francesas 15. canadiense 16. checoslovaca 17. mejicanos 18. rusos 19. polaco

8. Controle con el texto.

9. A) 1. Quiero saber cuánto duran los cursos.
        2. Deseamos que nos digan si el hotel tiene piscina.
        3. ¿Puede decirme cuánto cuesta el espectáculo?
        4. Queríamos saber si usted tiene un título de estudio.
        5. Dime si quedan huevos en casa.
        6. Comuníquenos cuántas horas extraordinarias ha hecho.
        7. ¿Podría saber si este solar es edificable?
        8. ¿Sabe usted cuánto falta para empezar el encuentro de fútbol?
   *B) 1. Si gano la lotería, dejo de trabajar y vivo de renta.
        2. Si os portáis bien os llevamos al cine.
        3. Si tiene prisa, puede marcharse.
        4. Si tienes frío, siéntate junto a la chimenea.
        5. Si me llaman por teléfono, diga que no estoy.
        6. Si no tiene tiempo ahora, hágalo más tarde.
        7. Si encuentras trabajo, podrás decir que eres muy afortunado.
        8. Si oye un ruido sospechoso, llame inmediatamente a la policía.
    C) 1. Me alegro que su hijo haya ganado el premio.
        2. Lamentamos que siga con fiebre.
        3. Agradecí que hubieran pensado en nosotros.
        4. El enfermo espera que la operación vaya bien.
        5. Deseamos que vengáis mañana.
        6. Permiten que entremos en la sala reservada de la biblioteca.
        7. La maestra está contenta de que seas muy aplicado.
        8. Rogamos que nos envíen la mercancía inmediatamente.
    D) 1. lleva cinco años sin tocar   2. llevo dos meses sin ir   3. llevamos mucho tiempo sin lavar
        4. lleva varios días sin levantarse 5. llevamos seis meses sin pisar   6. llevamos diez años sin cam-
        biar   7. llevamos un montón de tiempo sin verle   8. llevas una semana sin fumar

*10. 1. Te escribiré cuándo tenga un momento libre.
     2. Irás a la universidad cuando hayas acabado el bachillerato.
     3. Me pondré el chubasquero cuando llueva intensamente.
     4. Encenderéis la televisión cuando hayáis terminado los deberes del colegio.
     5. Planchará usted la ropa cuando esté un poco húmeda.
     6. Te haré un buen gazpacho cuando vengas a comer a casa.
     7. Nos llegará la herencia cuando hayan abierto el testamento.
     8. Será ya tarde cuando tú te decidas a hacer algo.
     9. Tendremos ocasión de hablar de ello cuando nos reunamos la próxima semana.

Ejercicios de escritura:hacia la redacción

*1. 1. Porque quiere seguir un curso de lengua española para extranjeros en España y quiere informa-
       ciones detalladas sobre los cursos, los derechos de matrícula, las condiciones de inscripción y el
       tipo de alojamiento.
    2. Al principio la persona que ha cogido el teléfono no oye bien las palabras de Andrée. Por este
       motivo ella se ve obligada a llamar de nuevo. La segunda vez se le acaban las fichas antes de
       poder conectar con el responsable de los cursos.
    3. Le cuenta que ha decidido ir a España para seguir un curso de español, que va a quedarse en
       Madrid unos tres meses, que se alojará en casa de una familia bastante numerosa con la que espe-
       ra tener ocasión de practicar el idioma. Está segura de que su estancia en España le ofrecerá la
       oportunidad de verse y de encontrar de nuevo a sus amigas Luisa y Carmen que no ve desde
       hace mucho tiempo.

*2. 1. Andrée revela ser una chica muy decidida y entusiasta. Deben de gustarle los idiomas porque tiene mucho interés en aprender bien el español. Es persona sociable y extrovertida; cultiva sus amistades con contactos personales y epistolares.

2. Que es una escuela bien organizada y seria. El personal es muy cortés y eficiente puesto que no sólo da informaciones detalladas por teléfono sino también por correspondencia. Por lo que escribe Andrée a su amiga Pilar, parece que la escuela le ha proporcionado también un alojamiento en una familia que probablemente será de su agrado y útil para su aprendizaje del idioma.

3. Yo iría porque ante todo creo que lo mejor para aprender un idioma extranjero es ir al país donde se habla. Sin embargo, creo también que es importante seguir unos cursos porque estoy seguro de que es útil conocer algunos aspectos teóricos de la lengua. Además en esas escuelas uno tiene la oportunidad de conocer a otros extranjeros con los que muchas veces es posible trabar amistad./ Yo no iría porque tengo la impresión de que en los cursos de verano se hace poco y no se aprende nada. Además habiendo muchos extranjeros, entre los cuales algunos del propio país, se acaba o por hablar el propio idioma o por hablar inglés, que es la lengua que casi siempre todos conocen. Además a mí no me gusta vivir en una residencia universitaria y menos aún en una familia que no conozco.

3. y 4. Controle con el texto.

5. y 6. Respuesta libre.

UNIDAD 6

1. y 2. Respuesta libre.

*3. no va mal: *bastante bien, regular, así así*;

cómo es eso: *por qué, cuál es el motivo de la fiesta*;

volver a ver: *ver de nuevo, ver otra vez*;

Se acaba por no ver: *se termina no viendo, uno ya no ve, uno al final no ve*;

charlando: *conversando, hablando*;

así: *de este modo, de esta forma*;

levantarse temprano: *madrugar*,

si es así: *de ser así, en tal caso, en este caso*;

pasar: *transcurrir*;

de momento: *por ahora, por el momento, en principio*;

a no ser que: *salvo que, a menos que*;

no faltaría más: *naturalmente, por supuesto, desde luego*;

alguna excusa: *algún pretexto, alguna razón para justificar que no vamos*;

tostones: *aburrimientos*;

cardo: *insociable, una persona intratable o huraña o arisca*;

estupenda: *magnífica, maravillosa, fenomenal*;

muertas: *agotadas, cansadísimas*;

alegraría: *gustaría mucho, haría mucha ilusión*;

fíjate tú: *ya ves tú, mira*;

plancha: *metedura de pata*;

se enteraba: *llegaba a tener conocimiento de ello, conocía lo que había pasado*;

tal vez: *quizás, acaso*;

alrededor de: *sobre, a eso de*;

perfecto: *de acuerdo, muy bien.*

4. A) 1. mirando 2. veo 3. mires 4. mire *o* vea 5. visteis 6. ver
   B) 1. intención 2. el intento 3. intenciones 4. un intento 5. intención 6. las intenciones
   C) 1. pensando en 2. pienso 3. piensa 4. pensando en 5. pensáis 6. piensa en
   D) 1. si no 2. sino 3. si no 4. sino 5. si no 6. si no
   E) 1. al contrario 2. más bien 3. al contrario-más bien 4. más bien 5. al contario-más bien
      6. más bien
   F) 1. tal vez 2. alguna vez 3. tal vez 4. alguna vez 5. tal vez 6. alguna vez

5. Controle con el texto.

6. 1. mal 2. dentro del 3. delante de 4. abajo 5. sobre el *o* encima del 6. mucho 7. atrás 8. después de 9. lejos 10. a la izquierda de 11. bien 12. nunca 13. delante 14. fuera 15. poco

7. 1. en cueros 2. está como una cabra 3. lata 4. puso verdes 5. es una mierda 6. fue un rollo 7. es una bicoca 8. es un pelma 9. puesto negro 10. tiene [muchos] humos 11. ¡qué morro tiene! 12. será una lata

8. 1. cuchillo 2. cucharón 3. olla 4. tenedor 5. fuente 6. sartén 7. cucharitas *o* cucharillas 8. cucharas 9. tetera 10. jarrón 11. cazo 12. colador

9. Controle con el texto.

10. A) 1. perdone 2. oigan 3. disculpa 4. oiga 5. escuchen 6. mira
    B) 1. difícilmente 2. amablemente 3. probablemente 4. fuertemente 5. inteligentemente-astuta-mente 6. evidentemente
    C) 1. — 2. — 3. el 4. — 5. — 6. — 7. — - la
    D) 1. doce-mil cuatrocientos noventa y dos 2. dieciséis-dieciocho 3. veintitrés 4. cien-ochenta y una 5. cincuenta y dos-ciento cinco 6. mil novecientos uno-mil novecientos treinta y nueva
    E) 1. doy-devuelves 2. tuve-quería 3. han traído-compramos 4. leía-se durmió 5. sabe-hizo-cortó-congeló 6. sirvió-nadaban

11. Controle con el texto.

12. A) 1. He vuelto a leer la novela y no me ha gustado.
       2. Ha vuelto a pasar el cartero.
       3. Le he vuelto a ver después de tanto tiempo.
       4. Volveremos a salir con aquellas chicas tan simpáticas.
       5. Sepan que no volveré a decírselo.
       6. Nos ha vuelto a importunar con sus manías.
       7. Te has vuelto a teñir el pelo.
       8. Si no estudias, volverán a suspenderte.
   *B) 1. así que tuvimos que llamar al socorro de carreteras 2. así que no sé qué hora es 3. así que habrá que reparar el tejado 4. así que habrá que llevarlos a la modista para que los acorte 5. así que podrá dejar el régimen que hacía 6. así que me echo un rato en la cama 7. así que se tomó un refresco 8. así que pondremos un poco de miel
    C) 1. a no ser que llueva 2. a no ser que me inviten 3. a no ser que sea mañana 4. a no ser que sea con el jefe de personal 5. a no ser que le obliguen 6. a no ser que coja 7. a no ser que le torturen 8. a no ser que me ponga anestesia.
    D) 1. a eso de las cinco 2. unos cincuenta años 3. unos cinco mil 4. unos cien metros 5. a eso de las nueve 6. unos diez millones 7. a eso de las doce 8. a eso de las diez.

13. 1. viene 2. vayas 3. están 4. estaba 5. salgáis 6. cante 7. transmitían 8. va 9. regresen 10. se quedarán

Ejercicios de escritura: hacia la redacción

1. y 2. Respuesta libre.

3. Controle con el texto.

4. y 5. Respuesta libre.

UNIDAD 7

Ejercicios orales

1. y 2. Respuesta libre.

*3. tenemos que: *debemos, hemos de*; darle la enhorabuena: *felicitarla, congratularnos con ella*; os habéis enterado: *lo habéis sabido*; en vez de: *en lugar de*; jaleo: *bullicio, alboroto, ruido de charlas y risas*; antes de nada: *ante todo, en primer lugar*; de todo corazón: *muy cordialmente, muy de veras*;

la guerra: *la competitividad, las rivalidades*; modesta: *humilde*; siempre: *de costumbre, hace siempre*; qué tal de: *cómo van*; os interrumpo: *me entrometo, corto la conversación*; querría: *quisiera, me gustaría, desearía*; el gusto: *el placer*; tutearnos: *tratarnos de tú*; poca cosa: *no mucho, casi nada*;

ha hecho muchos elogios de: *ha elogiado, ha alabado*; ¡congratulaciones!: *¡felicidades!, ¡la enhorabuena!*; marcharnos: *irnos*; un poco más: *un ratito más, unos minutos más*; la canguro: *la chica que cuida al niño*; una preciosidad: *muy bonito, precioso*; un montón de: *mucho, muchísimo*.

4. A) 1. verdadera 2. verdad 3. la verdad 4. verdad 5. verdadero 6. verdad
   B) 1. casualidad 2. el caso 3. la casualidad 4. el caso 5. casualidad 6. caso
   C) 1. en vez de 2. en cambio 3. en vez de 4. en cambio 5. en vez de 6. en cambio
   D) 1. estoy 2. fue 3. somos 4. somos-están 5. está 6. es
   E) 1. éxito 2. los sucesos 3. éxito 4. suceso 5. éxito 6. sucesos
   F) 1. desde 2. de 3. desde 4. desde *o* de 5. de 6. desde

5. Controle con el texto.

6. 1. dependientes *o* dependientas 2. gerente 3. asesor 4. chófer 5. fiscal 6. modelo 7. cirujano 8. guionista 9. azafata 10. boxeador 11. cura 12. cineastas 13. abogado 14. cocinero *o* cocinera 15. delineante 16. gestor 17. juez 18. aparejador 19. canguro 20. fontanero 21. albañil 22. mecanógrafa 23. periodista 24. ingeniero

7. Controle con el texto.

8. A) 1. al sastre 2. buey 3. gallinas 4. actor-rey 5. yerno 6. padrino-doctor.
   B) 1. tan 2. tanto-tan 3. tanto 4. tan 5. tanto 6. tanto
   C) 1. sí, tómalas; no, no las tomes 2. sí, operémosle; no, no le operemos 3. sí, sírvannoslo; no, no nos lo sirvan 4. sí, lléveselos; no, no se los lleve 5. sí, contádselo; no, no se lo contéis 6. sí, tráemela; no, no me la traigas
   D) 1. conmigo 2. ti 4. vosotros 5. sí 6. nosotros *o* nosotras 7. ellas
   E) 1. verdaderamente 2. cortésmente 3. probablemente 4. ampliamente 5. superficialmente-alegremente 6. prudentemente-atentamente

9. Controle con el texto.

10. A) 1. querríamos *o* quisiéramos 2. podría *o* pudiera 3. prestaría 4. tendrías que 5. desearíamos 6. le apetecería 7. habría que 8. no me metería
    B) 1. En este edificio se alquila un piso de siete habitaciones.
       2. En esta tienda se arreglan y tiñen zapatos viejos.
       3. Se pierde inútilmente mucho tiempo.

   4. En estas aguas se prohíbe bañarse.
   5. Se ruega silencio durante la función.
   6. Se sirven comidas de dos a cinco.
   7. En este establecimiento se lavan pieles y abrigos de piel.
   8. Durante el vuelo se venden productos libres de impuestos.
C) 1. volvería 2. testimoniarían 3. echaría 4. quitaría 5. entregarían 6. diría 7. arreglarían
   8. rompería
D) 1. Si pudiera *o* pudiese, compraría un piso.
   2. Si te encontraras *o* encontrases mejor, podrías levantarte de la cama.
   3. Si nos trajeran *o* trajesen el televisor, podríamos ver las Olimpiadas.
   4. Si hiciera *o* hiciese más calor, iría a la piscina.
   5. Si fuerais *o* fueseis andando, llegaríais antes.
   6. Si nos atacaran *o* atacasen , nos defenderíamos con todas nuestras fuerzas.
   7. Si hubiera *o* hubiese huelga de transportes, te acompañaría yo en coche.
   8. Si estuviera *o* estuviese cansado, no vendría.

11. Controle con el texto.

Ejercicios de escritura: hacia la redacción

1. y 2. Respuesta libre.

*3. El otro día vino Pepe, *sabes*, nuestro primo que vive en Londres.
   Está monísima la nena con este vestidito, ¿*verdad*, Sofía?
   Este año me voy de vacaciones al Caribe. −¡*Vaya*!
   ¡*Mira*: está nevando!
   Antes de nada, dale las gracias de nuestra parte.
   De educación tiene muy poca, *desde luego*.
   −¿Te llevas el paraguas? −Con ese tiempo, ¡*claro que sí*!
   La película era estupenda, ¿*eh que sí* María?

*4.   SUBORDINADAS FINALES
   −Tengo que ir al médico *para enseñarle* la radiografía.
   Para estar en forma, no hay como una buena dieta y mucho deporte.
   Dile que sí *para evitar* discusiones.

                          SUBORDINADAS CONSECUTIVAS
   −Nadie le ha dicho nada malo, *así que no comprendo* por qué se ha ofendido.
   En este momento no tengo tiempo, *así que es mejor* que pase mañana.
   Ha llovido mucho últimamente, *así que no hace falta* regar el jardín.

                          SUBORDINADAS CAUSALES
   −Estoy muy contento *porque te has acordado* de mí.
   Los aviones no aterrizan en el aeropuerto, *porque hay* niebla.
   Están nerviosas *porque tienen* un examen.

                          SUBORDINADAS CONDICIONALES
   −*Si pudieras* echarme una mano, te lo agradecería mucho.
   Si tuviera aquí el horario de trenes, te diría a qué hora sale el tren para Salamanca.
   Si conociera el alemán, leería las obras de Goethe en original.

5. Controle con el texto.

6. y 7. Respuesta libre.

UNIDAD 8

Ejercicios orales

1. y 2. Respuesta libre.

*3. a las puertas: *a la entrada*;
unos: *algunos, unos pocos*;
tengo la obligación de: *estoy obli-
gado a, debo, tengo el deber de*;
al diablo: *al cuerno, a la mierda,
a hacer puñetas*;
si no: *de lo contrario, de otro modo*;
no importa: *da igual, es igual, da
lo mismo*;
cortesía: *amabilidad, educación*;
no está de más: *no sobra, no es
superflua*;

porque sí: *por el mero gusto de
preguntar, inútilmente*;
con mucho gusto: *encantado, es
un placer*;
decirme: *indicarme, informarme*;
quizá: *tal vez, acaso, quizás*;
no se preocupe: *no importa, da
igual*;
qué es eso del: *qué significa esa
cosa del, qué quiere decir esa
cosa del*;
en el centro : *en el medio*;

¿Puede usted decírmelo?:
*¿Sabría usted tan amable de
decírmelo? ¿Podría usted indi-
cármelo?*;
se lo agradezco mucho: *muy
agradecido, muchísimas gracias*;
para: *que va a, que sale para*;
disculpe: *perdone*;
el despiste: *la distracción*;
la bondad: *la amabilidad, la gentileza.*

4. A) 1. cerca 2. acerca 3. cerca 4. cerca 5. acerca 6. cerca
    B) 1. atrás 2. detrás 3. atrás 4. detrás 5. atrás 6. detrás
    C) 1. el rincón 2. esquina 3. un rincón 4. la esquina 5. los rincones 6. la esquina
    D) 1. debes 2. debe de 3. deben de 4. debemos 5. debo 6. deben de
    E) 1. mucho 2. muy 3. mucho 4. mucho 5. mucho-muy 6. muy-mucho
    F) 1. agradezco 2. agrada 3. agradece 4. agrada 5. agradaría 6. agrada

5. Controle con el texto.

6. 1. manzana 2. la calzada 3. autovías 4. la acera 5. callejón-un callejón 6. la plaza 7. la boca-
    calle 8. la autopista 9. la glorieta 10. la carretera 11. camino 12. una calle 13. esquina
    14. bulevares 15. paseo.

7. 1. alegría 2. soledad 3. facilidad 4. cobardía 5. bondad-generosidad 6. valentía-libertad-autono-
    mía 7. seriedad 8. sensibilidad 9. tranquilidad 10. familiaridad

8. A) 1.— 2. — 3. unos 4. — o unas 5. — 6. — 7. — 8. una
    B) 1. pueden *o* podrán 2. pusieron-tuve 3. dijeron 4. durmió *o* ha dormido-tenía 5. habéis traído
    o trajisteis 6. detuvieron-trataban 7. sabe-se sabrá 8. compuso *o* ha compuesto
    C) 1. alguien *o* nadie 2. algún-ninguno 3. nadie-ningún 4. algún-alguno 5. ningún 6. alguien-
    algunos 7. alguien-nadie 8. algunos *o* ningunos
    D) 1. ¡Dáselas!
    2. No quiere decírmelo *o* No me lo quiere decir.
    3. Te los entregará.
    4. Se los arreglaron en una hora.
    5. Se lo deseamos.

6. Nos la están escribiendo o Están escribiéndonosla.

7. –¿Se lo regalamos? –Sí, regalémoselo.

8. Se lo ha dicho con mucho tacto.

9. Controle con el texto.

10. A) 1. quepa 2. pueda 3. cuide 4. pese 5. decida 6. cueste 7. pida 8. sepamos

    B) 1. ¿Sabes si su padre está enfadado?

       2 ¿Puede usted decirme si cierran a mediodía?

       3 ¿Puedes decirnos si las naranjas cuestan mucho?

       4. ¿Sabe usted si los señores Gómez viven aquí?

       5. ¿Tú ves si hay un guardia en la calle?

       6. ¿Tú sabes si se puede comprar directamente en la fábrica?

       7. ¿Lo sabe Teresa si hacen descuentos en aquella tienda?

       8. ¿Recuerda si he apagado la luz?

  *C) 1. Más vale que no entres.

       2. Más vale que nos sentemos aquí.

       3. Más vale que te quedes un rato más.

       4. Más vale que dejemos la tarta un ratito más en el horno.

       5. Más vale que no le digamos nada.

       6. Más vale que no comamos a deshora.

   D) 1. La lámpara está aquí para que ilumine mejor el escritorio.

       2. Te dejo las llaves en la portería para que podáis entrar.

       3. Le deletreo el nombre para que usted lo comprenda mejor.

       4. Les prestamos el libro para que lo lean ustedes.

       5. Te lo digo para que lo sepas.

       6. Le dejo aquí una nota para que no se olvide.

       7. Te dey mis gemelos para que veas mejor el paisaje.

       8. Me da sus apuntes para que los estudie.

11. 1. tienes 2. oye 3. envían 4. acierto 5. devuelve 6. apetece 7. aburre 8. encuentran 9. siento
    10. puede

Ejercicios de escritura: hacia la redacción

1. y 2. Respuesta libre.

3. 4. y 5. Controle con el texto.

6. y 7. Respuesta libre.

UNIDAD 9

Ejercicios orales

1. y 2. Respuesta libre.

*3. extraña: *sorprende, parece extraño o sorprendente;*
te toca: *estás obligada a, tienes que;*
fábrica: *factoría;*
despidieron: *licenciaron, echaron;*
suspensión de pagos: *quiebra;*
lógico: *natural;*
todo el personal: *todas las personas que trabajan en la fábrica;*
un buen mal rato: *una época muy mala o una temporada muy mala;*
conseguirlo: *lograrlo, obtenerlo;*
periódico: *diario;*
una temporada: *un período, un tiempo limitado;*
me hago perfectamente cargo: *lo comprendo muy bien;*
mucha consideración: *consideran mucho, estiman mucho;*

claro: *naturalmente, obviamente;*
desde luego: *por supuesto, es evidente que;*
me cansé: *me pasaron las ganas, me harté, me aburrí;*
me di cuenta de: *comprendí, vi;*
¿te acuerdas?: *¿recuerdas?;*
la tengo presente: *la recuerdo, me acuerdo de ella;*
hacía de: *trabajaba como, era;*
la costura: *el coser;*
puso: *abrió, montó;*
mona: *bonita, bastante guapa o atractiva;*
prácticamente: *en realidad, de hecho, en la práctica;*
me da tiempo: *tengo tiempo;*
llegarás: *probablemente llegas, debes de llegar;*
de muy mala gana: *sin ganas, con disgusto, sin gusto;*

lo mismo: *las mismas cosas, lo de siempre;*
la correspondencia: *las cartas, el correo;*
pasar: *copiar, escribir;*
cotilleo: *criticar a los demás, hablar de los demás;*
chisme: *murmuracion, enredo;*
pronto: *temprano, no tarde;*
de mañana: *de buena hora, a primeras horas de la mañana;*
del despacho: *de la oficina;*
las labores: *mis labores, el trabajo de casa;*
por fuerza: *a la fuerza, obligatoriamente;*
de momento: *por ahora, por el momento;*
quizá: *tal vez, a lo mejor;*
me ha alegrado mucho: *he estado muy contenta de, me ha encantado.*

4. A) 1. vendría 2. vengan 3. vendrá 4. van 5. iré 6. id
    B) 1. rato 2. un momento 3. el rato 4. un momento 5. un rato 6. un momento
    C) 1. necesito 2. se necesita 3. necesita 4. se necesita 5. necesitan 6. necesita
    D) 1. al pie 2. a pie 3. de pie 4. a pie 5. al pie 6. de pie
    E) 1. lejos 2. lejanos 3. la lejanía 4. lejos 5. lejos 6. al lejano
    F) 1. temporada 2. la temporada 3. la estación 4. la temporada 5. estación 6. una temporada

5. y 6. Controle con el texto.

*7. 1. colgado 2. extendamos 3. eches 4. escriba 5. dieron 6. plantado 7. fijar 8. aplique *o* extienda 9. planteado 10. colocarse *o* sentarse 11. coloquemos *o* dispongamos 12. pegue 13. dice 14. mandado *o* enviado 15. sírvanse 16. echan *o* emiten 17. dado 18. instalado 19. aparcó *o* dejó 20. supón 21. añadir 22. sube

8. 1. animado 2. radiantes 3. decepcionados 4. debilitado 5. amargado 6. deprimido-eufórico 7. exaltado 8. excitado 9. disgustados 10. desesperados 11. risueña

9. A) 1. lo de 2. lo que 3. los que 4. los de 5. los de-los de 6. la que
    B) 1. riquísima 2. pobrísimo 3. lejísimos 4. felicísima 5. feísima 6. prontísimo
    C) 1. — 2. a 3. — 4. — 5. a 6. —
    D) 1. esquies *o* esquís 2. exámenes 3. autobuses 4. veces-pasteles 5. martes-domingos 6. jerseys 7. melones
    E) 1. creéis-tenga-dice 2. propusieron 3. hicieron 4. supongamos-valga 5. ha habido *o* hubo 6. quería-supo

10. Controle con el texto.

11. A) 1. mintiera-dijo 2. tenga 3. diera-fue 4. se pueda 5. convenía 6. tuviera 7. sea 8. fuera-
     resultó

   B) 1. al cabo de 2. dentro de 3. dentro de 4. al cabo de 5. al cabo de 6. dentro de 7. al cabo
     de 8. dentro de

  *C) 1. como han trabajado mucho 2. porque hay demasiado jaleo 3. porque tienes pelo demasia-
     do largo 4. como hace mucho sol 5. como la semana que viene tenemos un examen 6. por-
     que es un caso urgente 7. como no quiere molestar a los vecinos 8. porque no sé quién es

   D) 1. tengo dicho 2. tiene usted planchada 3. tienen escritas 4. tienen guardadas 5. tenemos
     advertido 6. tiene liquidada 7. tenemos resuelta 8. tengo arregladas

12. 1. Me parecía *o* me pareció que llevaba malas intenciones.
     2. Sabíamos dónde se alojaban.
     3. Vi que había muchas personas en la cola.
     4. Cuando estaba malhumorado, no soportaba la presencia de nadie.
     5. Eran muy amables conmigo cuando me necesitaban.
     6. Intervenía cuando nadie le pedía su parecer.
     7. En cuanto alguien le contradecía, se ponía furioso.
     8. Cada vez que te bajaba la presión, tomabas las gotas.
     9. Cuando terminaban de comer, les entraba sueño.
    10. Cuando hablaba en público, me emocionaba.

Ejercicios de escritura: hacia la redacción

1. y 2. Respuesta libre.

3. y 4. Controle con el texto.

5. y 6. Respuesta libre.

UNIDAD 10

Ejercicios orales

1. y 2. Respuesta libre.

*3. deseo: *quiero, me gustaría;*
   como Dios manda: *decentes, que
   sean unas auténticas vacaciones;*
   menos mal: *por suerte, afortunadamente;*
   atroz: *terrible, espantoso, horroroso;*
   se me pone la piel de gallina:
   *ya tiemblo, me horrorizo, se me
   ponen los pelos de punta;*
   de bombero: *tontas, estúpidas, sin
   sentido;*
   aborrezco: *detesto, odio;*

les tengo terror: *me horrorizan,
   me dan muchísimo miedo;*
cara a cara: *ante, delante;*
idiotas: *tontos, imbéciles, estúpidos,
   majaderos;*
así: *en estos términos, de esta manera, de esta forma;*
antes: *más bien, antes que ir;*
adoro: *me encanta, me gusta
   muchísimo;*
niña bien: *persona de buena familia o de familia acomodada;*

cursi: *de falsa elegancia, ridícula;*
desde luego: *por supuesto, no hay
   duda de que;*
unos golfos: *sinvergüenzas, desha-
   rrapados;*
de pies a cabeza: *íntegro, cabal;*
ni más ni menos: *exactamente
   así;*
aguanto: *soporto, tolero, admito;*
apreciaba: *tenía mucho aprecio,
   tenía en estima, estimaba;*
bullicio: *jaleo, ruido, alboroto;*

asco: *aburrimiento;*
buena falta le haría: *le vendría muy bien, le haría mucha falta;*
ya no se estila: *ha pasado de moda, ya no se usa;*
dejemos: *no hablemos más de, olvidémonos de;*
estupenda: *buenísima, fantástica, magnífica;*
os apetezca: *tengáis ganas de ir, os guste, queráis;*
hubieras salido: *te parecieras;*

dos gotas de agua sois: *sois exactamente iguales;*
compaginar: *combinar para que armonicen;*
detesto: *no puedo soportar, no aguanto, no tolero;*
gentuza: *gente de bajo nivel social y educativo;*
desiertas: *completamente vacías, sin gente;*
recuerdo: *me acuerdo de;*
aislaros: *apartaros de la gente, estar*

en un lugar solitario;
vaya idea: *qué idea tan tonta, qué idea de bombero, qué tontería;*
en cuanto subo: *nada más subir, con sólo subir;*
vomitando: *devolviendo, arrojando;*
no te dice nada: *te es indiferente, no tiene ningún atractivo para ti;*
preciosa: *muy bonita, estupenda;*
pelarse: *morirse, temblar;*
si no: *de lo contrario, si no quiere, en caso contrario.*

4. A) 1. se le pusieron 2. métase 3. poneos 4. meterme 5. se mete 6. pongas 7. nos metimos
   B) 1. pleno 2. lleno 3. plena 4. lleno 5. plena 6. lleno
   C) 1. así 2. tan 3. así 4. tan 5. tan 6. así
   D) 1. quédense 2. queda 3. se quedó 4. quedasteis 5. quedan 6. queda
   E) 1. mientras 2. mientras que 3. mientras 4. mientras que 5. mientras 6. mientras
   F) 1. coge 2. cogió 3. tomó 4. cogió 5. toma 6. tomar
   G) 1. se fue 2. ir 3. se van 4. van 5. va 6. os vais

5. Controle con el texto.

*6. 1. cumple 2. trabamos 3. obtiene *o* extrae 4. abriremos 5. escribió *o* redactó 6. causado *o* producido 7. confeccionan 8. pintó 9. celebró 10. trabaja *o* ejerce 11. infligido *o* causado *o* ocasionado *o* provocado 12. nombrado 13. construyó *o* edificó 14. cometido 15. proyectan 16. guardar 17. creó 18. compuso 19. llevado a cabo *o* realizado 20. recorrido 21. construyendo *o* edificando 22. formado

7. 1. cogemos el toro por los cuernos 2. gato encerrado 3. te han dado gato por liebre 4. en menos que cante un gallo 5. estás buscando cinco pies al gato 6. no veo dos en un burro 7. con el rabo entre las piernas 8. ve el toro desde la barrera 9. matar dos pájaros de un tiro 10. estoy sin una perra 11. matar el gusanillo 12. murió como un perro

8. Controle con el texto.

9. A) 1. se le ha estropeado 2. se os ha ocurrido 3. se me ha pasado 4. se te ha encogido 5. se nos ha pegado 6. se le carió
   B) 1. intolerable 2. indiscutible 3. descuidar-irreemplazable 4. desentonan 5. desafinado 6. inconsideración-ingratitud
   C) 1. acordé-tenía 2. rogaron 3. piensas-sientan 4. encontráis 5. juegues 6. depende
   D) 1. qué 2. cuál 3. quién 4. qué 5. cuáles 6. quién
   E) 1. Nos los entregaron. 3. Te lo devolvieron. 5. Os lo aconsejó.
      2. Se la escribieron. 4. Me lo dijeron. 6. ¿Se lo concede?

10. Controle con el texto.

11. A) 1. cambiar 2. que os informéis 3. que los huéspedes estén 4. ser 5. que ustedes tengan 6. verse 7. quedarse 8. que los niños no se hagan

B) 1. y ahora ya no fuma   2. y ahora ya no los lleva   3. ya no me acuerdo de lo que me dijiste
   ayer   4. ya no le interesa   5. ya no lo publican   6. ya no se exportan   7. ya no trabajo en aquella firma   8. ya no sois amigos como antes

*C) 1. hasta ahora no ha tomado la palabra   2. te apetezca   3. estén interesados en el tema   4. os
   parezca mejor   5. más les atraiga   6. quieran participar en ese acto de beneficencia   7. por lo
   menos midan un metro setenta y no pesen más de cincuenta y cinco quilos   8. quepan

D) 1. en cuanto ve un perro   2. en cuanto se le lleva la contraria   3. en cuanto tomo una copita
   4. en cuanto salgamos de casa   5. en cuanto me levanto de la cama   6. en cuanto cobres el sueldo   7. en cuanto se seque   8. en cuanto entran

12. Controle con el texto.

Ejercicios de escritura: hacia la redacción

1. y 2. Respuesta libre.

*3. 1. deseo   2. se me pone la carne de gallina   3. aborrezco   4. les tengo terror   5. te atreves   6. quie-
ro   7. no me desagradarían   8. no contéis conmigo   9 yo antes [me quedo en casa]   10. qué te gustaría   11. yo desearía   12. adoro   13. tengo un recuerdo maravilloso   14. no aguanto   15. morirme
de asco   16. qué idea estupenda   17 vais donde os apetezca   18. detesto   19. qué horroroso
20. vaya idea   22. no te gusta   23. no te dice nada   24. podríamos [ir]   25. me encanta   26. aburrirse como una ostra   27. soportar   28. quien quiera [venir]

   1. Deseamos ir a París en ferrocarril.
   2. Cuando vi aquella película de Hitchcock se me puso la carne de gallina.
   3. Aborrezco la violencia.
   4. A las serpientes les tenemos terror.
   5. ¿Cómo se atreve usted a tutearme?
   6. Yo no quiero saber nada de este asunto.
   7. No me desagradaría nada un buen café.
   8. No contéis con él porque no es persona de palabra.
   9. Yo calmantes no tomo: antes paso la noche sin pegar ojo.
   10. ¿Qué os gustaría hacer este próximo fin de semana?
   11. Nosotros desearíamos echarnos una siesta.
   12. María adora los gatos.
   13. Tenemos un recuerdo maravilloso de los años estudiantiles.
   14. Juan es muy antipático: no le aguanto.
   15. Ha sido un viaje aburridísimo: nos hemos muerto de asco.
   16. —¿Vamos a dar un paseíto por el puerto? —¡Qué idea estupenda!
   17. Aquí están los refrescos: tomen ustedes lo que les apetezca.
   18. Enrique detesta la música.
   19. ¿Le acuchillaron con una navaja? ¡Qué horroroso!
   20. ¿Ir a Moscú en autocar? ¡Vaya idea!
   21. La verdad es que no me gusta nada el deporte.
   22. Esta película francamente no me dice nada: la encuentro muy insulsa.
   23. A mí me encantan las fresas con nata.
   24. Llevas un vestido precioso.
   25. Durante la conferencia nos hemos aburrido como ostras.
   26. Este frío no se puede soportar.
   27. Quien quiera hacer una pregunta que levante la mano.

4. Controle con el texto.

5. y 6. Respuesta libre.

UNIDAD 11

1. y 2. Respuesta libre.

*3. buenas: *buenos días o buenas tardes; muy buenas;*

atendiendo: *sirviendo;*

sirviendo: *despachando, atendiendo;*

grosera: *mal educada;*

quisiera: *querría, desearía, me gustaría;*

así: *de este modo, de esta manera;*

yo diría: *a mí me parece, tengo la impresión de;*

permita la libertad: *con su permiso, si me permite, sin deseo de ofenderla;*

no ... siquiera: *ni siquiera;*

exprese: *diga, manifieste;*

caen: *sientan, van;*

ordinarios: *vulgares, no finos, no refinados;*

lencería: *ropa interior de mujer y ropa de cama;*

vaqueros: *tejanos;*

sencilla: *simple, sin pretensiones;*

lisas: *sin adornos ni pliegues;*

horterada: *cosa de mal gusto, cosa chabacana;*

adecuadas: *indicadas, idóneas;*

contra gustos no hay disputas: *cada uno tiene sus gustos, todos los gustos son aceptables;*

bobadas: *tonterías, memeces, idioteces;*

seguro: *no hay duda, por supuesto, no cabe duda;*

no me queda: *no hay ...[porque se han vendido todas];*

mona: *bonita;*

lava y pon: *que se lava fácilmente, no se arruga y por tanto no necesita plancha;*

merece: *vale;*

¿qué precio tiene?: *¿cuánto cuesta?, ¿cuánto vale?;*

está muy bien de precio: *cuesta poco, es bastante barata;*

talón: *cheque;*

en efectivo: *con dinero y no con tarjeta o cheque, al contado;*

quiera: *desee, guste;*

¡qué cabeza!: *qué distraída, qué despistada.*

4. a) 1. atiende 2. atienden 3. asiste 4. asistimos 5. atender 6. asistieron
   b) 1. estrechar 2. aprietan 3. apretó 4. estrechamos 5. aprieta 6. estreche
   c) 1. cualidades 2. calidad 3. cualidad 4. calidad 5. calidad 6. cualidad
   d) 1. al camisón 2. camisa 3. camiseta 4. camiseta 5. camisa 6. una camiseta
   e) 1. un bolso 2. una bolsa 3. el bolso 4. una bolsa-una bolsanevera 5. una bolsa 6. las bolsas
   f) 1. la barra 2. el mostrador 3. la barra 4. del mostrador 5. del mostrador 6. el mostrador

5. y 6. Controle con el texto.

7. 1. camisón 2. bragas 3. calcetines 4. medias 5. camisa 6. falda 7. jersey 8. calzoncillos 9. blusa 10. bata 11. panty 12. abrigo 13. cazadora 14. pijama 15. sujetador.

8. 1. escuchado 2. atendiendo 3. auscultado 4. entreoyó 5. siento 6. oye 7. atiende 8. sentimos

9. A) 1. perdone 2. te molestes 3. dígame 4. permitid 5. quítanos 6. se ofenda
   B) 1. hemos revuelto-ha salido 2. han elegido 3. han resuelto 4. he leído-me he reído 5. has sabido-han dicho 6. han cerrado-han puesto
   C) 1. los más inestables de la ciudad 2. el menos aplicado de la clase 3. el más raro de la colección 4. déme las más maduras de la tienda 5. el más rápido y el menos caro de los que están aquí 6. es la menos tóxica de todas
   D) 1. convence 2. tengo 3. apetece-depende-me sienta 4. importa-cierro 5. riega 6. ladra-muerde
   E) 1. al despertador 2. el mirador 3. los labradores-los segadores 4. colador 5. un investigador 6. los jugadores

10. Controle con el texto.

11. A) 1. si viene más gente 2. si le duele la cabeza 3. si construyen un colegio aquí delante 4. si el frigorífico les satisface 5. si viene el cartero 6. si se pone nervioso 7. si quitan la luz 8. si alguien me llama mientras estoy.

B) 1. Es curioso que los pescadores todavía no hayan regresado.

2. Es raro que no salgan nunca de casa.

3. Es estupendo que les den este permiso.

4. Es imposible que hable mal de ti.

5. Es probable que el teléfono de la cabina no funcione.

6. Es extraño que esté tan enfadado conmigo.

7. Es vergonzoso que traten mal a los animales.

8. Es oportuno que tú duermas muchas horas.

C) 1. no tiene nada de extraordinario 2. no tiene nada de divertido 3. no tiene nada de elegante 4. no tienen nada de tontos 5. no tiene nada de extraño 6. no tiene nada de interesante 7. no tienen nada de originales 8. no tiene nada de cómoda

D) 1. como guste 2. como prefieran los invitados 3. como sea más rápido 4. como desees 5. como os resulte más fácil 6. como queráis 7. como ustedes juzguen oportuno

12. 1. ha decidido operarse 2. convinieron reunirse 3. ha disminuido muchísimo 4. han establecido cerrar 5. comiste 6. nació-nací 7. han sido 8. ha estudiado-han suspendido 9. estuvieron 10. he visto 11. has estado holgazaneando

Ejercicios de escritura: hacia la redacción

1. y 2. Respuesta libre.

3. Controle con el texto.

4. y 5. Respuesta libre.

UNIDAD 12

Ejercicios orales

1. y 2. Respuesta libre.

*3. el carnet: *la tarjeta, el documento;* ¡no me digas!: *¿de veras?, parece imposible, no puedo creerlo;* ya hace tiempo que habla: *lleva mucho tiempo hablando, desde hace mucho tiempo habla;* lo mismo: *igual, también puede ocurrir que;* encuentro: *opino, considero;* nos dé la gana: *queramos, consideremos oportuno;*

personificada: *en persona, encarnada;* mi opinión: *mi parecer, lo que pienso;* claro: *naturalmente, por supuesto, es evidente;* existencias: *vidas;* ser del parecer: *opinar, pensar, ser de la idea, ser de la opinión;* matizar: *distinguir;* efectivamente: *en efecto, es verdad;*

garantizar: *asegurar, dar por segura, prometer;* ¡ni pensarlo!: *no, en absoluto, ni por pienso;* pontificamos: *dictar sentencia, hablamos con demasiada seguridad y dogmatismo;* ni más ni menos: *exactamente igual;* memeces: *tonterías, estupideces, sandeces;*

no le has dejado acabar: *no les has permitido que terminara*;
como siempre: *como de costumbre, al igual que siempre*;
exactamente: *sí, ni más ni menos*;
deseo: *quiero, es mi deseo*;
perdona: *disculpa, permíteme*;
no te pongas así: *no te enfades de esta forma, no te lo tomes así*;

acaso: *quizás, tal vez, a lo mejor*;
al fin y al cabo: *en el fondo, en resumidas cuentas*;
a eso iba: *iba a decir esto, quería llegar a eso*;
ésa sí que es buena: *vaya idea de bombero, qué tontería*;
actuar:*obrar, proceder*;
todavía: *aún*;

retrógrado: *anticuado, arcaico*;
del mismo modo que: *así como. igual que*;
se despenaliza: *se deja de considerar delito, deja de ser punible*;
comparto un poco: *estoy parcialmente de acuerdo con, en parte tengo* .

4. A) 1. sabéis 2. conocen 3. sé 4. sabe 5. sabemos 6. sabes-conozco
   B) 1. porqué 2. por qué 3. porque 4. porque 5. por qué-porque 6. por qué-porque
   C) 1. para 2. por 3. para 4. por 5. para 6. por
   D) 1. también 2. tampoco 3. tampoco 4. también 5. también 6. tampoco
   E) 1. finalmente 2. en fin 3. finalmente 4. en fin 5. en fin 6. finalmente
   F) 1. quiero 2. le gusta 3. os gusta 4. quiso 5. le gusta 6. les gusta

5. Controle con el texto.

*6. 1. echan *o* proyectan 2. mandaron *o* ordenaron 3. sacaron 4. has guisado 5. se ha vuelto 6. da 7. trabaja 8. mandó *o* ordenó 9. se vuelve 10. ha causado 11. mandaremos

7. 1. recalentar 2. predispone 3. maltratar 4. impermeabilizar 5. subvalorarse 6. prevé 7. desagraviarnos 8. supervalorado 9. predijo 10. inmovilizado 11. subrayado 12. deshacer 13. releer 14. malgastar 15. presuponen 16. sobreponerlas *o* superponerlas 17. desacreditarnos 18. sobrepasan 19. desalentar 20. preexistían 22. subarrendar 23. desalojar 24. inutilizado 25. premeditado 26. imposibilitado 27. sobreedificar 28. presentía 29. malcriar 30. recomienzan

8. A) 1. enciéndala 2. decírselo 3. se lo prohibieron 4. os lo enviaremos 5. lo dijeron 6. devolvédnosla
   B) 1. sepa-pudieron-estaban 2. seáis-tendréis-dé 3. trajeron *o* han traído 4. quepan 5. vienes *o* vendrás 6. tuve
   C) 1. no cerréis 2. no vengáis 3. no pongas 4. no escribas 5. no le digáis 6. no hirváis
   D) 1. las del 2. el que 3. lo del 4. lo que 5. las del-las del-las que 6. el de
   E) 1. mejores 2. peor 3. inferior-superior 4. superior 5. mayores 6. menor

9. Controle con el texto.

10. A) 1. hace unos días que está resfriado 2. hace un mes que va 3. hace un montón de tiempo que llueve 4. hace más de seis años que estudia 5. hace varias semanas que vengo diciéndoles 6. hace una hora que te espera 7. hace dos años que está encerrado 8. hace diez años que viven
    B) 1. uno no sabe 2. uno se pregunta 3. uno no sabe 4. uno duerme 5. a uno le pasan las ganas 6. uno no siempre tiene ganas 7. uno desearía
    C) 1. va a salir 2. van a podar 3. vamos a encuadernar 4. vamos a llamar 5. voy a colgar 6. te voy a dar 7. vais a presentar 8. te vas a doctorar
    *D) 1. para que *o* a fin de que puedas planchar las camisas de tu marido 2. para que *o* a fin de que no se disgustara 3. para que *o* a fin de que todo el mundo le oyera 4. para que *o* a fin de que nadie supiera que estaba allí 5. para que *o* a fin de que no se oyeran los ruidos de los demás inquilinos 6. para que *o* a fin de que se mueran las hormigas que nos han entrado en la cocina

7. para que *o* a fin de que podamos asar las sardinas 8. para que *o* a fin de que la cosecha sea más abundante

11. 1. dan 2. comas 3. concedan *o* hayan concedido 4. podamos 5. se ducha 6. paguen 7. compráis 8. instalen 9. esté 10. oiga

Ejercicios de escritura: hacia la redacción

1. y 2. Respuesta libre.

3. y 4. Controle con el texto.

5. y 6. Respuesta libre.

UNIDAD 13

1. y 2. Respuesta libre.

*3. esto es seguro: *desde luego, no hay duda, por supuesto*;

puede que: *es posible que, probablemente, quizás*;

un par de: *unos dos metros*;

conjeturas: *suposiciones, hipótesis*;

violencia ninguna:*ninguna violencia, violencia alguna*;

encima de: *sobre*;

grageas: *pastillas, píldoras*;

fallecido: *muerto*;

medianoche: *las doce de la noche*;

colillas: *extremos de cigarros o cigarrillos fumados*;

opino: *pienso, soy de la opinión, juzgo*;

despistarnos: *desorientarnos, hacernos creer lo que no es*;

por partes: *una cosa tras otra, en orden*;

a ver: *veamos*;

raro: *extraño, curioso*;

para mí: *en mi opinión, a mi juicio, a mi modo de ver*;

eso es todo: *no ha ocurrido nada más que eso, no hay más que eso*;

genio: *persona de excepcional inteligencia*;

digitales: *de los dedos de las manos*;

me figuro: *me imagino, supongo, conjeturo*;

pillo: *astuto, tuno*;

una nota firmada: *un breve escrito firmado o suscrito*;

una discusión: *una disputa, un altercado, una riña*;

llegaran a las manos:*se pegaran, se golpearan*;

preciso: *exacto, fiel, ceñido;*

ordenado: *puesto en orden, arreglado*;

seguramente: *probablemente, a lo mejor, quizás*;

adrede: *de propósito, intencionalmente, expresamente, deliberadamente*;

riña: *pelea, disputa*;

sigan: *continúen*;

mientras: *mientras tanto, entre tanto, durante ese tiempo*;

¡ahora me lo dice!: *¡me lo dice sólo ahora!, ¿no podía decírmelo antes?, ¡a buena hora me lo dice!*;

anoche: *ayer por la noche*;

salvo a: *excepto a, a excepción de, con exclusión de*;

nada: *en absoluto, para nada*;

nos atenemos a: *consideramos exclusivamente, tenemos en cuenta sólo.*

4. A) 1. seguro-seguramente 2. seguro 3. seguramente 4. seguro 5. seguro-seguramente 6. seguramente

B) 1. de vez en cuando 2. de una vez 3. tal vez 4. de vez en cuando 5. de una vez 6. tal vez

C) 1. antes 2. antes de 3. antes de 4. antes de 5. antes 6. antes

D) 1. tanto-tan 2. tan 3. tanto 4. tanto 5. tanto

E) 1. son 2. está 3. está 4. son 5. está-ha sido 6. está

F) 1. pero 2. sino 3. pero 4. pero 5. sino 6. sino

5. Controle con el texto.

6. Controle con el texto.

7. 1. estrangulado 2. ahorcó 3. envenenada 4. sofocaron 5. ejecutado 6. decapitados 7. acuchillaron 8. fusilados 9. disparó 10. degollado

8. 1. mortal 2. nupcial 3. parciales 4. dictatoriales 5. renal 6. genial 7. invernal 8. ambiental
9. real 10. fraternal   11. oral 12. nasales

9. A) 1. están poniendo 2. estuvo contradiciéndose 3. estuvieran haciendo 4. están disminuyendo
    5. estoy pidiendo-estáis tramando 6. están trayendo
  B) 1. ninguna 2. alguna-ninguna 3. algunos-algunos 4. alguien-algunos-algunas 5. ningún
    6. ninguna *o* alguna
  C) 1. veréis-querrá 2. se pelearán 3. os pondréis 4. valdrá 5. saldrá-hará 6. diremos
  D) 1. tan húmedo como 2. tantos bombones como 3. más aburrido que 4. menos que 5. menos
    frío que 6. tantas llamadas como
  E) 1. deje; no deje 2. levantaos; no os levantéis 3. sentémonos; no nos sentemos 4. ponte; no te
    pongas 5. reduzcan; no reduzcan 6. encienda; no encienda 7. dime; no me digas 8. traed;
    no traigais 9. sal; no salgas 10. pidamos; no pidamos.

10. Controle con el texto.

11. *A) 1. No digas a nadie cuánto dinero tienes en el banco.
      2. Explíqueme cómo funciona este aparato.
      3. Díganos cuál es su nuevo número de teléfono.
      4. Declare qué lleva en la maleta.
      5. Diga cómo se llama y cuál es su dirección.
      6. Nadie sabe cómo resolver el problema.
      7. Desconocemos cuáles son las personas responsables de este homicidio.
      8. Nadie conoce qué proyectos tiene para el futuro.
  B) 1. toque 2. sienta 3. estén 4. estás 5. padece 6. mejora 7. haga 8. pasan
  C) 1. Aquí habrá unas cien personas.
      2. El pueblo está a oscuras:habrá habido un apagón.
      3. Habrán tenido dificultades económicas y por eso habrán vendido algunos terrenos.
      4. Este chalé valdrá mucho.
      5. Se habrá quitado la vida en un momento de desesperación.
      6. Se habrán casado muy jóvenes.
      7. A juzgar por la humedad del terreno, habrá llovido mucho.
      8. No se siente bien: algo le habrá sentado mal.
  D) 1. Nos parece extraño que todavía no le hayan pagado.
      2. Es normal que en esta casa el portero electrónico no funcione.
      3. Nos parece imposible que Anita sea cruel.
      4. Es increíble que todavía no haya madurado la fruta.
      5. Es meritorio que se haya comportado con tanta generosidad.
      6. Es estupendo que hayan obtenido la medalla de oro.
      7. Nos parece oportuno que os aseguréis contra todo tipo de infortunio.
      8. Es necesario que ahorremos un poco.

12. 1. Aseguró que vivía en una pensión baratísima.
  2. Me di cuenta que reías cuando estaba hablando.
  3. Supuse que la bicicleta tenía una rueda deshinchada.

4. Vimos que el pescado no estaba fresco.

5. Notaron que se había teñido el pelo de rubio.

6. Dijo que su empleo le aburría.

7. El cirujano aseguró que había que operar.

8. ¿Creíste que decía la verdad?

9. Reconocí que la culpa no era suya.

10. Por lo que nos dijeron supimos que nos traicionaste o habías traicionado más de una vez.

Ejercicios de escritura: hacia la redacción

1. 2. y 3. Respuesta libre.

4. Controle con el texto.

5. y 6. Respuesta libre.

UNIDAD 14

1. y 2. Respuesta libre.

*3. los de: *las personas de, la gente que vive;*

martillazos: *golpes de martillo;*

tolerar: *soportar, aguantar, admitir;*

en seguida: *inmediatamente, ahora mismo;*

estoy harto: *estoy cansado, no puedo más;*

las juergas: *las diversiones ruidosas, jarana. jolgorio, escándalo;*

sacamos nada: *obtenemos ningún resultado;*

¡ni hablar!: *ni pensarlo, no estoy de acuerdo para nada;*

uno no se queja: *no nos quejamos, que no decimos nada, que aguantamos;*

chorreando: *que gotea, tan mojada que cae el agua de ella;*

encima: *además, por si no bastara;*

te enfadas: *te irritas, te enojas, te pones furioso;*

correcto: *educado;*

consideración: *respeto;*

madrugadores: *que se levantan muy temprano;*

por cierto: *a propósito, a raíz de lo que estamos hablando;*

¡no me diga!: *¡qué me dice?, ¿de veras?;*

la amabilidad: *la cortesía, la gentileza;*

descuide: *no se preocupe, esté usted tranquilo que lo haremos así;*

se hace cargo: *lo comprende, lo entiende, se da cuenta de la situación;*

hay que: *hace falta, es necesario;*

tengo que: *he de, debo;*

perdonarnos: *disculparnos, excusarnos;*

sin querer: *involuntariamente, sin hacerlo adrede, sin hacerlo de propósito;*

franqueza: *sinceridad, libertad.*

4. A) 1. es 2. somos 3. eran 4. es 5. estamos-está 6. estás

B) 1. hay que 2. necesitamos 3. había que 4. necesitan 5. hubo que 6. necesitáis

C) 1. de-desde-de 2. de o desde 3. de 4. desde 5. desde 6. de

D) 1. convertirse 2. se puso 3. se convirtieron 4. se pusieron 5. convirtiéndose 6. se convirtió

E) 1. tenía 2. tiene 3. tiene 4. ha 5. hay 6. tiene

F) 1. nos enteramos 2. te das cuenta 3. se da cuenta 4. se da cuenta 5. os dais cuenta 6. me he enterado

G) 1. por cierto 2. cierto 3. ciertamente 4. ciertamente 5. cierto 6. por cierto

5. Controle con el texto.

6. A) 1. te has puesto o te pusiste 2. pudo-dijo-tenía 3. quiero-salgas 4. trajisteis o habéis traído 5. creemos-valga 6. supieron.

B) 1. se los muestro 2. os lo dijeron 3. me la vendió 4. nos la prestaron 5. se la sacó 6. se lo entregó

C) 1. se me rompió 2. se me ocurre 3. se nos ha puesto 4. se le ha escapado 5. se os volcó 6. se le han caído

D) 1. sí, pongámosla; no, no la pongamos 2. sí, dígaselo; no, no se lo diga 3. si vete; no, no te vayas 4. sí, ayudadnos; no, no nos ayudéis 5. sí, tráiganoslo; no, no nos lo traiga 6. sí, ciérrenla; no, no la cierren

E) 1. este-éste-aquél 2. aquél 3. esto 4. este-aquél 5. esto 6. aquello

7. 1. porrazos 2. un balonazo 3. el pistoletazo 4. flechazo 5. un arañazo 6. puñetazos 7. latigazos 8. flechazos 9. un plumazo 10. codazos 11. un porrazo 12. portazos 13. cañonazos 14. cabezazos *o* porrazos

*8. 1. publica *o* produce 2. compra 3. extrae 4. deduce *o* desprende 5. extrae 6. nombres *o* menciones 7. conseguir *o* lograr 8. produce *o* fabrica 9. obtenido *o* conseguido *o* logrado 10. extrajeron *o* arrancaron

9. Controle con el texto.

10. A) 1. Como no has comprado el periódico lo compraré yo.
2. Como es Pascua, hay que hacer una limpieza a fondo de la casa.
3. Como no me han visto, no me han saludado.
4. Como oigo mal, tendré que hacer un control del oído.
5. Como se nos ha roto el secador, compraremos uno nuevo.
6. Como no le han dado los caramelos, se ha echado a llorar.
7. Como padece del corazón, se fatiga fácilmente.

B) 1. Le aconsejo que se siente más cerca de la pantalla.
2. Os rogamos que soltéis al pájaro.
3. Te ruego que me des un cigarrillo.
4. Les pidieron que ataran al perro.
5. Dile que vengan mañana.
6. Aconsejadle que se ponga la bufanda y los guantes de lana.
7. Os ordenamos que salgáis de esta habitación.
8. Pídanles que les dejen entrar.

C) 1. vengas 2. haga 3. tomes 4. llegue 5. venga 6. sea 7. tengáis 8. dé

D) 1. como si estuviera loco 2. como si fuera extranjera 3. como si tuviera razón 4. como si fuera el dueño de la casa 5. como si me estuviera acusando 6. como si lo persiguieran 7. como si tuviera 8. como si viviera

11. 1. obedeces 2. hubiera estado 3. gusta 4. hubierais sido 5. tuviera 6. deseas 7. tuvieran 8. teme 9. hubiera sabido 10. supiéramos

Ejercicios de escritura: hacia la redacción

1. y 2. Respuesta libre.

*3. 1. *Créeme*, no le digas que está tan enfermo.
2. ¿Yo ir a su casa para pedirles disculpas? *¡Ni hablar!*
3. En la oficina no da golpe y *encima* pretende que le aumenten el sueldo.
4. –¿Qué estás leyendo? –*Nada*, estos prospectos que me han metido en el buzón de casa.

5. —¡Señorita, no tenía que sentarse encima de mi sombrero!—¡Oh, sí, *claro está*, no me he dado cuenta! Lo siento mucho.

6. He encontrado a Luisa y la he visto muy envejecida: *por cierto*, ¿cuántos años tiene?

7. ¿Le han condenado a pena capital? *¡No me diga!* ¡Pero si parecía inocente!

8. ¿Quiere que se lo diga yo?: *descuide*, lo haré con mucho gusto.

4. Controle con el texto.

DESDE QUE...

*5. 1. Se ha traslado a la capital desde que es miembro del Parlamento.

2. Desde que han cerrado la calle al tráfico, esta casa es muy silenciosa.

3. Desde que te has teñido el pelo pareces mucho más joven.

4. No he vuelto a coger el tren desde que he sacado el carnet de conducir.

5. Desde que se ha muerto su marido parece otra.

CUANDO

1. Cuando empieza a hacer el tonto, es insoportable.

2. Cuando hace buen tiempo, tendemos la ropa en el jardín.

3. Se pone siempre muy nervioso cuando habla en público.

4. Cuando estoy en Madrid me gusta pasear por el Retiro.

5. Se me rompieron las gafas cuando se me cayeron al suelo.

6. y 7. Respuesta libre.

UNIDAD 15

Ejercicios orales

1. y 2. Respuesta libre.

*3. menudo golpe: *vaya golpe, qué golpe, qué porrazo, qué golpe tan fuerte*;

por poco éste nos mata: *faltaba poco que nos matara, éste casi nos mata*;

va a oírme: *oirá lo que voy a decirle, voy a cantarle las cuarenta, lo voy poner verde*;

como una catedral: *enorme, muy grande, grande como una casa*;

medir las palabras: *ponga usted cuidado en lo que dice, controle sus palabras*;

un incompetente: *incapaz, una persona que no tiene la capacidad, aptitud o competencia para hacer lo que hace*;

un retrasado mental: *tonto, idiota, imbécil*;

no te pongas así: *no te enfades tanto, cálmate*;

destroza: *destruye, rompe, hace añicos*;

rasguños: *señales de raspadura, arañazos, raspaduras*;

para tanto: *motivo para ponerse tan furioso, razón de enfardarse de esta forma*;

¡qué va!: *no, ni mucho menos, todo lo contrario*;

¿a que sí?: *verdad que es así, seguro que vas a sostener eso*;

en mi vida: *jamás, nunca, a lo largo de toda mi vida*;

un granuja: *un sinvergüen-za, una canalla, un delincuente*;

a la porra: *al cuerno, al diablo, a la mierda*;

se ha largado: *se ha ido, se ha marchado, se ha escabullido*.

4. A) 1. oyeron 2. siento 3. oía *u* oían 4. siente 5. oiga 6. oye

B) 1. la carretera 2. los caminos 3. la calle 4. las calles 5. la carretera 6. calle

C) 1. la culpa 2. faltas 3. un fallo 4. culpa 5. culpa 6. falta

D) 1. os metáis 2. me pongo 3. se metió 4. se ha metido 5. póngase 6. no te pongas

   E) 1. aún 2. aun 3. aún 4. aun 5. aun 6. aún
   F) 1. cojo 2. tomó 3. coged 4. cogió 5. tomó-coger 6. cojan

5. Controle con el texto.

6. 1. una cabra 2. una pluma 3. el agua 4. el plomo 5. una piedra 6. un tomate 7. el pan/ burros/ un gamo 8. una tapia

7. 1. agrietado 2. desmenuzar 3. fracturó o rompió 4. moliendo 5. aplasta 6. desmenuzamos 7. picado 8. rasgar 9. rompieron 10. cortes 11. moler-triturar 12. cortar 13. agrietado 14. rallar 15. machacar 16. agrietado 17. rasgó 18. rallar 19. aplastaba 20. triturar 21. machacando

8. Controle con el texto.

9. A) 1. suya-mía 2. tuyos 3. míos 4. nuestros 5. suyos 6. vuestra
   B) 1. cerrar bien 2. no fumar 3. no decir 4. no subir 5. no pegar 6. no discutir
   C) 1. ningunas-nadie 2. algunos-ninguna 3. alguno 4. algunos-ninguno 5. alguien 6. alguien-nadie
   D) 1. vuelto 2. dicho 3. traído 4. habido 5. escrito 6. puesto
   E) 1. al 2. al 3. a 4. — 5. al 6. —

10. Controle con el texto.

11. A) 1. voy a bajar 2. va a nevar 3. van a construir 4. se lo voy a decir 5. van a quitar 6. vamos a ir/ va a soportar 7. vas a perder
    B) 1. uno vive 2. uno acaba por perder 3. uno no sabe qué creer 4. uno aguanta mucho 5. uno se coge 6. uno no sabe 7. uno se pregunta 8. uno se desanima
    C) 1. lo bueno es que 2. lo mejor de este pueblo es que 3. lo peor es que 4. lo malo es que 5. lo trágico fue que 6. lo divertido era que 7. lo difícil es 8. lo terrible es que
    *D) 1. hablando consigo mismo 2. escuchando la radio 3. comprándole con su dinero 4. gesticulando 5. durmiendo 6. llorando 7. temblando 8. suspirando

12. Controle con el texto.

Ejercicios de escritura:hacia la redacción

1. 2. y 3. Respuesta libre.

4. es un solemne idiota/ como un loco/ qué cara dura que tiene éste/ medir las palabras y no gritar tanto/ eres un incompetente/ un retrasado mental/ ¡qué desfachatez que tiene el tío este!/ no te pases de listo/ sinvergüenza/ te rompo la cara/ un granuja como tú/ te doy un puñetazo/ vete a la porra/ idiota/ grosero/ desgraciado

5. Controle con el texto.

6. y 7. Respuesta libre.

UNIDAD 16

Ejercicios orales

1. y 2. Respuesta libre.

*3. ¡por fin!: *finalmente, era hora;*
qué se ha hecho del: *qué le habrá pasado al, qué será de la vida del;*
pasado: *ocurrido, sucedido, acecido;*
¡vaya!: *¡qué me dice! ¡cuánto lo siento!;*
no se sabe: *se desconoce, se ignora;*
montones de: *muchísimos, un gran número de;*
se aclara: *comprende bien lo que pasa, tiene las ideas claras sobre el asunto;*

los chicos: *los hijos;*
tremendo: *muy grande, enorme;*
la carrera: *los estudios;*
listo: *inteligente, avispado;*
no le falta: *tiene, la posee;*
¡qué se le va a hacer!: *qué se puede hacer, no se puede remediar;*
no me prueba nada: *me perjudica, no favorece mi estado de salud;*
ir al tanto: *tener cuidado, estar con mucha atención;*

del nerviosismo: *de los nervios, del stress;*
habría que: *sería necesario, sería oportuno;*
no hacen ninguna gracia: *no son nada agradables, no gustan a nadie, producen miedo;*
tranquilo: *en paz, sin preocupaciones, con tranquilidad;*
saludos: *recuerdos;*
ojalá: *esperemos que.*

4. A) 1. por fin 2. en fin 3. por fin 4. en fin 5. por fin 6. en fin
    B) 1. tanto   2. tan 3. tan 4. tanto 5. tanto 6. tanto
    C) 1. traigo 2. lleva 3. traigáis 4. trajeron 5. lleva 6. llevar
    D) 1. faltan 2. hace falta 3. falta 4. hace falta 5. faltan 6. hace falta
    E) 1. ni siquiera 2. ni siquiera 3. tampoco 4. ni siquiera 5. tampoco 6. siquiera
    F) 1. en el fondo 2. al fondo 3. en el fondo 4. al fondo 5. en el fondo 6. en el fondo 7. al fondo

5. Controle con el texto.

6. 1. c C/. Mallorca-dcha. 2. Apdo. 3. s.f. 4. Sto.-Sta. 5. Vds. 6. P.D. 7. Pº. 8. Ptas. 9. Rte.
    10. Cía. 11. V.B. 12. Av. *o* Avda. 13 fra. 14. izda. 15. S.A. 16. s.e.u.o.

7. 1. enriquecerse-empobrecido 2. agravar 3. adelgazar 4. espesar 5. engordado 6. alargar 7. envejecer 8. blanquearon 9. empeora 10. entristeció 11. enloqueció 12. humedecieras 13. palideció

8. Controle con el texto.

9. A) 1. digo-salgas 2. oyó-rió 3. fue-anduvo 4. supieron-hicieron 5. digo-pongas 6. describieron
    B) 1. horroroso-entristecedor 2. consoladora 3. investigadora 4. temerosa 5. bondadosa 6. iluminadora
    C) 1. paréntesis 2. chalés 3. chóferes 4. revólveres 5. tesis 6. clubes-martes-viernes
    D) 1. nos levantamos-nos acostamos 2. os ofendáis 3. se pongan *o* se hayan puesto 4. te asustaste 5. os largasteis 6. se escondió *o* se ha escondido
    E) 1. vosotros *o* vosotras 2. él-ti 3. nosotros *o* nosotras 4. consigo misma 5. mí 6. usted

10. Controle con el texto.

11. A) 1. Hace muchos veranos que no voy de vacaciones.
        2. ¿Hace quince días que no te lavas el pelo?
        3. El cazador hace algunas horas que no ve ni una sola ave.
        4. Hace una temporada que no exportan a Estados Unidos.
        5. Hace demasiados años que no hacemos reformas en la tienda.
        6. Hace un montón de tiempo que no voy al teatro.
        7. ¿Hace mucho tiempo que ustedes no salen del país?
        8. Hace bastante rato que los chicos no alborotan.

B) 1. ¡Cuántos años tiene!   5. ¡Cuánto ha llovido!
    2. ¡Cuánto trabaja!   6. ¡Cuánto nos ha costado este cuadro!
    3. ¡Cuánto lo sentimos!   7. ¡Cuántos inconvenientes tiene vivir aquí!
    4. ¡Cuántas cosas sabe!   8. ¡Cuánto sufre!

*C) 1. ya la ha terminado 2. ya se han casado 3. ya verá que todo se arreglará 4. ya lo han deci-
    dido 5. ya se lo subiremos 6. ya vendrá mañana 7. ya estoy pensando en ello 8. ya la
    hemos solicitado .

D) 1. ¡Que ganes la competición!   5. ¡Que se diviertan!
    2. ¡Ojalá el tren no lleve retraso!   6. ¡Ojalá me toque el gordo de la lotería!
    3. ¡Que paséis felices Pascuas!   7. ¡Que le salga bien el experimento!
    4. ¡Ojalá no le ocurra nada malo!   8. ¡Ojalá apruebe los exámenes!

12. 1. acabó llorando 2. va diciendo 3. sigue trabajando 4. acabó gritando 5. sigo haciendo 6. acabó
atracando 7. sigue sosteniendo 8. siguen preocupándose 9. acabó convirtiéndose 10. se van cal-
mando

Ejercicios de escritura: hacia la redacción

1. y 2. Respuesta libre.

3. Controle con el texto.

4. *interés* :¿qué se ha hecho del señor Suárez?/ qué tiene, si no es indiscreción/ y ustedes, ¿qué tal?/
no sabía eso de la úlcera/
participación: mi más sincero pésame/ si en algo puedo serle útil/ estamos a su disposición
compasión: sí que lo siento/ no sabe cuánto lamento estas malas noticias
augurio: que tenga mucha suerte/ le deseo mucha suerte/ que le vayan bien las cosas/ esperemos
que no tengan que operarle/ que se mejore y se restablezca pronto/ ya verá que todo pasa/ que
pasen unas buenas vacaciones/ suerte con la úlcera/ mucha suerte también a ustedes

5. Controle con el texto.

6. y 7. Respuesta libre.

UNIDAD 17

Ejercicios orales

1. y 2. Respuesta libre.

*3. tengo que: *debo, he de, necesito*;
supongo: *imagino, pienso, creo*;
lleven: *conduzcan, se dirijan, vayan*;
queda: *está, está situado, cae*;
usted mismo: *haga usted lo que crea oportuno, elija usted lo que crea*;
puede que tenga: *es posible que*

tenga, a lo mejor tiene, quizás tiene*;
advierto: *aviso, hago presente, informo*;
¿verdad?: *¿no?, ¿no es así?, ¿ a que sí?*;
esté bien; *sea bastante bueno, sea de una buena categoría*;
la pasta: *dinero*;

abuso de: *aprovecho de, uso exce-sivamente*;
hacia la misma dirección: *hacia allá, para allá, a aquella parte*;
se encuentra: *está, se halla, hay*;
lo justo: *la parte indispensable, lo estrictamente necesario, lo impres-cindible*;
vaya: *es decir, eso es, vale decir*,

ahora mismo: *inmediatamente, en este momento, en seguida*; corriendo: *de prisa, sin tardar, sin demora*; apresúrese: *dése prisa, no se retrase, no se demore*; que lo pase usted muy bien: *le deseo que tenga usted una* buena estancia, *le deseo que se divierta*; adiós: *hasta luego*.

4. A) 1. ir-voy 2. vendrá 3. venid 4. fuimos 5. vaya 6. venir-venga
    B) 1. hay que-hay que 2. tengo que 3. tienes que 4. hay que 5. tuvimos que 6. hay que
    C) 1. muy 2. múcho-muy 3. mucho 4. mucho 5. mucho 6. mucho-muy
    D) 1. lejos 2. lejanas 3. lejos 4. lejana 5. lejos 6. lejos
    E) 1. así 2. tan 3. tan 4. así 5. tan 6. así
    F) 1. es 2. está 3. está 4. es 5. es 6. estoy

5. 1. los científicos 2. un jardinero 3. un ejecutivo 4. planchadora 5. el conductor 6. el carnicero 7. una niñera 8. reclusos 9. el barquero 10. dibujante.

6. 1. sobrado 2. faltan 3. hacer un mal papel 4. permaneció 5. faltan 6. faltan 7. convenido *o* acordado 8. permaneció 9. está *o* está situada *o* se encuentra 10. hiciste un buen papel 11. se volvió 12. apoderarse de 13. permanecemos 14. sobran 15. acordaron *o* convinieron

7. A) 1. Les dieron unas dosis de morfina muy fuertes.
        2. Son unos relojes japoneses.
        3. Cayendo se nos rompieron los esquís *o* esquíes.
        4. Compramos unos jerseys azules.
        5. Nos gustan estos pasteles de almendras.
        6. Siguen unos regímenes alimenticios muy irracionales.
    B) 1. que 2. quienes 3. las cuales 4. cuyas 5. al cual 6. los cuales
    C) 1. nada 2. todos-nada 3. todo-todo 4. todo 5. todos 6. nada-todos
    D) 1. te la dieron   2. se las notifiqué 3. se lo vendieron 4. nos la regalaron 5. póngaselos 6. devuélvanoslo
    E) 1. sí, ríñalo; no, no lo riña 2. sí, regadlos; no, no lo reguéis 3. sí, tráelos; no, no los traigas 4. sí, cópiela; no, no la copie 5. sí, conduzcamos más despacio; no, no conduzcamos más despacio 6. sí, huyan; no, no huyan

8. Controle con el texto.

9. A) 1. Tendrá cuarenta años.   5. Se habrá terminado la carga del bolígrafo.
        2. Aquí cabrán más de veinte personas. 6. Me habrán denunciado.
        3. Es un jarro muy fino: será de cristal. 7. Es alta y rubia: será sueca.
        4. Esta joya será muy antigua.   8. Le habrán echado de la fábrica.
    B) 1. Puede que vayamos mañana.
        2. Puede que le acusen de homicidio voluntario.
        3. Puede que tenga cáncer.
        4. Puede que este cuadro sea falso.
        5. Puede que la empresa le envíe al extranjero.
        6. Puede que haya mucha gente esquiando en esta pista.
        7. Puede que no haya comprendido bien lo que le hemos dicho.
        8. Puede que esté entrenándose.
    C) 1. fumaría 2. seríamos 3. aconsejaría 4. tendrías 5. apetecería 6. querríamos 7. echaría 8. sería
    *D) 1. que tengan ustedes un buen viaje 2. que os divirtáis 3. que descanses bien 4. que se alivie 5. que Dios le ayude 6. que tenga usted mucho éxito 7. que tengáis mucha suerte 8. que en paz descanse

*10. 1. Yo que usted tomaría una aspirina.
    2. Le aconsejamos que lo devuelva a la fábrica.
    3. Nosotros lo que tenemos que hacer es coger un taxi.
    4. Lo que tienen que hacer los gobiernos es empeñarse seriamente en esta cuestión.
    5. Yo le aconsejaría que se llevara el paraguas y el chubasquero.
    6. Yo en su lugar haría un pediluvio con bicarbonato.
    7. Les aconsejo que se acuenten cuanto antes.
    8. Os aconsejamos que instaléis aire acondicionado.
    9. Yo que usted tomaría unas aceitunas.
    10. Le aconsejaría que se fuera un par de meses a Francia.
    11. Lo que tenemos que hacer es llamar inmediatamente a los bomberos.
    12. Yo en su lugar no me preocuparía lo más mínimo.
    13. Yo que usted las pondría fuera.
    14. Le aconsejamos que lo notifique a su Compañía de Seguros.
    15. Lo que haríamos en su lugar es tratar de entrar por la ventana.
    16. Yo en su lugar haría un poco de régimen.
    17. Le aconsejo que lo denuncie a la Policía.

Ejercicios de escritura: hacia la redacción

1. y 2. Respuesta libre.

*3. 1. Tendrás azúcar en casa, ¿no?
    2. Yo que tú lo consultaría con un experto. *En fin*, haz lo que creas más oportuno.
    3. −No tenemos café. −*Pues* dame un té.
    4. No estamos seguros de poder ir el sábado; *en todo caso*, te lo decimos antes.
    5. No se fie demasiado de lo que le dicen: usted *ya me entiende*...
    6. −Perdone si no le he avisado antes. −*Nada*, no tiene importancia.
    7. En aquel restaurante no hemos comido bien, *mejor dicho*: hemos comido fatal.
    8. −Muchísimas gracias por todo. −*De nada* hombre, *de nada*.

4. Controle con el texto.

*5. *Querido Pepe:*
   La primera vez que fui a Madrid, encontré a un español muy simpático y amable en la estación que me dio toda suerte de informaciones y consejos. Yo le pregunté qué tenía que hacer para ir al centro de la ciudad. Él me preguntó si iba en taxi o en autobús. Yo le contesté que iba en autobús porque suponía que había autobuses que llevaban al centro. Él, viendo que iba con muchas maletas, me aconsejó que cogiera un taxi, diciéndome que no iba a costarme mucho, porque en España, como probablemente yo ya sabía, los taxis cuestan poco. Me dijo además que como el centro no quedaba muy lejos... En fin, que decidiera yo mismo.
   Yo pensé que probablemente tenía razón. Él me dijo que me decidiera y al mismo tiempo me advirtió que para la parada de taxis tenía que salir por la salida de la izquierda. Viendo que yo estaba indeciso, me dijo que, entre el autobús y el metro, él me recomendaba el metro.
   Cuando yo le hice observar el problema de las escaleras, él me dijo que me dejara de metro y que cogiera un taxi.
   Viendo que era tan amable le pregunté si sabía indicarme un hotel que estuviera bien, pero que no fuera muy caro. Me dijo que no sabía qué decirme, porque había vivido siempre en Madrid y de hoteles sabía poco. Me aconsejó que me dirigiera a la Oficina de Turismo, puesto que había una en la misma estación.
   Yo pensé que se lo podía preguntar al taxista, pero él me aconsejó que no lo hiciera, ya que los taxistas suelen llevar a los turistas a los hoteles donde les dan dinero. Me lo dijo así, con un poco

de picardía. Total que me aconsejó que fuera a la oficina que me había dicho. Él se prestó a acompañarme a la Oficina porque iba hacia aquella dirección. Yo le dije que primero tenía que cambiar moneda, y le pregunté si él sabía si en la estación había una oficina de cambio.

Él no estaba seguro de ello, y me sugirió que lo preguntáramos a Informaciones. Luego pensó que el cambio era muy malo y que por lo tanto era mejor que cambiara en un banco. Me aconsejó que de momento me limitara a cambiar lo justo para el taxi. Incluso me sugirió que primero fuera a la Oficina de Turismo, que luego cogiera un taxi hasta el hotel, que dejara allí en la conserjería las maletas, y que fuera al banco muy de prisa, antes de que cerraran.

Yo le di las gracias por todo y le dije que había sido muy amable. Él se despidió muy satisfecho, diciéndome que lo pasara muy bien en Madrid.

6. y 7. Respuesta libre.

UNIDAD 18

Ejercicios orales

1. y 2. Respuesta libre.

*3. sírvanse mostrar: *por favor, muestren, tengan la amabilidad de mostrar* o enseñar;
permanecer: *quedarse, estar, vivir;*
más o menos: *aproximadamente, poco más o menos, casi;*
enseñármelo: *mostrármelo, dejármelo ver, exhibirlo;*
personarse: *presentarse personalmente, ir personalmente;*
queda: *está, es;*
entendemos: *comprendemos;*

en realidad: de *hecho, efectivamente;*
la de gente: *la cantidad de personas, el montón de gente;*
perdone: *disculpe;*
estar: *permanecer, quedarnos;*
la amabilidad: *la cortesía, la gentileza, la bondad;*
tamaño: *medida, formato;*
haréis: *vais a hacer, actividad pensáis desarrollar, tenéis la intención de hacer;*
datos personales: *fecha de naci-*

miento, estado civil, domicilio, profesión;
eso mismo: *exactamente, así es, ni más ni menos;*
se hayan terminado: *hayan acabado, se acaben, hayan concluido, hayan finalizado;*
en vez de: *en lugar de;*
no temas: *no tengas miedo, no te preocupes, tranquila;*
qué lata: *qué pesado todo eso, qué fastidioso, qué rollo.*

4. A) 1. atrás 2. detrás del 3. detrás 4. atrás 5. detrás de 6. detrás
   B) 1. adelante 2. delante de 3. de delante 4. adelante 5. delante 6. de delante
   C) 1. hay que 2. tienen que 3. hay que 4. tenemos que 5. habrá que   6. hay que-tenemos que
   D) 1. le preguntaste 2. pidieron 3. pregunte 4. preguntó 5. pedimos 6. pidáis
   E) 1. en vez de 2. en cambio 3. en vez de 4. en vez de 5. en cambio 6. en vez de
   F) 1. en seguida 2. pronto 3. en seguida 4. pronto 5. en seguida 6. pronto

5. 1. estancia 2. un control 3. permanencia-los estudios 4. impreso 5. la parada 6. una mirada
   7. un empleo-el certificado 8. la apertura-el cierre

6. 1. enfundaron 2. endeudado 3. barnizar 4. arruinado 5. empedrando 6. aleccionar 7. apena
   8. empaquetado 9. enraizar 10. ensangrentado 11. apostado 12. agrietado 13. empuñó
   14. acamparon 15. emparentado 16. airear 17. ensilló 18. embotellar 19. agarró 20. aconsejado

7. Controle con el texto.

8. A) 1. pruébatelos-llevarlos 2. vendedla 3. dígannoslo 4. lávatelas 5. démoselo 6. contárselo
   B) 1. más de 2. más fresco de 3. más que 4. más de 5. más de 6. más que

   C) 1. traiga 2. decid 3. huyamos 4. duerman 5. ten 6. sepan
   D) 1. lo que 2. el que 3. el que 4. la que 5. los que 6. las que
   E) 1. tendrías 2. querría 3. diré 4. cabrá 5. pondría 6. saldrán

9. Controle con el texto.

10. A) 1. acabo de ver 2. acababan de llegar 3. acaban de dar 4. acababan de levantar 5. acabas
       de llegar 6. acaban de quitarle 7. acabo de limpiar 8. acabábamos de poner la mesa
    B) 1. déjame estar 2. os pido que me apoyéis 3. le ruego que les envíe 4. aconsejó que probara
       5. exige que asistan 6. sírvanse no fumar 7. dijeron que entraran 8. le suplico que me deje
    C) 1. qué difícil es 2. qué estupenda es 3. qué horroroso es 4. qué anticuado es 5. qué pareci-
       dos son 6. qué tranquila es 7. qué mala es 8. qué cara es
    D) 1. lo bueno será 2. lo divertido sería 3. lo interesante es 4. lo raro es 5. lo irritante es 6. lo
       ridículo es 7. lo lamentable es 8. lo más triste es

11. 1. se hayan marchado 2. te vayas 3. se entere 4. se seque 5. sepáis 6. hayan interrogado
    7. esté embarcado 8. hayan levantado 9. le digan 10. haya limpiado

*12. 1. El policía nos preguntó cuánto tiempo pensábamos permanecer en España y si teníamos per-
        miso de trabajo.
     2. Nos dijo que hiciéramos el favor de enseñarle el permiso de trabajo.
     3. Yo contesté que no habíamos venido para trabajar sino que habíamos venido para estudiar.
     4. Yo le dije que le rogaba que nos disculpara pero que no entendíamos bien el español y que en
        realidad nosotras éramos turistas.
     5. El policía nos dijo que debíamos personarnos en la Comisaría de Policía, que no podía expli-
        carnos todo aquello en aquel momento, que hiciéramos el favor de esperar allí un momen-
        to. Nos dijo si veíamos una puerta que decía POLICÍA, que fuéramos allí y que nos lo ex-
        plicarían.
     6. Yo expliqué al segundo policía que el policía de Control de pasaportes nos había dicho que
        teníamos que ir a la Comisaría para poder estar en España un año.
     7. Yo le supliqué que tuviera la amabilidad de explicarnos lo que teníamos que hacer.
     8. El segundo policía nos aconsejó que fuéramos a la Comisaría con el pasaporte, que teníamos
        que solicitar el permiso de permanencia, que nos darían un impreso y que lo rellenáramos; nos
        dijo que teníamos que documentar lo que hacíamos en España.

Ejercicios de escritura: hacia la redacción

1. y 2. Respuesta libre.

3. Controle con el texto.

4. y 5. Respuesta libre.

UNIDAD 19

Ejercicios orales

1. y 2. Respuesta libre.

*3. a cántaros: *muchísimo;*

nada más llegar: *en cuanto llegamos, inmediatamente después de llegar;*

nos encontramos con: *topamos con , dimos con, hallamos;*

más que: *en vez de, en lugar de;*

terminantemente: *categóricamente, tajantemente;*

se permite: *está permitido, se autoriza;*

sacar: *hacer;*

sin más: *nada más;*

averiguar: *saber. descubrir, enterarnos;*

delante del: *ante, enfrente del;*

sin parar: *incesantemente, conti-*

nuamente, *sin detenerse un solo instante;*

sorprendió: *llamó la atención, extrañó;*

nos dirigimos: *fuimos hacia, nos encaminamos hacia;*

olvidado: *dejado;*

me vi obligada a: *tuve que, no tuve más remedio que;*

de esas dimensiones: *este tamaño, tan grande;*

de repente: *de pronto, de golpe y porrazo, de improviso;*

mientras: *durante el tiempo que, cuando;*

se dio cuenta de: *notó, observó;*

en bandolera: *colgada del hombro;*

no se pueden: *está prohibido, no está autorizado, no está permitido;*

muy bien: *claramente, explícitamente;*

no hace falta: *no es necesario;*

descuide: *seguro, esté usted tranquilo que así lo haré;*

habrá sido: *puede que haya sido, quizás ha sido, es posible que haya sido;*

discuto: *pongo en duda, niego;*

por el momento: *por ahora, de momento;*

se me han pasado las ganas: *he dejado de tener ganas, ya no tengo ganas, no tengo deseos;*

para mis adentros: *a mí misma o me he dicho, conmigo misma.*

4. A) 1. el letrero 2. carteles 3. unos letreros 4. carteles 5. carteles 6. un letrero
    B) 1. apareció 2. parece 3. se parecen 4. aparece 5. parece 6. apareció
    C) 1. era-está 2. están 3. era-éramos 4. está 5. estaba 6. es
    D) 1. sonó 2. tocan 3. toques-suena 4. toca 5. tocan 6. sonó
    E) saca/ quitad/ sacar/ quite/ sacó/ sacar
    F) metas/ poned/ metieron/ meto/ pone/ pusieron-metieron

5. Controle con el texto.

6. 1. aprovechar 2. usar *o* utilizar 3. explotan 4. goza *o* disfruta 5. aprovecho 6. servirse 7. usa *o* utiliza 8. se aprovecha 9. usar *o* utilizar-servirse 10. serviros 11. aprovecharlo 12. servirse 13. explotaba 14. goza 15. aprovecho

7. 1. el monedero 2. la guantera 3. la sopera 4. el cenicero 5. una librería 6. el fichero 7. la nevera 8. una tetera 9. un llavero 10. el perchero 11. el salero 12. jabonera 13. una cafetera 14. trastero 15. un maletero

8. Controle con el texto.

9. A) 1. algún 2. bueno 3. cualquier 4. el primer 5. un mal 6. ninguna
    B) 1. confundido 2. distinguido 3. elegido 4. roto 5. leído-escrito 6. corregido
    C) 1. estuvo roncando 2. estaba friendo 3. están mintiendo 4. está trabajando 5. estuvieron riéndose 6. estoy oyendo-estás diciendo
    D) 1. cuál 2. qué 3. cuál 4. cuáles 5. qué 6. cuáles
    E) 1. sus 2. vuestros 3. su 4. tu-el mío 5. nuestras 6. su-el tuyo

10. Controle con el texto.

11. A) 1. como no tenía sueño 2. — 3. como está tan débil 4. como no había el número suficiente de miembros 5. — 6. como veo que está durmiendo 7. — 8. como es tan sordo
    B) 1. en cuanto se lo comuniqué 2. nada más arreglar 3. en cuanto lo supieron 4. nada más salir 5. nada más recibir 6. nada más obtener 7. en cuanto despegó 8. nada más darme

C) 1. y seguís estando de malhumor   2. y sigue jugando   3. y sigue ladrando   4. y siguen pidién-
doselo   5. y siguen robando   6. y siguen gustándole   7. y seguís yendo   8. sigue comiendo
D) 1. hechos los preparativos   2. declarada la guerra   3. terminada la boda   4. concluidas las obras
5. tomadas todas las medidas   6. decididas las condiciones   7. apagado el fuego   8. terminada la
tregua

12. 1. esquiábamos-se vino   2. estaba-sobrevino   3. contemplaba-vi   4. se torció-bajaba   5. conducía-
chocó   6. paseábamos-mordió   7. había-nos fuimos   8. estaba-se interrumpió   9. salíamos-encontra-
mos   10. estaba-me picó

Ejercicios de escritura: hacia la redacción

1. y 2. Respuesta libre.

3. y 4. Controle con el texto.

5. y 6. Respuesta libre.

UNIDAD 20

Ejercicios orales

1. y 2. Respuesta libre.

*3. ¿qué hay de nuevo?: *hay alguna novedad?,¿ha pasado algo nuevo?*; de particular: *especial, fuera de lo normal;* varias: *numerosas, repetidas, algunas;* ¡qué importa eso!: *eso no tiene ninguna importancia, eso no tiene nada que ver;* en todo caso: *en cualquier caso, de todas maneras;* a eso de: *sobre, alrededor de, más o menos a;* regresaría: *volvería aquí, iba a regresar;*

pasa: *ocurre, sucede;* menos: *salvo, excepto;* enséñeme: *muéstreme, déjeme ver, deje que vea;* habrá llamado ya de nuevo: *habrá telefoneado de nuevo, proba-blemente ha vuelto a llamar, es posible que haya llamado de nuevo, quizás ha vuelto a telefonear;* seguro: *ciertamente, no cabe duda, sin duda;* de un momento a otro: *dentro de muy poco, en unos instantes, en seguida;* iba a pasar: *pasaría;*

pelmazo: *pesado,pelma, latoso;* miles: *montones, cantidades, un montón;* se acomoden a: *se adapten, se ajusten, vayan bien para;* le dé la gana: *quiera, le apetezca, se le ocurra, se le pase por la cabeza;* una cosa: *un asunto, un compro-miso;* por esto: *por este motivo, por esta razón, a causa de esto;* avisarle: *advertirle, decírselo antes, decírselo anticipadamente;* sentía: *lamentaba, deploraba.*

4. A) 1. particulares   2. privada   3. privada   4. particular   5. particular   6. particular
B) 1. en otro caso   2. en cualquier caso   3. en todo caso   4. en otro caso   5. en todo caso   6. en
cualquier caso
C) 1. hay que   2. tenemos que   3. hay que   4. habrá que   5. tienes que   6. tienen que
D) 1. después   2. pues   3. pues   4. después   5. después   6. pues
E) 1. encima de   2. encima de   3. encima   4. encima del   5. encima   6. encima
F) 1. eche   2. tirar   3. echa   4. tiró   5. echamos   6. tirar

5. Controle con el texto.

6. 1. va adelante   2. va con   3. irás a parar   4. va contra   5. yendo muy *o* demasiado lejos   6. nos va detrás   7. va para largo   8. ve por   9. va con   10. va contra   11. fuimos a parar al   12. va para largo   13. va a parar al   14. van con   15. ido por   16. va detrás [del]

7. 1. estudios   2. una empresa   3. al taller   4. notaría   5. fábrica *o* factoría   6. oficinas   7. despacho   8. el bufete   9. la oficina   10. la secretaría   11. una empresa   12. el taller   13. despacho   14. la secretaría   15. taller

8. Controle con el texto.

9. A) 1. todo-nada   2. algo-algo   3. todo   4. algo   5. algo-nada   6. todo
    B) 1. lo *o* le conozco   2. le entregasteis   3. lo colgaron   4. les llamaron   5. darles nuestros recuerdos   6. le dimos
    C) 1. propusieron-fuera   2. pueden-terminen *o* hayan terminado   3. vimos-pensamos   4. huele-parece-huela   5. fuisteis-tuvimos   6. estuvieron-se pusieron
    D) 1. sí, llámenle; no, no le llamen   2. sí, píntatelos; no, no te los pintes   3. sí, démela; no, no me la dé; sí, pongámosla; no, no la pongamos   4. sí, sentaos; no, no os sentéis; sí, dígaselo; no, no se lo diga
    E) 1. cuántos   2. cuánto   3. cuánta   4. cuántas   5. cuánto   6. cuántos

10. Controle con el texto.

11. A) 1. —   2. de   3. de   4. —   5. de   6. —   7. de   8. de
    B) 1. que iban a dejar   2. que nos iba a mandar   3. que iba a haber   4. que iba a ganar   5. que iba a dimitir   6. que el año 2000 iba a ser   7. que iban a expulsar   8. que iba a salirse
    C) 1. hasta que no vea   2. hasta que no me paguen *o* me hayan pagado   3. hasta que no reciba   4. hasta que no llegó *o* hubo llegado   5. hasta que no termine *o* haya terminado   6. hasta que no oyeron *o* hubieron oído   7. hasta que no esté seguro   8. hasta que no saques *o* no hayas sacado.
    D) 1. ¿Te estás aburriendo con lo divertida que es esta película?
       2. Con lo bajo que hablamos, es imposible que nos oigan.
       3. ¿No os ha gustado le regalo de los tíos con lo bonito que es?
       4. Con lo inteligente que es seguro que ganará las oposiciones.
       5. ¡Con lo bueno que es, y todos aprovechándose de él!
       6. ¿Conseguís levantar este bulto con lo pesado que es?
       7. ¿Digieres la cebolla con lo indigesta que es?
       8. ¿Puedes vivir en esta casa con lo húmeda y oscura que es?
    E) 1. Te ordeno que te quites el sombrero.   5. La madre le dice al niño que esté quieto.
       2. El oculista que aconseja que lea menos.   6. Os rogamos que cerréis la puerta despacio.
       3. El juez dice al imputado que se calle.   7. El taxista nos dice que no fumemos.
       4. El tendero me sugiere que pague en caja.   8. El guardia nos sugiere que no pasemos por el centro de la ciudad.

12. A) 1. Sostuvo que él no había robado el dinero.
       2. Os juré que no me había llamado nadie.
       3. Vimos que la ciudad había mejorado mucho.
       4. No se daba cuenta de que estaba molestando.
       5. Notamos que habías estudiado mucho.
       6. Dijisteis que habíais telefoneado varias veces.
       7. Reconocí que habíais tenido mucho valor.
       8. Sabías que me había casado.
    B) 1. Prometió que haría de testigo en la boda.
       2. Estaba seguro que perdería la competición.

3. Dijeron que harían un parque de atracciones.
4. Te informé que las tiendas cerrarían a las ocho.
5. Sentimos deciros que no estaríamos con vosotros.
6. Anunciaron que transmitirían el partido en diferido.
7. Decidieron que reestructurarían la fachada del edificio.
8. El jardinero prometió que arrancaría los hierbajos.

c) 1. habrá estado 2. será 3. tendrán 4. habrán vendido 5. tendrá 6. habrán tenido 7. lo habrá dejado descolgado 8. habrán cerrado

Ejercicios de escritura: hacia la redacción

1. y 2. Respuesta libre.

3. Controle con el texto.

*4. 1. le dije que no estaba < *le dije: no está*
2. tenía que decir que yo no estaba < *tenía que decir: el jefe no está*
3. le dije también que usted iba a volver más tarde y que estaría aquí a eso de las ocho < *le dije: el jefe volverá más tarde y estará aquí a eso de las ocho*
4. le decía que si llamaba el señor González había que decir que yo había salido de viaje, que no había tenido tiempo de ponerme en contacto con él y que no regresaría antes de una semana < *le decía: si llama el señor González hay que decir: el jefe ha salido de viaje, no ha tenido tiempo de ponerse en contacto con usted y no regresará antes de una semana*
5. dígame usted cómo podía yo imaginar que era el de "Manufacturas Hermenegildo Hermanos" < *dígame: ¿cómo podía yo imaginar que era el de "Manufacturas Hermenegildo Hermanos"?*
6. ¿Cuántas veces le he dicho que no hay que romper los papeles...? < *¿Cuántas veces le he dicho: no hay que romper los papeles...?*
7. [le he dicho] que usted todavía no había llegado pero que llegaría de un momento a otro porque ayer había dejado dicho que esta mañana antes de ir a la fábrica iba a pasar por la oficina < *[le he dicho]: el jefe todavía no ha llegado pero llegará de un momento a otro porque ayer dejó dicho: mañana antes de ir a la fábrica pasaré por la oficina*
8. cuando llame, dígale que estoy en la fábrica, que estoy en una reunión < *cuando llame, dígale: el jefe está en la fábrica, está en una reunión*
9. me dice el jefe que le diga que se ha ido de viaje, que ha sido una cosa urgente y que por esto no ha podido avisarle < *el jefe me dice: dígale: el jefe se ha ido de viaje, ha sido una cosa muy urgente y por esto no ha podido avisarle*
10. me dijo que si usted llamaba, que le dijera que lo sentía mucho y que lo disculpara < *me dijo: si llama el señor González dígale: el jefe lo siente mucho y le pide que le disculpe.*

5. y 6. Respuesta libre.

Colección Cervantes

TITULOS PUBLICADOS

CURSO INTENSIVO DE LENGUA ESPAÑOLA. *L. Busquest y L. Bonzi*
296 páginas   ISBN: 84-7962-029-3

Curso para extranjeros en un solo volumen destinado al aprendizaje teórico-práctico de las estructuras morfológicas y sintácticas de la lengua española ideado para resolver las necesidades básicas de la comunicación.
Estuche con dos cassettes *L. Busquest y L. Bonzi*

CURSO BÁSICO DE REDACCIÓN. *Juan Luis Onieva Morales*
216 páginas   ISBN: 84-7962-006-4

Una propuesta para ayudar a redactar a los escolares de la Segunda Etapa de E.G.B., B.U.P. y F.P., o cualquier persona interesada en mejorar su expresión escrita. La enseñanza de la redacción es aún «la asignatura pendiente» de nuestro sistema educativo. Ante la ausencia de una didáctica en el país, este libro propone un método: la enseñanza de la redacción concebida como un *proceso* integrador de las operaciones básicas necesarias —de las más simples a las más complejas— para la realización de diferentes tipos de escritos. En una serie de fases sucesivas el estudiante aprende a redactar como aprende a jugar baloncesto. Se incorporan múltiples actividades encaminadas a poner en práctica el método propuesto, ya que sólo se aprende a escribir escribiendo.

CURSO SUPERIOR DE REDACCIÓN. *Juan Luis Onieva Morales*
224 páginas   ISBN: 84-7962-042-0

Abarca la etapa Superior del Curso de Redacción, comprendido entre el párrafo y las redacciones más extensas sobre temas variados. Exposición clara y programática. Múltiples ejercicios y actividades prácticas, pues se parte del principio de que sólo se aprende a escribir escribiendo.

NUEVO MÉTODO DE ORTOGRAFÍA. *Juan Luis Onieva Morales*
168 páginas   ISBN: 84-7962-017-X

Se trata de un eficaz auxiliar para estudiantes y profesores. Un método sencillo, claro y ameno, en el que se conjuga tanto la ortografía regida por reglas como la ortografía por el uso. Ágil disposición tipográfica y diagramación concebida para una mejor percepción visual de la norma ortográfica. Cientos de ejercicios de práctica y comprobación. Dictados. Vocabulario ortográfico básico. Vocabulario cacográfico de cada letra. Respuestas a los ejercicios propuestos.

LOS VERBOS EN ESPAÑOL. *L. Busquets y L. Bonzi*
312 páginas   ISBN: 84-7962-041-2

La obra se ofrece no sólo como instrumento de mecánica consulta, sino como medio para la compresión sistemática de los verbos. Comprende: 1. Uso del verbo; 2 Paradigma de la conjugación de los verbos regulares; 3 Conjugación de todos los verbos irregulares; 4. Régimen preposicional; 5 Formas de fuerte irregularidad respecto al infinitivo; 6. Índice general de todos los verbos regulares e irregulares.

LA ORACIÓN COMPUESTA EN ESPAÑOL. ESTRUCTURAS Y NEXOS
María Pilar Garcés
192 páginas   ISBN: 84-7962-056-0

> Obra dirigida al dominio de las estructuras gramaticales que presentan las oraciones compuestas en español. Se ha prestado una especial atención a los nexos que se emplean para unir estas oraciones. Cientos de ejercicios refuerzan el aprendizaje de cada uno de los tipos de oraciones compuestas estudiadas. Solucionario a los Ejercicios. Índice de los 215 nexos estudiados.

VOCABULARIO TEMÁTICO DEL ESPAÑOL. *Rafael del Moral Aguilera*
208 páginas   ISBN: 84-7962-057-9

> Esta colección de siete mil palabras del español clasificadas en campos léxicos es una obra de inmediata utilidad para el estudiante. Constituye un instrumento único para la formación de un vocabulario práctico, de manera fácil y rápida. Algunas de sus características son: a) Para cada situación, un vocabulario apropiado; b) Adjetivos, adverbios y verbos clasificados por su uso; c) Índice general que facilita el acceso al término.

DICCIONARIO MULTILINGÜE DE ECONOMÍA Y EMPRESA. V.V. A.A.
192 páginas   ISBN: 84-7962-055-2

> Este Diccionario, único en su concepción, constituye un valioso instrumento para todos aquellos interesados en el vocabulario económico y empresarial. Su remisión al inglés, francés, italiano y alemán le confiere un valor de uso de carácter extraordinario. Incluye un Apéndice con las principales instituciones económicas internacionales: fundación, propósitos y sede actual.

DICCIONARIO PRÁCTICO DEL COMENTARIO DE TEXTOS LITERARIOS. *Rafael del Moral*
285 páginas   ISBN: 84-7962-071-4

> Tiene este Diccionario como objetivo servir de referencia y consulta en el Comentario de Textos Literarios. Otros manuales, más orientados a privilegiar métodos de análisis, han dejado un vacío en cuanto a definición rigurosa, claridad de ejemplos y explicación o glosa del recurso, procedimiento o hecho literario. Aquí aparecen, primero clasificados y después alfabetizados, los recursos expresivos y retóricos, la métrica, la técnica narrativa y teatral, los estilos, los géneros, los movimientos, las tendencias y corrientes literarias de todas las épocas, y además, una amplia serie de conceptos y de información complementaria, y no por ello menos importante, destinados a una mejor comprensión y análisis de un texto cualquiera.

NUEVO CURSO DE CONVERSACIÓN Y REDACCIÓN (Niveles Elemental y Medio). *L. Busquets y L. Bonzi*
320 páginas   ISBN: 84-7962-084-6

> El material didáctico aquí reunido sirve para introducir al estudiante extranjero en una fase relativamente avanzada en el aprendizaje del español, mediante el estudio, la práctica y el enriquecimiento del léxico y de la sintaxis. Una amplia selección de escritos literarios y periodísticos ofrecen el material idóneo para la práctica de cientos de ejercicios. Solucionario incorporado

EJERCICIOS GRAMATICALES DE ESPAÑOL. *L. Busquets y L. Bonzi*
328 páginas   ISBN: 84-7962-087-0

Apoyado en prácticos esquemas gramaticales que ilustran cada tema, el volumen está inte-
grado por cientos de ejercicios destinados a estudiantes extranjeros que ya poseen un conocimiento del español básico. Amplio repaso de un material lingüístico que permite consolidar
diversos aspectos morfológicos del idioma y profundizar en el estudio de la sintaxis y del
léxico. Solucionario incorporado.